SM중국어
문법과 작문

신승희 · 모해연 지음

SM 중국어 문법과 작문

인쇄 2021년 8월 24일 초판 2쇄
발행 2019년 8월 27일 초판 1쇄
　　　　2021년 8월 31일 초판 2쇄

저자　신승희 · 모해연
발행인　신아사
발행처　PB PRESS(피비프레스)
디자인　박성희(디자인 바오밥)

출판등록　2018년 1월 23일 제348-25100-2020-000004호
주소　대구광역시 달성군 다사읍 왕선로54, 404호
전화　053-201-8886
팩스　053-217-8886
홈페이지　http://www.pbpress.kr
전자우편　pbpress21@naver.com

정가　19,800원

ISBN　979-11-964290-6-5 (93720)

파본은 구입처에서 교환해 드립니다.

| 머리말 |

> "꼭 알아야 할 문법만 이해하기 쉽게 정리된 책이 있나요?"
> "단기간에 문법을 중점적으로 정리할 수 있는 책이 있나요?"
> "핵심문법과 이와 관련된 작문을 함께 연습할 수 있는 책이 있나요?"
> "중국어 문법을 혼자서도 체계적으로 정리할 수 있는 책을 좀 추천해 주실 수 있나요?"

위와 같은 질문들은 저자들이 중국어 교육 현장에서 초·중·고급 수준의 중국어 학습자는 물론이요, 중국어 교육을 담당하는 교사 및 교육 전문가에 이르기까지 그들로부터 공통적으로 자주 들어왔던 질문입니다. 중국어 문법을 전공하고 중국어 교육에 종사한 지 20년이 다 되어 가는 저자들에게도 그들의 수요를 만족시켜 줄 만한 책을 추천해 주는 일은 정말 쉽지 않았습니다. 특히 한국인 중국어 학습자에게 최적화된 '중국어 문법과 작문' 관련 서적을 찾는 것은 더더욱 쉬운 일이 아니었습니다. 교육 현장에서 늘 직면하게 되는 한국인 학습자의 수요를 더 이상 간과할 수는 없었습니다. 이에 저자들은 위와 같은 질문들에 대한 '해답'이 될 수 있는 책을 집필하는 데 뜻을 모았습니다.

저자들은 고급 수준의 중국어 학습자뿐만 아니라, 중국어 교사 및 교육 전문가들도 체계적인 정리가 필요하다고 생각하는 가장 기본적이고 핵심적인 문법 사항을 선정하여 14개의 주제로 구성하였습니다. 또한 강의 형식의 해설 방식을 통해 중국어 문법을 처음 접하는 학습자라 할지라도 쉽게 이해할 수 있도록 상세한 설명을 제공하고자 하였습니다. 자기주도적 학습을 통해서도 1주에 한 단원씩 총 14주 안에 문법을 체계적으로 정리할 수 있을 것이라 생각합니다. 아울러 한국인 학습자로 하여금 중국어 문법 지식과 규칙에 대한 체계적 이해를 바탕으로, 중국어 문법규범에 따라 가장 정확한 중국어 문장을 쓸 수 있도록 내용을 구성했습니다.

SM 중국어 문법과 작문에는 저자들이 20년 가까운 세월 동안 '한국인 학습자를 위한 중국어 문법과 작문 교육'에 대해 열정을 바쳐 연구하고, 강의하고, 고민해 왔던 내용들이 곳곳에 녹아 있습니다. 여전히 부족함을 많이 느끼는 결과물이지만, 이 책을 통하여 더 많은 중국어 학습자와 중국어 교육 종사자들이 단기간에 보다 효율적으로 핵심 중국어 문법 사항을 체계적으로 이해하고 정리할 수 있을 뿐만 아니라, 가장 정확한 중국어 문장을 말하고 쓸 수 있는 능력을 갖출 수 있길 기대합니다. 마지막으로 이 책이 여러분에게 조금이나마 도움이 되길 바라며, 출판될 수 있도록 애써 주신 모든 분들께 감사 드립니다.

지은이 씀

| 이 책의 특징과 구성 |

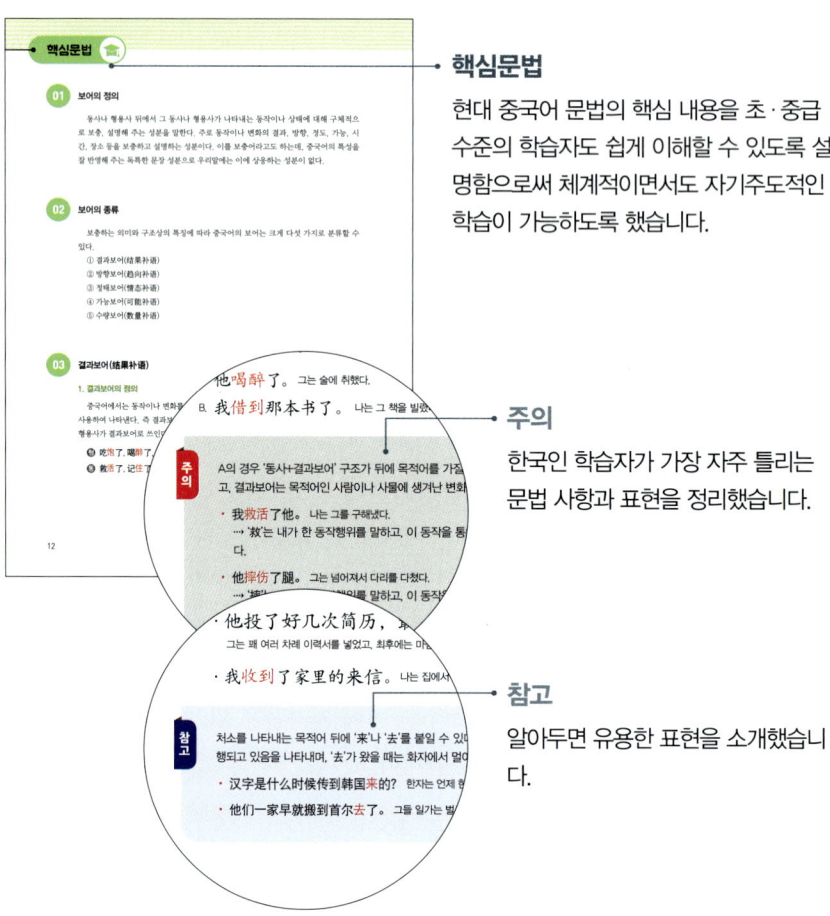

핵심문법
현대 중국어 문법의 핵심 내용을 초·중급 수준의 학습자도 쉽게 이해할 수 있도록 설명함으로써 체계적이면서도 자기주도적인 학습이 가능하도록 했습니다.

주의
한국인 학습자가 가장 자주 틀리는 문법 사항과 표현을 정리했습니다.

참고
알아두면 유용한 표현을 소개했습니다.

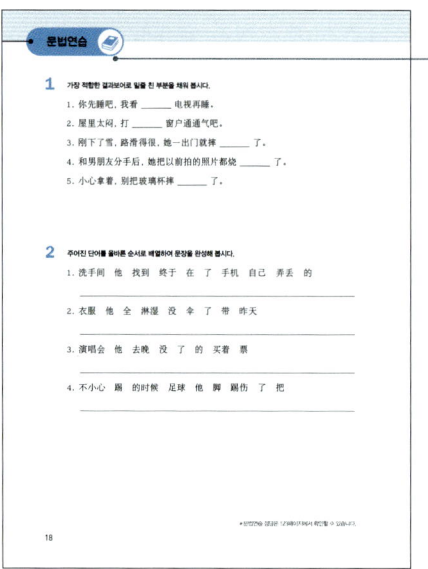

문법연습
HSK 유형을 포함한 다양한 형태의 문제를 제시함으로써, 핵심문법을 잘 숙지했는지, 어느 부분에 학습이 더 필요한 지 파악할 수 있도록 구성했습니다.

작문연습

각 장에서 언급된 핵심문법의 숙지 여부를 확인하고, 이를 토대로 가장 정확한 중국어 문장을 작문할 수 있도록 구성했습니다.

요점

작문연습의 예문에 사용될 핵심문법 사항을 정리했습니다.

TIP

유사 정답, 오류 분석, 유용한 표현 등을 제시했습니다.

어휘정리

주요 어휘와 그 의미를 한눈에 보기 쉽게 정리했습니다.

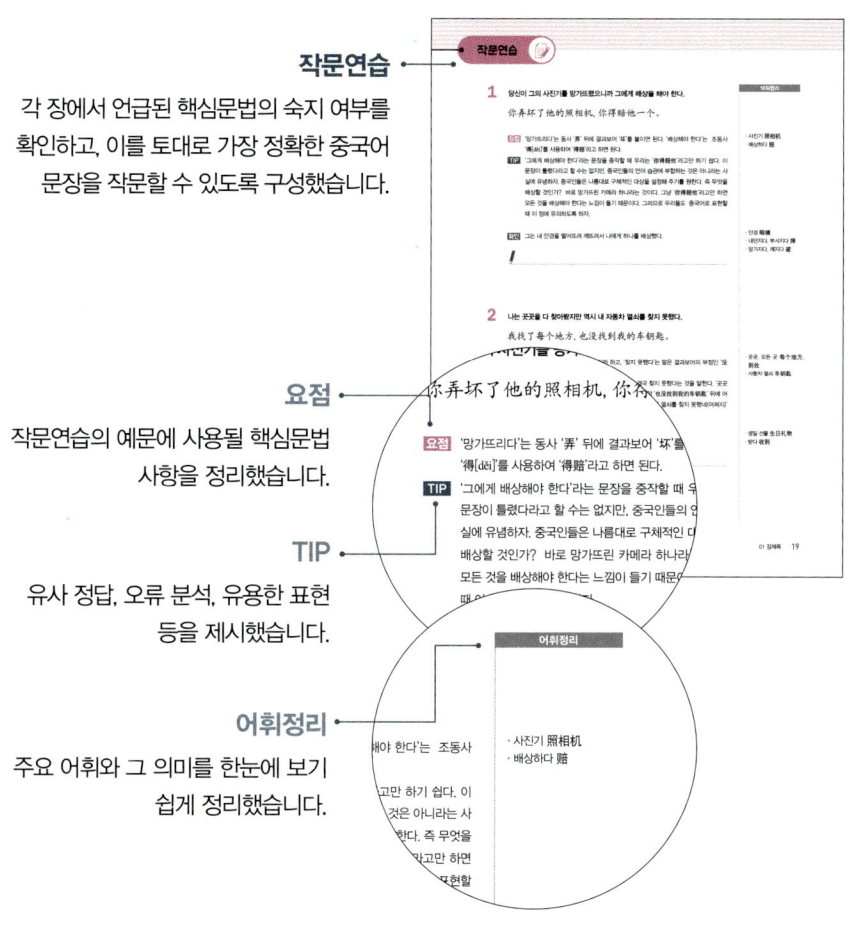

쉬어가기

중국 현지 광고를 통해 현장감 넘치는 중국어 표현을 접할 수 있도록 했습니다.

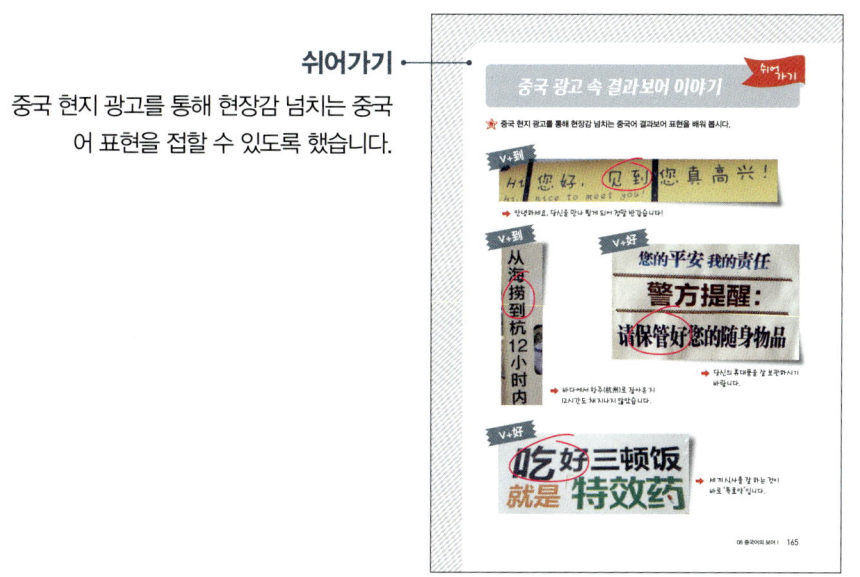

| 목차 |

01 동사술어문과 동사중첩 — 8
- 동사술어문 — 10
- 동사중첩 — 15
- 문법연습 — 18
- 작문연습 — 19

02 형용사술어문과 형용사중첩 — 24
- 형용사술어문 — 26
- 관형어로 사용된 형용사 — 28
- 부사어로 사용된 형용사 — 29
- 보어로 사용된 형용사 — 30
- 형용사중첩 — 31
- 문법연습 — 34
- 작문연습 — 35

03 부사 — 40
- 부사의 정의 — 42
- 부사의 역할 및 문법 특징 — 42
- 부사의 종류 — 45
- 상용부사의 용법 비교 — 45
- 문법연습 — 56
- 작문연습 — 57

04 전치사 — 62
- 전치사의 정의 — 64
- 전치사의 문법 특징 — 64
- 전치사의 문법 기능 — 65
- 전치사의 종류 — 66
- 상용전치사의 용법 비교 — 66
- 문법연습 — 80
- 작문연습 — 81

05 조동사 — 88
- 조동사의 정의 — 90
- 조동사의 문법 특징 — 90
- 조동사의 종류 — 92
- 문법연습 — 102
- 작문연습 — 103

06 중국어의 动态 I — 108
- 动态의 정의 — 110
- 动态의 종류 — 110
- 동작의 완료와 실현: 了$_1$ & 了$_2$ — 110
- 동작의 경험: 过 — 120
- 문법연습 — 124
- 작문연습 — 125

07 중국어의 动态 II — 132
- 동작의 진행: 正, 在, 正在 — 134
- 동작의 지속: 着 — 137
- 동작의 가까운 미래: — 141
  将要, 将, 要, 就要, 快要, 快 등
- 문법연습 — 144
- 작문연습 — 145

08 중국어의 보어 I — 150

보어의 정의	152
보어의 종류	152
결과보어	152
방향보어	166
문법연습	160, 180
작문연습	161, 181

09 중국어의 보어 II — 186

정태보어	188
가능보어	200
수량보어	214
문법연습	194, 208, 220
작문연습	195, 209, 221

10 비교문 — 226

정의	228
비교문의 4가지 유형과 용법	228
문법연습	236
작문연습	237

11 강조구문 '是～的' 구문 — 242

정의	244
'是～的' 구문에서 주로 강조하는 5가지	244
'是～的' 구문의 용법	245
강조구문 '是～的'의 유사문형	248
문법연습	250
작문연습	251

12 중국어의 특수구문 I — 256

'把' 자문(把字句)	258
피동문(被字句)	262
문법연습	266
작문연습	267

13 중국어의 특수구문 II — 274

연동문(连动句)	276
겸어문(兼语句)	279
존현문(存现句)	282
문법연습	286
작문연습	287

14 중국어의 복문 — 296

복문(复句)의 정의	298
복문의 2가지 유형	298
복문의 종류	299
문법연습	306
작문연습	307

♦ 정답확인 — 311

01 동사 술어문과 동사중첩

동사술어문
1. 정의
2. 동사술어문의 4가지 유형
3. 의미상 비슷한 동사의 용법 비교

동사중첩
1. 동사중첩 형식
2. 동사중첩 이후의 4가지 의미상의 특징

핵심문법

01 동사술어문

1. 정의

술부의 주요부분이 동사로 구성된 문장을 말한다.

2. 동사술어문의 4가지 유형

1) 주어 + 동사

- 今天我休息。 나는 오늘 쉰다.
- 他们学习。 그들은 공부한다.

→ '休息', '学习'는 동사로서 각 문장의 술어이다.

2) 주어 + 동사 + 목적어

- 我做作业。 나는 숙제를 한다.
- 他跳舞。 그는 춤을 춘다.

→ '作业', '舞'는 각각 '做', '跳'의 목적어이며, 목적어는 동사 뒤에 위치한다.

> **주의**
>
> 중국어에는 형태상 동사 자체가 '동사+목적어' 구조로 된 '이합사(离合词)'라는 것이 있는데, 동사 자체가 '동사+목적어' 구조로 이루어져 있기 때문에 그 뒤에 목적어를 가질 수 없는 것이 특징이다. 그 예로 '见面, 帮忙, 毕业, 入学, 生气, 结婚, 握手, 睡觉, 聊天, 留学' 등이 있다.
>
> - 나는 친구를 만나러 간다.
>   (×) 我去见面朋友。 → (O) 我去见朋友。
>   ⇢ '我去见朋友的面.' 혹은 '我去跟/和朋友见面.'으로 표현 가능하다.
>
> - 나는 그를 돕는다.
>   (×) 我帮忙他。 → (O) 我帮他的忙。
>
> - 나는 북경대를 졸업했다.
>   (×) 我毕业北京大学。 → (O) 我是北京大学毕业的。
>   ⇢ '我毕业于北京大学.'라고도 쓰는데, 주로 서면어에서 사용된다.

> **주의** 이런 종류의 동사가 목적어를 가질 때는 다양한 형태를 취한다.
>
> (×) 结婚她 → (○) 跟她结婚　　그녀와 결혼하다
>
> (×) 生气他 → (○) 生他的气　　그에게 화내다
>
> (×) 留学中国 → (○) 去中国留学　　중국에 유학가다

> **주의** 일부 동사는 목적어를 가져올 수 없는데, '着想, 休息, 出发, 劳动, 送行, 生活, 失败, 旅行, 旅游' 등이 그 예이다.
>
> (×) 着想你 → (○) 为你着想　　너를 생각해 준다
>
> (×) 生活北京 → (○) 在北京生活 or 生活在北京　　북경에서 산다
>
> (×) 送行你 → (○) 为你送行　　너를 배웅한다

3) 주어 + 동사 + 간접목적어 + 직접목적어

- 王老师教我们汉语。 왕선생님은 우리에게 중국어를 가르쳐 주신다.
- 他送我一张音乐光盘。 그는 나에게 음악 CD 하나를 선물했다.

　→ 일부 동사는 두 개의 목적어를 취하는데, 앞에 나오는 목적어는 간접목적어(我们, 我)이고 뒤에 나오는 것이 직접목적어(汉语, 一张音乐光盘)이다.

> **주의** '누구에게 무엇을 가르친다'는 뜻을 나타낼 때 '教+누구에게+무엇을'이라는 구조를 사용하면 된다. 동사 앞에 '给'를 붙이면 안 되는데, 여기서 '给'는 '～를 위해서', '～대신에'라는 말로 해석될 수 있기 때문이다.
>
> - 나는 과외를 하고 있는데 초등학생에게 영어를 가르친다.
>
>   (×) 我在做家教, 给小学生教英语。 → (○) 我在做家教, 教小学生英语。

> **참고** 이중 목적어를 취하는 동사의 수량은 제한적인데, 수여의 의미를 지닌 동사들이 주를 이룬다.
> 送　给　还　借　租　赐　问　叫　教　托
> 赞助　支援　转交　退还　奖励　捐赠　告诉　通知　答应　转告
> 提醒　委托　请教

4) 주어 + 동사 + 동사성 구조(동사/형용사/동사구/문장)

· 孩子们开始**唱歌**。　아이들이 노래를 부르기 시작했다.

→ '开始'는 동사인 '唱歌'를 목적어로 삼고 있다.

· 我感到很**高兴**。　나는 매우 기쁘게 생각한다/기쁘다.

→ '感到' 동사는 형용사 '高兴'을 목적어로 삼고 있다.

· 我打算**去美国留学**。　나는 미국에 유학 갈 계획이야.

→ '打算'은 '去美国留学'라는 동사구를 목적어로 가진다.

· 我觉得**这本小说很有意思**。　나는 이 소설이 재미있다고 생각한다.

→ '觉得' 동사는 '这本小说很有意思'라는 문장을 목적어로 가지기도 한다.

> **참고** 이런 종류의 동사에는 '开始, 感到, 打算, 觉得, 知道, 希望, 以为, 认为, 建议, 主张' 등이 있다.

3. 의미상 비슷한 동사들의 용법 비교

1) 知道·了解·理解

　이 셋은 모두 의미상 '알다, 이해하다'는 뜻으로 해석될 수 있지만, 구체적인 의미와 용법상 차이를 보이므로 주의해야 한다.

知道	'어떤 사람이나 일 혹은 상황을 안다'는 의미 뒤에 명사는 물론이고 문장도 목적어로 올 수 있음 · 我不知道他的手机号码。 나는 그의 휴대전화 번호를 모른다. · 你知道去火车站怎么走吗? 너는 기차역에 어떻게 가는지 아니?
了解	두 가지 뜻으로 해석 가능 목적어로 명사만 올 수 있음 ① 이해하다, 잘 알고 있다 · 他们是老同学, 彼此非常了解。 그들은 오래된 동창으로 서로 잘 안다. ② 알아보다, 조사하다 · 你去了解一下事故的原因。 당신이 가서 사고의 원인을 조사해 보세요.
理解	'깨달아 알고 이해하다'라는 의미로, 보통 왜 그런지 이유를 잘 알고, 아는 기초 위에서 양해한다는 뜻이 내포되어 있음 · 家长要理解孩子们的心情。 학부모는 아이들의 마음을 이해해야 한다. · 我无法理解他这么做的原因。 나는 그가 이렇게 한 이유를 이해할 수 없다.

2) 以为·认为

둘 다 어떤 사람이나 사실에 대하여 추측하고 판단하는 뜻을 나타내는 동사이며, 우리말로 '~로 여기다', '~로 생각하다'로 해석될 수 있다. 그러나 이 둘의 실제적인 의미는 다르다.

以为	주로 추측한 결과가 사실과 부합되지 않는 경우에 사용 주로 '~인 줄 알았다'로 해석됨 · 我以为他今天不会来了。 나는 그가 오늘 안 올 줄 알았어요. · 你怎么还在这儿? 我以为你已经下班了。 　왜 아직 여기 있니? 나는 네가 이미 퇴근한 줄 알았어.

认为	객관적으로 자신의 생각과 판단을 표현하는 데 사용 주로 '~라고 생각한다'로 해석됨 · 我认为他今天不会来的。 나는 그가 오늘 오지 않을 거라고 생각해. · 你认为这个问题应该怎么解决? 　　너는 이 문제를 어떻게 해결해야 한다고 생각하니?

3) 说·告诉

둘 다 '말하다', '알려 주다'는 뜻을 지닌 동사이지만, 뒤에 나오는 목적어의 형태와 의미상 차이를 보인다.

说	说 + 什么内容(전체가 모두 '说'가 전달하고자 하는 내용) · 他说他做作业了。 그는 그가 숙제를 했다고 말했다.
告诉	告诉 + 谁(간접목적어) + 什么内容(직접목적어) · 他告诉我一件事。 그는 나에게 어떤 일 한 가지를 알려주었다. Q: '누구에게 ~을 말하다'라는 것을 중작할 때 사용가능한 형식은? A: '告诉+谁+什么内容'이나 '跟(对)+谁+说+什么内容' 　(×) 他说我一件事。 　(O) 他跟(对)我说了一件事。 그는 나에게 어떤 일 한 가지를 말해주었다.

> **참고**
>
> 그렇다면 '说' 뒤에는 사람이 올 수 없는 것인가? 답은 '아니다!' 다만 뜻이 달라진다. '说' 뒤에 사람이 오면 '질책하다, 비평하다'는 뜻으로 해석된다.
>
> · 这孩子太不礼貌了, 我一定要好好儿说说他。
> 　　이 아이는 너무 예의가 없어서 내가 반드시 그를 잘 나무라야겠다.
> · 他老是迟到, 老师说过他很多次, 可还是迟到。
> 　　그는 늘 지각해서 선생님이 여러 차례 그를 질책해도 여전히 지각한다.

02 동사중첩

중첩이란 단어를 두 번 반복해서 사용하는 것으로, 중국어에서는 동사, 형용사, 수사, 양사(量词), 명사, 부사 등에 널리 나타나는 문법 현상이다. 여기서는 가장 대표적인 동사 중첩에 대해 알아보자.

1. 동사중첩형식

| 단음절 동사 | AA | 看看 | 走走 |
| 쌍음절 동사 | ABAB | 介绍介绍 | 学习学习 |

> **주의** 단음절 동사 중간에는 '一'를 넣을 수 있지만, 쌍음절 동사 중간에는 '一'를 넣을 수 없다.
> (O) 看一看　　(O) 走一走　　(×) 介绍一介绍　　(×) 学习一学习

> **주의** 동작이 이미 발생된 것이라면 중첩된 동사 중간에 '了'를 넣는다.
> 看了看　　走了走　　介绍了介绍　　学习了学习

> **주의** 동사가 이합사인 경우 AAB라는 중첩형식을 취한다.
> 散步→散散步　　聊天→聊聊天　　见面→见见面

> **참고**
>
> ▶ 중첩할 수 있는 동사들
>
> - 단음절 동사
>   看 听 闻 尝 咬 摸 找 提 走 逛 做 翻 歇 说 穿 戴 洗 刷 烤 谈 念
>   唱 问 见 陪 用 催 弄 修 换 学 考 写 试 玩 儿 挑 猜 数
>
> - 쌍음절 동사
>   休息 收拾 打听 介绍 修理 计算 宣传 说明 解释 讨论 商量
>   修改 处理 准备 调查 检查 整理 表示 反省 教育 请教 联系
>   研究 分析 比较 挑选 参考 校对 了解 体会 考虑 回忆 反映

2. 동사중첩 이후의 4가지 의미상의 특징

1) (한번) ~해 보다, 좀 ~해 보다

   · 这个菜怎么样, 你尝尝。 이 요리 어떤지 한번 드셔 보세요.
   · 商量商量看, 去哪儿更好？ 생각해 봅시다. 어디로 가는 게 더 좋을까요?

   → 이 뜻으로 쓰일 때는 동사중첩 이후에 '看'을 첨가하기도 한다. ex) 尝尝看, 试试看, 穿穿看

2) 다른 사람에게 일을 부탁할 때 부드러운 어기를 나타낸다.
   '좀 ~해 줄래요?'

   · 老师, 这是我的作业, 请您给我看看。
     선생님, 이것은 제 숙제입니다. 한번 좀 봐 주세요.
   · 我的钱包不见了, 帮我找找, 行吗?
     내 지갑이 보이지 않아요. 좀 찾아 주시겠어요?

   → '부드러운 어기'를 나타내므로, 중국어에서는 명령문이나 청유문에 주로 사용되며 완곡한 표현을 만든다.
        ex) 王老师, 您休息休息吧。 왕선생님, 좀 쉬세요.

3) 가벼운 기분, 즐거운 기분을 나타낸다.

- 我每天早上都去公园跑跑步、做做操。
  나는 매일 아침에 공원에 가서 조깅도 좀 하고 체조도 좀 한다.

- 星期天我看看电视、听听音乐，一天很快就过去了。
  일요일에 나는 텔레비전도 좀 보고 음악도 좀 들으면 하루가 빨리 지나간다.

  → 열거하듯 중첩형을 두 개 이상 연용하여, 자주 하는 가뿐한 동작이나 행위를 표현한다.

4) 동작의 진행시간이 짧은 것을 나타낸다.

'좀 ~하다', '잠시 ~하다'

- 我想跟你谈谈。 나는 당신과 얘기를 좀 나누고 싶어요.
- 进来坐坐再走吧。 들어와서 잠시 앉았다가 가세요.

> **주의**
>
> 만일 동작이 이미 발생된 것이라면 중첩된 동사 사이에 '了'를 집어넣는다.
>
> - 他想了想说: "就这么干吧。"　　　(✗) 想想了说
>   그는 잠시 생각하다가 "이렇게 하자"라고 말했다.
>
> - 刚才老师给我们讲了讲中国的节日。　　(✗) 讲讲了中国的节日
>   방금 선생님께서 우리에게 중국의 명절에 대해 잠시 얘기를 해 주셨다.

문법연습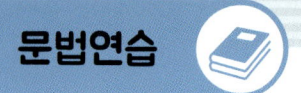

1 아래 제시된 동사 가운데 가장 알맞은 것을 선택하여 중첩형으로 빈칸을 채워 보세요.

| 洗　问　准备　查　散步　聊天　试　收拾 |

1. 吃完饭，我们出去 _____ ，怎么样？

2. 明天去旅行，今天我们得 _____ 行李。

3. 这道题我也不明白，咱们去 _____ 老师吧。

4. 刚才我 _____ 词典，才知道这个字我念错了。

5. 你 _____ 吧，看鞋的大小合适不合适。

6. 星期天我一般在家 _____ 衣服、_____ 屋子，过得很轻松。

2 아래 문장 중 틀린 부분을 찾아 바르게 고쳐 보세요.

1. 星期天我要见面我的中国朋友。

2. 他打算暑假和朋友一起旅行欧洲。

3. 每天早上我都去公园跑步跑步、做操做操。

4. 去哪家公司工作，我得好好考虑一考虑。

5. 毕业高中以后，我想去留学中国。

6. 有什么问题，你可以去给老师请教。

*문법연습 정답은 312 페이지에서 확인할 수 있습니다.

작문연습

1 저는 바둑을 둘 줄 모릅니다. 시간 있으면 저한테 좀 가르쳐 주세요.

我不会下围棋, 你有空教教我吧。

요점 '좀 ~해 주세요'라는 청유의 문장에는 동사의 중첩형을 사용하자.
TIP 만약 '좀 ~해 주실래요?'라는 의향을 묻는 더욱 부드러운 표현을 하려면, 뒤에 '行吗'나 '好吗'를 쓰면 된다. 즉 "我不会下围棋, 你有空教教我, 行吗?".

확인 이 두 단어의 용법이 무엇이 다른지 당신이 저한테 설명해 줄 수 있나요?

2 명절과 휴일 때 노래방에 가서 노래도 좀 하고 춤도 좀 춰보는 것도 일종의 휴식이다.

节假日的时候, 去歌厅唱唱歌、跳跳舞, 也是一种休息。

요점 나열식의 가벼운 느낌을 주는 표현 형식은 역시 '중첩형'임을 기억하자.
TIP '唱歌, 跳舞'는 모두 '동사+목적어'로 이루어진 동사로 중첩할 때는 동사 부 분만 반복해서 말하면 된다. 즉 '唱歌, 跳舞'의 중첩형은 '唱歌唱歌, 跳舞跳舞'가 아니고 '唱唱歌, 跳跳舞'임에 주의한다.

확인 주말에 나는 친구도 좀 만나고 헬스클럽에 가서 운동도 좀 하고 매우 느긋하게 보낸다.

어휘정리

- 바둑을 두다 下围棋

- 단어의 용법 词的用法
- 말하다, 설명하다 讲

- 휴일 节假日
- 노래방 歌厅

- 헬스클럽 健身房
- 운동하다 运动
- 가쁜하다, 부담이 없다, 느긋하다 轻松

*작문연습 정답은 312 페이지에서 확인할 수 있습니다.

어휘정리

- 운전학원 驾校
- 운전하다 开车

3 올 여름방학에 나는 운전학원에 가서 운전을 배울 예정이다.

今年暑假我打算去驾校学开车。

요점 '~할 예정이다'는 '打算+干什么事' 구조로 표현하고, '운전 학원에 가서 운전을 배운다'는 연동문을 사용하여 '去驾校学开车'라고 하면 된다.

TIP 두 개 이상의 연속된 동작을 표현하는 연동문 중의 하나인 '去+장소+做什么' 구조는 우리말로 해석할 때 흔히 두 가지로 해석될 수 있다. 첫째, '~을 하러 어디에 가다' 둘째, '어디에 가서 ~을 하다' 그러므로 위의 '去驾校学开车'는 '운전 배우러 학원에 간다'라고 해석해도 된다. 문제는 '운전 배우러 학원에 간다'라는 말을 중국어로 작문할 때 우리들은 '去+장소+做什么' 구조를 쓰는 데 익숙하지 않기 때문에 중작할 때 특별히 주의해야 한다.

- 설날 春节
- 해남도 海南岛
- 여행하다 旅游

확인 올해 설날에 나는 가족들과 함께 해남도로 여행갈 예정이다.

- 지금까지 一直
- ~줄 알다 以为~

4 네가 중국어를 이렇게 잘하니까, 나는 지금까지 네가 중국사람이라고 생각했는 걸.

你汉语说得这么好，我一直以为你是中国人呢。

요점 '중국어를 잘 한다'는 말은 '汉语说得好'라고 표현하고, '잘한다'라는 형용사를 수식하는 '이렇게'는 '这么'를 쓰면 된다.

TIP "지금까지 네가 중국사람이라고 생각했는 걸'이란 말은 사실 중국인이 아닌데, 그런 줄 알았다는 말이다. 이처럼 생각과 판단이 실제 사실과 부합하지 않을 때는 동사 '以为'를 써야 한다.

- 듣자하니 听说
- 감기에 걸리다 感冒
- 참가하다 参加

확인 "듣자니까 네가 감기에 걸렸다고 해서, 나는 오늘 활동에 네가 참가하러 오지 않을 거라고 여겼지.

*작문연습 정답은 312 페이지에서 확인할 수 있습니다.

5

생일날 남자친구가 나에게 생화 한 다발을 보냈다.

生日那天，男朋友送(给)我一束鲜花。

요점 우리말로 '누구에게 무엇을 준다'라는 말은 '送+사람(누구)+물건(무엇)'이라는 형식으로 표현한다.

TIP '送' 뒤에 '给'을 붙여서 "男朋友送给我一束鲜花。"라고 해도 동일한 의미와 용법으로 쓰인다. 또한 '생일날'이란 말은 '날'이란 의미가 중복 사용된 말이다. 다른 말로 '생일 그 날'이라고도 이해될 수 있는데, 이렇게 말하면 '生日那天'이라고 바로 중작할 수 있는 반면에 '생일날'이라고 했을 때 '生日那天'이라고 중작하기란 쉽지 않다.

확인 이번에 너 중국 가는데 나는 너에게 한 가지 일을 처리하는 것을 부탁하고 싶은데 괜찮겠니?

어휘정리
- 다발 束
- 꽃 鲜花
- 부탁하다 托
- 일을 처리하다 办事情

6

언니는 대학을 졸업한 후 미국에 유학 가서 대학원에 진학할 계획이다.

我姐姐打算大学毕业以后，去美国留学读研究生。

요점 '졸업하다', '유학 가다' 모두 목적어를 가져올 수 없는 동사이므로, '대학을 졸업하다'라는 말은 '毕业大学'가 아닌 '大学毕业'로, '미국에 유학가다'라는 말은 '留学美国'가 아닌 '去美国留学'라고 표현해야 한다.

TIP 중국어로 대학원은 '研究生院'이라고 하지만, '대학원을 시험 본다'라든지 '대학원에 진학하다'라는 표현을 할 때는 대학원생을 뜻하는 '研究生'을 사용하여 '考研究生'(혹은 두 글자로 考研), '读研究生'(혹은 두 글자로 读研)이라고 한다 . '考研究生院'이나 '读研究生院'으로 쓸 수 없음에 주의하자.

확인 매우 많은 젊은이들이 대학을 졸업한 후 스스로 회사를 차려 창업할 계획이다.

어휘정리
- ~할 계획이다 打算
- 대학원에 진학하다 读研究生
- 젊은이 年轻人
- 회사를 차리다 开公司
- 창업하다 创业

*작문연습 정답은 312 페이지에서 확인할 수 있습니다.

어휘정리

- 역사 历史
- 문화 文化

7 나는 중국의 역사와 문화를 잘 이해하고 싶다.

我很想了解中国的历史和文化。

요점 '이해하다'는 '理解'가 아닌 '了解'로 표현한다.

TIP '理解'와 '了解'는 우리말로 '이해하다'라고 해석될 수 있어서 혼동되기 쉬운데, 이 둘은 차이가 있다. '理解'는 '깨달아 알고 이해하다'라는 의미에 가깝다. 즉 보통 왜 그런지 이유를 잘 알고, 아는 기초 위에서 양해한다는 뜻이 내포되어 있 다. 예를 들면 "我真的不理解为什么他有这样的想法(나는 그가 왜 이런 생각을 갖게 되었는지 도저히 이해할 수가 없다)"라는 말에서처럼 '理解'는 깊이 있는 이해에 해당한다. 반면 '了解'는 상대적으로 표면적인 이해, 즉 '~을 알고 이해하다'는 말이며, '주동적으로 조사하다, 알아보다'라는 뜻으로도 사용되기도 하는데, 이 뜻은 '理解'에는 없는 독특한 점이다.

- ~해야 한다 应该
- 이해하다 理解

확인 아이도 커서 자신의 생각이 있으니 당신은 그를 이해해야 한다.

---

8 내가 가지고 있는 돈이 모자라서, 친구는 나에게 돈 10만원을 빌려주었다.

我带的钱不够, 朋友借(给)我十万块钱。

- 가지다 带
- 모자라다 不够

요점 '누구에게 무엇을 빌려주다'는 '借+人+东西'라는 표현을 사용한다.

TIP '借'라는 동사는 '누구에게 빌려주다'나 '누구한테 빌리다'라는 두 가지 의미로 해석될 수 있다. 여기서는 앞에 내가 돈이 모자라는 상황이 전제되므로 '借我十万块钱'은 '나에게 십만원을 빌려주다'라는 뜻으로 사용된 것이다. 이런 뜻으로 쓰일 때 '借' 뒤에 '给'를 붙이면 '누구에게 빌려주다'라는 뜻이 더욱 분명해진다.

- 스타일, 사양 款式
- (기계나 자동차 세는 단위) 대 部

확인 20세 생일날 아버지는 나에게 최신 사양의 휴대 전화 한 대를 주셨다.

---

*작문연습 정답은 312 페이지에서 확인할 수 있습니다.

중국 광고 속 동사 이야기

쉬어가기

⭐ 중국 현지 광고를 통해 현장감 넘치는 중국어 동사 표현을 배워 봅시다.

Q 아래 문구에 사용된 동사는 총 몇 개일까요?

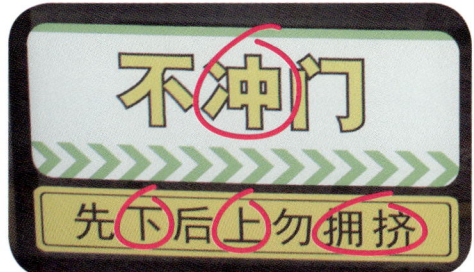

➡ 문에 돌진하지 마세요
먼저 내리고 나중에 타세요. 밀지 마세요

➡ 문을 가로막지 마세요
올바른 승차 문화, 규칙을 지켜요

A 冲, 挡, 下, 上, 拥挤, 乘, 守

V-V 동사중첩형

➡ 흔들어 주세요~

'扫'라는 동사는 본래 '좌우로 빨리 움직이다'라는 뜻인데요, 여기서는 QR코드를 '스캔하다'라는 뜻으로 사용되었습니다.

02 형용사 술어문과 형용사 중첩

형용사술어문
1. 정의
2. 주요 문법 특징 3가지

관형어로 사용된 형용사
1. 단음절 형용사
2. 다음절 형용사

부사어로 사용된 형용사
1. 단음절 형용사
2. 다음절 형용사

보어로 사용된 형용사
1. 단음절, 쌍음절 형용사
2. 중첩형, 접미사가 붙은 형용사

형용사중첩
1. 중첩형식
2. 중첩형식의 의미상의 특징
3. 중첩형식의 문법적인 특징

핵심문법

01 형용사술어문

1. 정의

술부의 주요 부분이 형용사로 구성된 문장을 말한다.

- 这本词典**很厚**。　이 사전은 아주 두껍다.
- 冬天天气**非常冷**。　겨울엔 날씨가 매우 춥다.

→ '厚', '冷'은 형용사로서 각 문장속의 술어부분의 주요성분이다.

2. 주요 문법 특징 3가지

1) '是'의 도움 없이 직접 서술어로 사용될 수 있다.

일부 학생들이 중국어에서도 영어처럼 형용사 앞에 'be 동사', 즉 '是'를 써야 한다고 생각하는데 이것은 틀린 것이다. 중국어에서는 형용사 앞에 '是'를 쓸 필요가 없다.

- 我觉得中国菜**很好吃**。　나는 중국요리가 맛있다고 생각해요.

　→ '中国菜很好吃'에서 '很好吃' 앞에 '是'를 넣을 수 없다.
　　(×) 中国菜是很好吃。

- 我不喜欢学汉语, 因为汉语**很难**。
  나는 중국어를 싫어해요. 왜냐하면 중국어가 너무 어렵기 때문이에요.

　→ '因为汉语很难'을 '因为汉语是很难'이라고 할 필요가 없다.

> **주의**
>
> 형용사가 직접 서술어로 사용될 수 있지만, 단독으로 사용될 때에 '비교대조'의 의미를 지닌다.
>
> - 外边冷, 进屋去说吧。　밖은 추우니까 방에 들어가서 얘기를 하자.
>   … 바깥과 비교하면 방이 따뜻하다는 뜻을 내포하고 있다.
>
> 이 점은 구체적인 대조의 문장에서 더욱 두드러지게 나타난다.
> - 我瘦, 我妹妹不瘦。　나는 말랐고 내 여동생은 마르지 않았다.

> **주의**
>
> 대화중에서 '汉语是很难'이라는 문장도 가끔 들을 수 있는데, 이때 '是'는 상대방의 생각을 동의하여 강조하는 어기를 나타내는 것으로 반드시 강하게 읽어야 한다.
>
> - A: 听说汉语很难, 是吗? 중국어는 매우 어렵다고 하던데, 그래요?
>   B: 对, 汉语是很难。 맞아요, 중국어는 매우 어려워요.
> - A: 大家都说他的女朋友非常漂亮。
>   모두들 그의 여자 친구가 참 예쁘다고 하던데요.
>   B: 没错, 我见过, 他的女朋友是很漂亮。
>   맞아요, 내가 만나본 적이 있는데 그의 여자 친구는 정말 예뻐요.
>
> ⋯➡ 이처럼 형용사를 단독으로 사용할 때 비교의 의미를 없애주기 위해서 일반적으로 형용사 앞에 '很'을 붙이는데, 정도를 나타내는 부사가 아니라 단지 구조상의 필요에 의해 사용되었으므로, 이 때 '很'은 약하게 읽고, 해석할 때에도 '매우'의 의미가 나타나지 않는다.

2) 대부분의 형용사는 정도부사(很, 非常, 十分, 特别, 挺, 极 등) 수식을 받을 수 있다.

很便宜 　　　 十分认真

非常好看 　　　 挺可爱

> **주의**
>
> 일부 형용사는 정도부사의 수식을 받을 수 없다.
>
> - 눈처럼 희다
>   (×) 很雪白 　　　 (○) 雪白
>
> ⋯➡ 이외에도 '冰凉, 漆黑, 血红, 笔直'과 같은 형용사가 이런 종류로 분류될 수 있는데, 이것들은 단어 자체 내에 이미 정도가 심화된 의미, 즉 비유적 의미를 내포하고 있기 때문에 정도부사를 따로 붙일 필요가 없다.

3) 형용사는 일반적으로 목적어를 가져올 수 없다.

(×) 我满意我的工作。　　　(○) 我对我的工作很满意。

> **주의** 일부 형용사는 목적어를 가져올 수 있는데, 이 때 '사역'의 의미로 해석된다.
>
> - 端正学习态度 학습태도를 바르게 하다.
> - 方便他人 다른 사람을 편하게 하다.
> - 丰富业余生活 여가 생활을 풍부하게 하다.
> - 密切两国关系 양국 관계를 밀접하게 하다.
> - 活跃课堂气氛 수업 분위기를 활달하게 하다.
>
> → 이밖에 이러한 종류의 형용사에 '麻烦, 繁荣, 充实, 稳定, 严肃, 坚定' 등이 있다.

관형어로 사용된 형용사

1. 단음절 형용사

관형어로 사용되어 뒤에 나오는 명사성 성분을 수식할 때 관형어 형식 표지인 '的'의 도움이 필요 없다. 즉 직접 수식한다.

- 我买了一件新衣服。 나는 새 옷을 한 벌 샀다.
- 他是我的好朋友。 그는 나의 좋은 친구이다.

→ '좋은 친구' 역시 '好的朋友'라고 할 필요 없이 직접 '好朋友'하면 된다.

> **주의** 단음절 형용사 중 '多, 少'는 단독으로 직접 명사를 수식할 수 없다. 관형어가 되어 명사를 수식하기 위해서는 '很多, 不少'와 같이 부사인 '很'이나 '不'가 붙는다. 이 때 '的'는 보통 쓰지 않는다.
>
> - 도서관에는 학생이 많다.
>   (×) 图书馆里有多学生。 → (O) 图书馆里有很多学生。
> - 그의 아버지는 적지 않은 돈을 가지고 있다.
>   (×) 他父亲有少钱。 → (O) 他父亲有不少钱。

2. 다음절 형용사

쌍음절 형용사, '很'과 '非常' 같은 부사의 수식을 받는 형용사, 혹은 형용사 중첩형이 명사를 수식할 때 일반적으로 '的'를 뒤에 붙여야 한다.

- 他有**丰富**的工作经验。　그는 풍부한 업무경험을 가지고 있다.
- 这是一件**非常重要**的事。　이것은 매우 중요한 일이다.
- 他长着一双**大大**的眼睛。　그는 눈이 아주 크게 생겼다.
- 给人一种**模模糊糊**的印象。　사람에게 아주 흐릿한 인상을 준다.

> **주의**
>
> 일부 쌍음절 형용사는 '的'를 필요로 하지 않는데, 이것은 뒤에 수식하는 명사와 이미 습관적으로 하나의 고정적인 용법처럼 사용되고 있기 때문이다. 이러한 예는 제한적이며 그때마다 외워야 한다.
>
> - 两国建立了**友好关系**。　두 나라가 우호관계를 맺었다.
> - 我有一件**要紧事**。　나에게는 중요한 일이 있다.
>
> ⋯→ 이와 같은 예에 '危险人物(위험인물), 优异成绩(특히 우수한 성적), 有利条件(유리한 조건), 远大抱负(원대한 포부), 快乐时光(즐거운 시절), 巨大成就(거대한 성취), 便宜货(싼 물건), 漂亮话(듣기 좋은 말)' 등이 있다.

03 부사어로 사용된 형용사

1. 단음절 형용사

부사어 형식표지인 '地'를 붙이지 않고 단독으로 자유롭게 부사어로 사용될 수 있는 단음절 형용사는 제한적이다.

> 多 少 早 晚 快 慢 新 大 轻 迟 难

→ 대부분 단음절 동사를 수식한다.
- 他新出了一本书。　그는 책 한 권을 새로 펴냈다.
- 你快走吧。　빨리 가라.

2. 다음절 형용사

2음절 이상의 형용사(구)가 부사어로 사용될 때에는 일반적으로 뒤에 '地'를 붙여야 한다.

- 他痛快地答应了我的要求。 그는 속시원하게 우리의 요구를 허락했다.
- 他们非常顺利地通过了考试。 그들은 아주 순조롭게 시험을 통과했다.

> **주의**
>
> 일부 쌍음절 형용사는 '地'를 쓰지 않고 바로 동사를 수식할 수 있다. 예를 들면 '正确理解, 认真学习, 亲切交谈, 热烈欢迎, 容易把握, 严肃处理'와 같은 것들이 있다. 그리고 일부 형용사의 중첩형 뒤에도 '地'를 쓰지 않아도 된다.
>
> - 你好好儿(地)想一下。 잘 생각해 봐.
> - 他恭恭敬敬(地)行了个礼。 그는 아주 공손하게 인사를 했다.

04 보어로 사용된 형용사

1. 단음절, 쌍음절 형용사

모두 독립적으로 보어로 쓰일 수 있다.

- 他跑得很快。 그는 빨리 달린다.
- 我们玩儿得很开心。 우리는 신나게 놀았다.

2. 단음절 형용사 중첩형, 접미사가 붙은 형용사, 쌍음절 형용사 중첩형
                (AA)   (ABB)   (AABB)

보어나 숙어로 사용될 때에는 뒤에 '的'를 붙여야 한다.

- 他把皮鞋擦得亮亮的。 그는 구두를 반짝거리게 닦았다.
- 屋子里乱哄哄的。 방안은 매우 시끌벅적하다.
- 她说得明明白白的。 그녀는 아주 명백하게 말했다.

05 형용사중첩

1. 중첩형식

단음절 형용사	AA

大大 큼지막하다
圆圆 둥그렇다

쌍음절 형용사	AABB

干干净净 아주 깨끗하다
清清楚楚 분명하고 또렷하다
明明白白 명백하고 확실하다
高高兴兴 신명나다

ABAB

雪白雪白 눈같이 새하얗다
笔直笔直 매우 곧다
冰凉冰凉 얼음처럼 시리고 차갑다
血红血红 새빨갛다

A里AB

小里小气 쩨쩨하고 쪼잔하다
糊里糊涂 어리벙벙하고 흐리멍텅하다
傻里傻气 어리숙하다
土里土气 아주 촌스럽다

> **주의** 자체에 비유적 의미를 내포하고 있는 형용사는 ABAB식으로 중첩된다. 그 예로는 다음과 같은 것들이 있다.
>
> 笔直 冰凉 滚烫 火红 闷热 嫩绿 通红
> 乌黑 细长 血红 雪白 阴冷 焦黄 碧绿

> **주의** 형용사 중첩은 습관의 문제이다.
>
> 漂亮 → (O) 漂漂亮亮   美丽 → (×) 美美丽丽
>
> 일반적으로 서면어 중에 사용되는 형용사는 대부분 중첩할 수 없으며, 구어에서도 일부는 중첩할 수 없다. 그 예로는 다음과 같은 것들이 있다.
>
> 合适, 新鲜, 容易, 愉快, 精彩, 着急, 复杂, 重要

> **참고** 상용되는 중첩형용사(AABB)에는 다음과 같은 것들이 있다.
>
> | | | | | |
> |---|---|---|---|---|
> | 矮矮胖胖 | 安安静静 | 匆匆忙忙 | 从从容容 | 大大方方 |
> | 地地道道 | 端端正正 | 高高大大 | 高高兴兴 | 恭恭敬敬 |
> | 欢欢喜喜 | 恍恍惚惚 | 急急忙忙 | 快快乐乐 | 老老实实 |
> | 冷冷清清 | 忙忙碌碌 | 仔仔细细 | 迷迷糊糊 | 明明白白 |
> | 平平安安 | 平平淡淡 | 普普通通 | 奇奇怪怪 | 亲亲热热 |
> | 轻轻松松 | 确确实实 | 认认真真 | 实实在在 | 痛痛快快 |
> | 完完全全 | 整整齐齐 | 自自在在 | 和和气气 | 规规矩矩 |

2. 중첩형식의 의미상의 특징

1) 형용사 중첩 이후

형용사가 중첩된 이후 공통적으로 의미 '정도 강화'와 '묘사성 강화'의 작용을 한다. 형용사가 중첩된 이후 생동적인 묘사가 가능하다는 점이 일반적인 정도 강화 형식인 '정도부사＋형용사' 형식과 다른 점이다.

- 他急急忙忙地走了。 그는 허둥지둥 가 버렸다.
- 他的手冻得冰凉冰凉的。 그의 손은 얼음처럼 차갑게 얼었다.

2) A里AB식 중첩형식

A里AB식 중첩형식에는 특별히 혐오, 경멸의 의미가 첨가되는데, 이는 A里AB식으로 중첩되는 형용사 자체가 폄하하는 의미를 지닌 형용사라는 사실에서 기인한다. 이러한 종류 에는 다음과 같은 형용사들이 속한다.

马虎 대충대충하다	小气 쩨쩨하다	拉杂 난잡하다
慌张 덤벙거리다	流气 건들거리다	邋遢 칠칠치 못하다
土气 촌스럽다		

3. 중첩형식의 문법적인 특징

1) 중첩된 형용사 앞에 더 이상 정도부사를 붙이지 않는다.

   (×) 非常高高的 → (○) 非常高

   (×) 很雪白   → (○) 雪白

  → 이는 중첩된 이후에 이미 의미상 정도가 강화되었기 때문이다.

2) 형용사 중첩형은 주로 동사 앞에 부사어로 쓰이거나 아니면 동사 뒤에 보어로 쓰인다.

- 我想舒舒服服地睡一觉。
  나는 아주 편하게 잠을 자고 싶다.

- 学生们认认真真地听老师讲课。
  학생들은 매우 진지하게 선생님이 강의하시는 것을 듣고 있다.

- 她把衣服洗得干干净净的。
  그녀는 옷을 아주 깨끗하게 빨았다.

- 我记得清清楚楚的, 没有错。
  나는 똑똑하게 기억하고 있는데, 틀림이 없다.

3) 형용사 중첩형이 술어나 보어로 쓰일 때 뒤에 항상 강조 어기를 나타내는 조사 '的'를 붙인다.

- 屋里漆黑漆黑的。
  방안은 칠흑처럼 어둡다.

- 她的字总是写得整整齐齐的。
  그녀의 글씨는 언제나 아주 가지런하다.

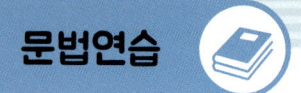
문법연습

1 아래 제시된 형용사 가운데 가장 알맞은 것을 선택하여 빈칸을 채워 보세요.

| 乱　脏　固执　安静　快　热情　努力　轻松　急躁　干净　紧张 |

1. 他的性格很 _____ ，也很 _____ 。

2. 你的房间又 _____ 又 _____ ，应该收拾一下。

3. 他学汉语很 _____ ，而且进步也很 _____ 。

4. 那家餐厅的服务员态度很 _____ 。

5. 阅览室很 _____ ，也很 _____ ，我常去那儿看书。

6. 上大学以后，学习一直都很 _____ ，一点儿也不 _____ 。

2 아래 문장 중 틀린 부분을 찾아 바르게 고쳐 보세요.

1. 这个地方风景美丽，吸引了多游客。

2. 他很老老实实地把事情的经过说了一遍。

3. 他穿着很雪白的衬衫，样子帅极了。

4. 我第一次去上海，觉得上海的夜景是很美。

5. 外边雨下得很多，你现在最好别出去。

6. 我看这件衣服的款式和颜色都合适你。

*문법연습 정답은 312 페이지에서 확인할 수 있습니다.

작문연습

1 나는 시장에서 파는 야채가 신선하다고 생각한다.

我觉得市场上卖的蔬菜很新鲜。

요점 '~라고 생각한다'는 '觉得'를 쓴다. '파는 야채'는 '卖的蔬菜'로 하고, '新鲜' 앞에 '很'을 놓아야 한다.

TIP 만일 '新鲜' 앞에 '很'을 쓰지 않으면 비교의 의미가 두드러진다. '很'은 주로 비교의 의미를 없애는 역할을 감당하고 있고, 자신의 본래 의미인 '매우' 라는 뜻은 나타내고 있지 않다.

확인 나는 항주의 풍경이 매우 아름답다고 생각한다.

어휘정리
- 야채 蔬菜
- 신선하다 新鲜
- 항주(浙江省의 성도) 杭州
- 풍경 风景

2 그녀는 자신을 아주 예쁘게 치장하고 남자친구와 데이트를 하러 간다.

她把自己打扮得漂漂亮亮的, 去跟男朋友约会。

요점 이 문장은 처치의 의미가 강하기 때문에 '把' 자문을 사용하는 것이 좋다. '아주 예쁘게' 부분은 정도보어로 처리한다. 즉 동사 '打扮' 뒤에 형용사 '漂亮'의 중첩형을 사용하고 중첩된 형용사 뒤에는 '的'를 붙인다.

TIP 중국어에서 정도보어의 많은 부분이 우리말로 부사어처럼 해석된다. 바로 이점으로 인하여 '아주 예쁘게 치장하고'라는 부분을 중작할 때 '很漂亮地打扮'이라고 쉽게 연상이 되는데 이런 말은 중국어에서 잘 사용되지 않는 표현이다. 쉽게 떠오르지 않는 '打扮得很漂亮'과 '打扮得漂漂亮亮的'은 특히 한국학생들이 주의해서 써야 할 용법이다.

확인 그녀는 언제나 방을 아주 깨끗하게 정리한다.

어휘정리
- 화장하다 打扮
- 데이트하다 约会
- 깨끗하다 干净
- 정리하다 收拾

*작문연습 정답은 312페이지에서 확인할 수 있습니다.

어휘정리

- 출근(하다) 上班
- 잘 好好儿

3 의사선생님께서 그에게 출근하지 말고 집에서 며칠 잘 쉬라고 하신다.

医生让他别去上班, 在家好好儿休息几天。

요점 '그 사람더러~하지 말라고 하다'는 '让他别~'라는 형식을 쓰고 '잘 쉬다'는 '好好儿休息'로 표현한다.

TIP '好好儿' 뒤에 부사어 형식표지인 '地'를 붙여도 되고 붙이지 않아도 된다. '让他别+동사'와 '不让他+동사' 구조의 차이에 주의하자. '让他别+동사'는 '그더러 ~하지 말라고 하다'는 의미이지만, '不让他+동사' 구조는 '그더러 ~못하게 하다'라는 의미로 '不'가 '让他+동사' 전체를 수식한다.

- 일어나다 起床
- 단련(하다) 锻炼

확인 그는 날마다 아주 일찍 일어나 공원에 가서 신체 단련을 한다.

---

4 그녀는 키가 클 뿐만 아니라 몸매도 날씬하다.

她不但个子很高, 而且身材也很苗条。

- 키 个子
- 몸매 身材
- 날씬하다 苗条

요점 '~뿐만 아니라 ~도'는 '不但~而且'라는 표현을 사용한다. '키가 크다', '몸매가 날씬하다'를 중작할 때는 다른 사람에 비해서 그렇다는 비교의 의미가 아닌 서술적 표현을 하는 것이므로 '크다', '날씬하다'는 형용사 앞에 비교의 의미를 없애주는 '很'을 넣어 주어야 한다. 해석상 '매우'라는 말이 나오지 않는다고 해서 '很'을 쓰는 것을 잊어서는 안 된다.

TIP '키가 크다'라는 말을 중작할 때 아마도 어떤 학생은 '她个子大'라고 할 수도 있을 것이다. 중국어에서는 '키가 크다'라는 말을 표현할 때 '高'를 사용하고 '大'를 쓰지 않는다. 또한 '나이가 많다'라는 표현을 중국어로 할 때에도 '多'를 쓰지 않고 '大'를 쓴다. 예를 들면, "他年纪很大(그는 나이가 매우 많다)."

- 성격 性格
- 온유하다 温柔

확인 그녀는 예쁘게 생겼을 뿐만 아니라 성격도 온유하다.

＊작문연습 정답은 312 페이지에서 확인할 수 있습니다.

5 나는 백화점에서 아주 세련된 구두 한 켤레를 샀다.

我在百货商场买了一双很时髦的皮鞋。

어휘정리
• 세련되다 时髦
• 구두 皮鞋

요점 '时髦' 앞에 '很'이나 '非常'을 붙여서 명사를 수식한다. 그 사이에 '的'을 꼭 놓아야 한다.
TIP 중국어로 백화점은 '百货商场', '百货商店'이라고 하는데, 요즘은 직접 이름 뒤에 '广场'이나 '大厦'를 붙여서 '~广场', '~大厦'라고 하는 곳이 많다. '광장'을 말하는 것이 아니라 쇼핑센터나 백화점을 말하고 있음에 유의하자.

확인 어제 나는 매우 훌륭한 축구 경기 한 게임을 봤다.

• 훌륭하다 精彩
• 경기, 시합 比赛

---

6 그의 아들은 얼굴이 둥글둥글하고 눈은 큼직한 것이 보기에 정말로 귀엽다.

他儿子脸圆圆的, 眼睛大大的, 看上去很可爱。

• 얼굴 脸
• 보기에 看上去

요점 형용사를 중첩하여 묘사에 생동감을 더해 주자. '둥글둥글하다'는 '圆圆的'로, '큼지막하다'는 '大大的'로 표현한다. 단음절 형용사 중첩형을 서술어로 사용할 때 '的'를 쓰는 것을 잊지 말자.
TIP 중첩형은 의미상 정도가 강화되었을 뿐만 아니라 묘사성이 강화된 특별한 표현방식이므로 구어에서 잘 사용할 줄 안다면 아주 감칠맛 나는 표현을 구사하게 될 것이다. '看上去'는 '看起来'라고도 말할 수 있는데, '看'뒤에 나오는 '上去'나 '起来'는 방향보어로서 이미 자신의 본래 의미인 '올라가다', '일어나다'는 뜻을 더 이상 나타내지 않고 '어떤 면에 대한 추측, 추정하다'는 뜻을 나타내는 말로 바뀌었다.

확인 그녀는 머리카락이 기다랗고, 피부는 아주 새하얀 것이 모습이 매우 청순하다.

• 피부 皮肤
• 모습 样子
• 청순하다 清纯

*작문연습 정답은 312 페이지에서 확인할 수 있습니다.

어휘정리

- 조용하다 安静
- 공연(하다) 表演

7 아이들은 아주 조용하게 공연을 보고 있다.

孩子们安安静静地在看表演。

요점 '아주 조용하게'는 '安静'의 중첩형을 사용하여 부사어를 만들어 표현하면 되는데, 뒤에 부사어 형식표지인 '地'를 붙이는 것을 잊지 말자.

TIP '아주 조용하게'라는 말을 중작할 때 '很安静地'라고 표현할 수도 있다. 그러나 이 표현은 '安安静静地'에 비해서 묘사성이 떨어진다. 우리말로 해석할 때 이러한 차이를 문자 상으로는 전혀 변별해 낼 수 없다는 사실에 유념하자.

- 상을 타다 得奖
- 기쁘다 高兴

확인 그는 부모님께 자기가 상을 탔다고 아주 기쁘게 알려 드렸다.

- 돈을 쓰다 花钱
- 인색하다 小里小气
- 왕래하다 来往

8 그는 돈을 쓰는 데 아주 인색해서 사람들은 그와 왕래하는 것을 싫어한다.

他花钱小里小气的, 大家都不爱跟他来往。

요점 A里AB로 중첩된 형용사가 술어로 사용될 때에는 뒤에 반드시 '的'를 붙인다. '누구와 왕래하다'는 '跟~来往'으로 표현한다.

TIP '아주 인색하다'고 해서 '小里小气' 앞에 '아주/매우'의 뜻을 나타내는 '很'이나 '非常'과 같은 정도부사를 사용할 수 없다. '小里小气' 안에 이미 정도가 강화된 의미가 내포되어 있기 때문이다.

- 치장하다 打扮
- 촌스럽다 土里土气

확인 그녀는 치장할 줄을 잘 몰라서, 항상 촌스럽게 차려입는다.

＊작문연습 정답은 312 페이지에서 확인할 수 있습니다.

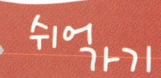

중국 광고 속 형용사 이야기

⭐ 중국 현지 광고를 통해 현장감 넘치는 중국어 형용사 표현을 배워 봅시다.

여기서 '好吃'는 관형어로 사용되었습니다.

➡ 상당히 맛있는 후난(湖南) 요리

형용사 '美好'가 '生活'를 직접 수식하는 경우입니다.

아름다운 생활 ➡

'新'은 부사어로 사용되었습니다.

➡ 인터넷 신규 가입 시 대박 사은품 증정

'多'는 부사어로 사용되었습니다.

매일 자기 자신을 조금 더 많이 ➡
사랑해 주세요.

03 부사

부사의 정의

부사의 역할 및 문법 특징

부사의 종류

상용부사의 용법 비교
1. '不'와 '没'
2. 시간 부사 就, 才, 都, 刚
3. '刚'과 '刚才'
4. 반복을 나타내는 부사
   又, 再, 还, 也
5. 정도를 나타내는 부사
   真, 很, 太
6. 범위를 나타내는 부사
   '都'와 '一共'

핵심문법

01 부사의 정의

일반적으로 동사나 형용사를 수식하며, 동작이나 상태의 정도, 범위, 시간, 빈도, 가능, 긍정, 부정, 어기 등을 나타내는 말이다.

02 부사의 역할 및 문법 특징

1. 역할

부사는 동사나 형용사 앞에 위치하여 그 동사나 형용사를 수식한다. 문장 속에서 동사나 형용사를 수식하는 부사어의 역할을 한다. 중국어에서 부사는 다른 품사와 달리 문장성분 가운데 주로 부사어로 사용된다는 점이 독특한 점이다.

2. 문법 특징

1) 일반적으로 부사는 동사와 형용사를 수식할 수 있다.

- 我们一起商量一下吧。 우리 같이 상의해 봅시다.
- 我常常喝茶。 나는 항상 차를 마신다.
- 心里非常难过。 마음이 무척 괴롭다.
- 景色多么美啊! 경치가 얼마나 아름다운지!

→ 부사 '一起'가 동사 '商量'을 수식하고, '常常'은 동사구 '喝茶'를 수식한다. 부사 '非常', '多么'도 각각 형용사 '难过', '美'를 수식하고 있다.

부사 가운데 정도부사는 주로 형용사를 수식하는데, 일부 심리동사나 조동사도 정도부사의 수식을 받을 수 있다.

- 她十分喜欢中国文学。 그녀는 중국문학을 매우 좋아한다.
- 我很想去中国工作。 나는 매우 중국에 가서 일하고 싶다.
- 我非常愿意参加这个活动。 나는 이번 활동에 참가하는 것을 대단히 원한다.

> **주의** 일반적으로 부사가 동사나 형용사 앞에서 수식한다. 그러나 만약 문장 속에 전치사가 있으면 부사는 전치사 앞에 사용해야 한다.
>
> - 나는 그에게 전화하지 않았다.
>   (×) 我给他没打电话。 → (O) 我没给他打电话。
>
> - 그녀는 자주 나와 함께 거리를 구경한다.
>   (×) 她跟我常常一起逛街。 → (O) 她常常跟我一起逛街。

2) 일반적으로 부사는 명사와 수량사를 수식할 수 없다.

- 우리 먼저 밥 먹자.

  (×) 先我们吃饭吧。 → (O) 我们先吃饭吧。

  → '先'을 서술어 '吃饭' 앞으로 옮겨야 한다.

- 우리 세 사람 모두 영화를 보러 간다.

  (×) 我们都三人去看电影。 → (O) 我们三人都去看电影。

  → '都' 역시 서술어 '去看电影' 앞으로 옮겨야 한다.

> **주의** 최근 구어에서 명사 앞에 부사가 나와서 명사를 수식하는 예들이 사용되고 있다.
>
> - 很中国   매우 중국적이다
> - 很科学   매우 과학적이다
> - 很现代   매우 현대적이다
>
> ⋯→ 이런 예들은 몇몇 명사와 정도부사 간에 상당히 제한적으로 나타나는 용법으로, 부사가 명사를 수식할 수 있다는 명제가 성립될 수 있을 정도의 일반적인 특징으로 규정할 수는 없다.

> **주의** 명사와 수량사가 서술어로 쓰인 문장에서는 일부 시간, 범위, 빈도를 나타내는 부사의 수식을 받을 수 있다.
>
> - 人家**都**大学生了, 别再管他了。 그는 이미 대학생이니까 더 이상 그를 간섭하지 마라.
> - **又**星期一了, 又该去学校上课了。 또 월요일이 되었다, 또 학교에 가서 수업을 해야겠다.
> - 他们俩结婚**已经**二十年了。 그들이 결혼한 지 이미 이십년이 되었다.

> **주의** 일부 범위를 나타내는 부사('단지, 겨우'의 뜻으로 수량이 적음을 나타내는 '光, 单, 只, 就, 仅, 仅仅' 등)와 부정부사 '没'는 때로 명사를 수식할 수 있다.
>
> - **就**星期六没有课。 단지 토요일만 수업이 없다.
> - 她去了**没**几天就回来了。 그녀는 간 지 며칠 안 되어서 곧 돌아왔다.

3) 대부분의 부사는 묻는 질문에 단독으로 답할 수 없다.

- 这次活动你也参加吗? 이번 활동에 당신도 참가합니까?

   (×) 我也。　　→　　(○) 我也参加。 저도 참가합니다.

   ⟶ 질문에 답할 때 부사는 반드시 수식하는 서술어와 함께 답해야 한다.
   　단, '不, 没有, 也许, 一定, 有点儿' 등과 같은 일부 부사는 단독으로 질문에 답할 수 있다.
   　　ex) A: 你有没有发烧? 열이 났어요?
   　　　　B: 有点儿。 약간

4) 일반적으로 부사는 부사 이외에 다른 품사의 수식을 받지 않는다.

- 也都去
- 都不去

   ⟶ 부사 '也'가 부사 '都'를 수식할 수 있는데, 반드시 이 어순을 유지해야 한다. 부사 '都'가 부사 '不'를 수식하여 완전 부정을 나타내고 있다.

03 부사의 종류

상용부사를 그것이 나타내는 의미에 따라 크게 7가지로 분류할 수 있는데, 구체적인 내용은 아래와 같다.

범위	都, 一共, 只, 仅仅, 光, 一起, 总共, 全 등
반복과 빈도	又, 再, 还, 也, 常常, 经常, 再三, 反复, 不断, 往往 등
시간	才, 就, 刚, 已经, 曾经, 马上, 立刻, 从来, 一直, 随时, 偶尔, 总是, 好久, 正在 등
정도	很, 非常, 真, 特别, 挺, 太, 十分, 最, 相当, 极, 比较, 稍微 등
긍정과 부정	不, 没, 准, 一定, 未必 등
어기	难道, 居然, 究竟, 到底, 简直, 竟然, 几乎, 也许, 果然, 差点儿 등
양태	仍然, 逐渐, 渐渐, 互相, 亲自 등

04 상용부사의 용법 비교

상용되는 주요한 부사들의 구체적인 문법 특징과 용법을 살펴보기로 하자.

1. '不'와 '没'

모두 부정의 의미를 나타내는 부정부사로서, 동사나 형용사 앞에 놓여 동작이나 상태에 대해 부정한다.

1) '不'는 과거, 현재, 미래의 동작이나 행위를 부정한다. 주로 주관적인 바람이나 의지에 대한 부정을 나타낸다.

미래	我们明天**不**上课。 우리는 내일 수업하지 않는다.
현재	我今天**不**去上班。 나는 오늘 출근하지 않는다.
과거	当初我劝他别去, 可他就是**不**听。 애초에 나는 그에게 가지 말라고 권했지만 그는 듣지 않았다.

→ '不'는 과거에도 쓸 수 있는데, 이때는 주관적인 의지를 강하게 나타낸다.

2) '没'는 과거와 현재에 사용되며 미래에는 사용할 수 없다. 동작이나 상태의 발생 또는 완성을 부정하며, 주로 객관적 서술에 사용된다.

| 현재 | 我**没**睡觉, 我在看书呢。 나는 잠 안 자, 책보고 있는 거야. |
| 과거 | 我们昨天**没**上课。 우리는 어제 수업하지 않았다.
今天早上我起得太晚了, **没**吃早饭。
오늘 아침에 나는 너무 늦게 일어나서 아침을 먹지 못했다. |

3) 형용사, 조동사, 심리동사 및 일부 비동작성 동사의 부정은 '不'로 한다.

- 近来他身体**不**好, 在家休息。 근래에 그는 몸이 안 좋아서 집에서 쉰다.
- 我**不会**骑自行车。 나는 자전거를 탈 줄 모른다.
- 我**不喜欢**他。 나는 그를 좋아하지 않는다.
- 我以前**不认识**他。 나는 전에 그를 몰랐다.

→ 이런 부류에 속하는 동사에는 '可以, 应该, 愿意, 是, 等于, 知道, 叫' 등이 있다.

> **주의**
> 성질과 상태 변화의 발생이나 완성에 대한 부정은 '不'가 아니고 '没'로 한다. 대표적인 것으로 '还没+형용사+呢' 구조를 들 수 있다.
> - 苹果**还没**红呢。 사과는 아직 빨개지지 않았다.

4) 일상적인 일이나 습관적인 동작에 대한 부정은 '不'로 한다.

- 我们星期六、星期天都不上课。 우리는 토요일과 일요일에 모두 수업을 하지 않는다.
- 他工作很忙, 平时不在家吃饭。 그는 일이 바빠서 평소에 집에서 밥을 먹지 않는다.

5) 동사 뒤에 '过'나 '着'가 나오면 부정은 '没'로 한다.

- 我去过长城。 나는 만리장성에 가본 적이 있다.
  → 我没去过长城。 나는 만리장성에 가본 적이 없다.
- 外边下着雨。 밖에 비가 오고 있다.
  → 外边没下着雨。 밖에 비가 오고 있지 않다.

6) 결과보어의 부정은 '没'로 한다.

- 我没找到钱包。 나는 지갑을 찾지 못했다.

> **주의**
> 가정문에서는 결과보어를 부정할 때 예외적으로 '不'를 사용한다.
> - 我不看完, 就不回家。 나는 다 보지 못하면 집에 가지 않을 것이다.
> - 我不学好汉语, 就不回韩国。 나는 중국어를 잘 배우지 못하면 한국에 돌아가지 않을 것이다.

不	vs	没
• 과거, 현재, 미래의 동작이나 행위를 부정 • 주로 주관적인 바람이나 의지에 대해 부정		• 과거와 현재에 사용가능 • 미래에는 사용불가 • 동작이나 상태의 발생 또는 완성을 부정 주로 객관적 서술에 사용
• 不 + 형용사, 조동사, 심리동사 　　일부 비동작성 동사		–
• 不 + 일상적인 일이나 습관적인 동작		–
–		• 没 + V过 / V着
• 가정문에서 不 + 결과보어		• 没 + 결과보어

2. 시간부사 就, 才, 都, 刚

1) 就·才

就	화자가 볼 때 시간이 이르거나 짧거나, 또는 나이·수량이 적음을 나타낸다. '이미/어느새/곧/바로'라는 의미로 해석된다. · 会议八点开始, 他7点就来了。 　회의는 8시에 시작하는데 그는 7시에 벌써 왔다.
才	화자가 볼 때 시간이 늦거나 길거나, 또는 수량이 많다는 것을 나타낸다. '비로소/ 겨우/ ~해서야' 등의 의미로 해석된다. · 会议八点开始, 他9点才来。 　회의는 8시에 시작하는데 그는 9시가 되어서야 왔다. → '就' 뒤에는 항상 '了'가 나온다. 반면 '才' 뒤에는 '了'가 붙지 않는다.

2) 都·才

都	都 + 시간, 나이, 수량을 나타내는 말 시간이 늦거나 나이 수량이 많음을 나타낸다. · 都八点钟了, 你怎么还在睡觉? 　벌써 8시인데 너는 왜 아직도 자고 있니? · 她都三十多岁了, 怎么还没结婚? 　그녀는 이미 삼십이 넘었는데, 어째서 아직도 결혼을 안했지? · 你都买了三件衣服了, 别买了。 　너는 벌써 옷을 세 벌이나 샀으니 더 이상 사지 말아라.

> **주의** '都'는 주로 앞에 나오는 복수의 의미를 총괄하는 범위를 나타내는 부사로 사용되는데, 여기서는 '都'가 시간을 나타내는 부사로 사용되고 있다.

才	才 + 시간, 나이, 수량을 나타내는 말 시간이 이르거나 나이, 수량이 적음을 나타낸다. • 才五点钟, 你怎么就起床了? 　겨우 5시인데 너는 왜 벌써 일어났니? • 才十五岁, 他就上大学了。 　겨우 열다섯 살에 그는 대학에 들어갔다. • 我才买了一件, 还想再买一件。 　나는 겨우 한 벌 샀는데, 한 벌 더 사고 싶어요.

> **주의** '才'는 구조상 출현하는 위치에 따라 의미가 달라진다. 위의 예처럼 '才+시간, 나이, 수량을 나타내는 말'의 어순으로 사용되면 의미상 시간이 이르거나 수량이 적음을 나타내지만, 만약 '才'가 시간, 나이, 수량을 나타내는 말 뒤에 나오면, 시간이 늦거나 나이나 수량이 많다는 의미를 나타낸다.
>
> • 他才学了三个月, 就说得很好了。 그는 겨우 3개월 배웠는데 말을 잘 한다.
>   我学了一年才学会。 나는 1년이나 배워서야 비로소 할 줄 알았다.
> • 才七点钟, 他就回家了。 겨우 7시인데 그가 집에 왔다.
>   他晚上九点才下班。 그는 저녁 9시에나 퇴근한다.
> • 才二十岁, 他就开始创业了。 겨우 스무살에 그는 창업을 시작했다.
>   都四十岁了, 他才结婚。 벌써 40살인데 그는 이제서야 결혼한다.

3. 刚, 刚才

'刚'과 '刚才'는 의미상 비슷하지만 각각 품사와 용법이 다르다. '刚'은 '刚刚'이라고도 하는 부사로서 동사 앞에서만 사용할 수 있으며, 우리말로 '지금 막'에 해당한다. 이에 비해 '刚才'는 '방금'이라는 뜻의 명사로서 동사, 형용사 혹은 주어 앞에 쓸 수 있다.

1) '刚'은 대체로 뒤에 '了'가 붙지 않는다.

• 我刚来中国, 很不习惯。 나는 막 중국에 와서 매우 익숙하지 않다.

2) '刚才'는 말하기 얼마 전의 그 짧은 시간을 말한다.

- 我刚才在洗澡。 나는 좀 전에 목욕하고 있었다.
  → '刚才'는 주어 앞에 놓아도 된다. 즉 "刚才我在洗澡."라고 할 수도 있다.
  ex) 我肚子刚才很疼, 现在不疼了。 배가 좀 전에 많이 아팠는데, 지금은 아프지 않아요.

3) '刚'을 사용한 문장 속에서는 동사 뒤에 시간의 양을 나타내는 말을 쓸 수 있지만, '刚才'는 쓸 수 없다.

- 他刚走一会儿, 电话就来。 그가 막 떠난 지 얼마 있다가 전화가 왔다.

4) '刚才' 뒤에는 부정부사를 사용할 수 있지만, '刚' 뒤에는 쓸 수 없다.

- 刚才我没在家, 所以没接到你的电话。
  방금 전에 나는 집에 없어서 네 전화를 받지 못했다.

4. 반복을 나타내는 부사 又, 再, 还, 也

1) 又·再·还

우리말로 모두 반복의 의미인 '또'라고 해석될 수 있지만, 각각의 용법은 다르다.

① 又

이미 실현된 동작의 반복에 쓰인다.

- 这电影我以前看过, 昨天又看了一遍。

 주기적으로 일어나는 동작인 경우에는 '又'를 현재나 미래에도 사용할 수 있다.
뒤에 주로 '要, 该'와 같은 조동사가 따라온다.
- 快开学了, 又该交学费了。 개학이 곧 시작되니, 또 학비를 내야 한다.
- 周末一过, 星期一又要上课了。 주말이 지나고 월요일이면 또 수업을 해야 한다.

② 再·还

아직 실현되지 않은 동작의 반복에 쓰인다.

※ 의미상의 중점

再	vs	还
• 화자나 청자가 대화 시에 임시로 설정한 바람을 나타내는 말로 '어떤 동작이 어떤 상황에서 다시, 또 나타난다'는 뜻을 나타낸다.		• 화자나 다른 사람이 말하기 전에 이미 모종의 바람을 지닌 말로 '이전과 변함 없이 여전히 또, 계속해서, 더 더욱'이란 의미를 나타낸다.

A: 实在对不起, 明天还得让你跑一趟。
　　정말 미안하지만 내일 여전히 네가 한 번 다녀가야겠다.

B: 没关系, 明天我还要来这儿办事。
　　괜찮아요. 내일 내가 다시 와서 일처리하지요.
　　→ 원래 올 계획이 있었음을 나타낸다.

[비교] 没关系, 那我明天再来一趟吧。 괜찮아요. 그럼 내일 내가 다시 한 번 오지요.
　　→ 내일 오는 것이 임시로 결정된 사항임을 나타낸다.

※ 문장 속에 조동사가 나오면 '还'는 조동사 앞에, '再'는 조동사 뒤에 둔다.

A. 那家饭馆不错, 我还想去。
　　그 식당이 좋아서 나는 여전히 또 가고 싶다.

B. 那家饭馆不错, 我想再去一次。
　　그 식당이 괜찮아서 나는 다시 한 번 가고 싶다.
　　→ 문장 속에 '还, 再'를 함께 사용하면 의미상 동작의 반복과 계속을 강조하게 되는데, 이 때 어순은 '还+조동사+再'이다.
　　ex) 那部电影我还想再看一遍。 그 영화를 나는 또 다시 한번 보고 싶다.

③ 再 뒤에는 종종 수량사(数量词)가 나오는데, 의미상 수량의 증가를 나타낸다.

- 我们再喝一杯啤酒吧。 우리 맥주 한 잔 더 마시자.
- 我们再点一个菜吧。 우리 요리 하나 더 시키자.

2) 又·也

① 又

대부분 동일한 주어로, 자신의 이전의 동작과 동일한 동작이나 행위임을 나타낸다.

- 小李前些日子病了, 怎么又病了?
  小李는 얼마 전에 병이 났었는데 어떻게 또 병이 났지?

② 也

대부분 두 개의 주어로, 서로 다른 주어가 동일한 동작이나 상태를 나타낼 때 사용된다.

- 我病了, 小李也病了。 내가 병이 났는데, 小李도 병이 났다.

5. 정도를 나타내는 부사 真, 很, 太

1) 真

'정말로'라는 뜻으로 긍정의 의미를 강조하는 데 사용되고 있으며, 어느 정도 감정적인 색채를 띠고 있다.

① '真+ 형용사'는 문장 속에서 관형어로 사용될 수 없다. 이때는 '真' 대신에 '很'을 사용해야 한다.

내가 정말 좋은 그림을 샀는데, 당신 한번 좀 보세요.

(×) 我买了一张真好的画, 你看看。
(○) 我买了一张很好的画, 你看看。

② '真+ 형용사'는 서술어와 보어로 사용될 수 있다.

- 今天天气真热啊!　오늘 날씨 정말 덥다!
- 这个菜做得真好吃!　이 요리는 정말 맛있게 만들었다.

③ '真'은 주로 감탄문에서 쓰이며 이 때 뒤에 항상 '啊'와 같은 어기조사가 따라온다.

- 这个菜真辣啊!　이 음식은 정말 매워!
- 你可真了不起啊!　너는 정말 대단하다!

2) 很

'真, 太'에 비하여 객관적인 색채를 띠는 정도부사로서, 일반적으로 진술문에 사용되고 있다. 또한 '很+형용사'는 관형어로 사용될 수 있다.

- 韩国菜很辣, 有些中国人吃不惯。
  한국 음식은 (매우) 매워서 일부 중국인들에게는 맞지 않는다.

- 我昨天买了一件很好看的衣服。
  나는 어제 (아주) 예쁜 옷 하나를 샀다.

> **주의**
>
> '很'이 비록 '매우'라는 뜻을 가진 정도부사이지만, 대부분 문장 속에서 정도가 심함을 나타내기보다는 형용사가 단독으로 사용되었을 때 발생할 수 있는 비교의 의미를 없애주는, 즉 문장을 객관적으로 서술하도록 도와주는 역할을 주로 한다.
>
> - 这件事情很重要, 你可别忘了。 이 일은 (대단히) 중요하니까 너는 잊지 말아라.
>   ⋯▶ 본래 가지고 있는 '매우'라는 의미를 뚜렷하게 드러내려면 '很'을 강하게 읽어 주어야 한다.

3) 太

정도가 지나친 것을 나타내는 부사로 '너무 (~하다)'로 해석된다.

① 주관적인 평가를 나타내는 정도부사로서 주로 뜻하지 않은 일, 불만족스런 결과에 사용된다.

- 价钱**太贵了**, 便宜点儿吧。 가격이 너무 비싸군요. 좀 싸게 해 줘요.
- 这本书**太难了**, 我看不懂。 이 책은 너무 어려워서 나는 보고 이해할 수가 없다.

→ '太' 뒤에 항상 '了'가 나오며, "这本书太难了, 我看不懂。"처럼 결과를 나타내는 문장(我看不懂)이 종종 따라 나온다.

② '太……了'는 또한 칭찬하거나 감탄할 때도 쓴다.

- 那个孩子**太聪明了**! 그 아이는 정말로 똑똑하다.
- 韩国队足球踢得**太棒了**! 한국팀은 축구를 정말로 잘 찼다.

6. 범위를 나타내는 부사 '都'와 '一共'

1) 都

'모두/다'를 말하는 부사이다.

① 진술문이나 의문사가 없는 일반의문문에서 '都'는 그 앞에 나오는 의미를 총괄하는 역할을 한다.

- 唱歌、跳舞我**都**喜欢。 노래하는 것, 춤추는 것 나는 모두 좋아합니다.
- 照片和身份证**都**带来了吗? 사진과 신분증 모두 가져왔나요?

> **주의**
> '都'가 총괄하는 말은 반드시 앞에 나와야 한다. 뒤에 두면 안 된다.
> - 나는 사과, 배, 포도 등 과일을 다 좋아합니다.
>   (×) 我都爱吃苹果、梨、葡萄等水果。
>   (O) 苹果、梨、葡萄等水果我都爱吃。

② 의문대명사가 있는 의문문에서 '都'는 의미상 뒤에 나오는 의문대명사를 수식 한다. 즉 모두 다 누구누구며, 무엇 무엇이며, 어디어디인지를 나타내는 표현에 사용된다.

- 你家里都有什么人? 너희 집에는 모두 누구누구 있니?
- 你都去过哪些国家? 당신은 모두 어느 어느 나라를 가봤나요?

③ '都'는 '也'와 함께 사용되기도 하는데 이 때 어순은 '也都'이다.

- 他们班的学生都参加了, 我们班的学生也都参加了。
  그들 반의 학생들은 다 참가하였고, 우리 반 학생들도 모두 참가하였다.

2) 一共

'모두/합쳐서'란 의미의 부사로 뒤에 항상 수량사가 따라오는 것이 특징이다.

- 我们班一共有二十个男生。
  우리 반에는 모두 20명의 남학생이 있다.

- 我一共带了五万块钱。
  나는 모두 5만 원을 가지고 있다.

- 他一个月工资一共有两百万块钱左右。
  그는 한 달 월급이 모두 200만 원 가량 된다.

 '一共' 대신에 '都'를 쓸 수 없다.
즉 "我数了一下, 这次活动都来了七十个人。"이라고 할 수 없다.

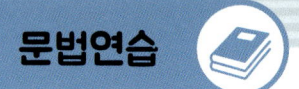

문법연습

1 제시된 부사를 각각 가장 알맞은 위치에 넣어 보세요.

1. 我们 _____ 回到教室，王老师 _____ 进来了。　　　　　（刚、就）

2. 有机会，我 _____ 想 _____ 去一趟中国。　　　　　（还、再）

3. 离上课的时间 _____ 早呢，我们 _____ 聊一会儿吧。　　　　　（还、再）

4. _____ 一个月他 _____ 把这本书翻译出来了。　　　　　（才、就）

5. 我 _____ 生气，只是听了以后心里有点儿 _____ 舒服。　　　　　（没、不）

6. 你这次 _____ 迟到了，下次 _____ 迟到的话，我就不等了。　　　　　（再、又）

2 아래 문장 중 틀린 부분을 찾아 바르게 고쳐 보세요.

1. 直到晚上十二点多，他就回到家了。

2. 看完展览以后，我们再去附近转了转。

3. 你唱得太好了，还给我们唱一首吧。

4. 这本汉语口语教材都有五百多个生词。

5. 我刚才进门，就听见屋里电话铃响了。

6. 我的爱好很多，我都喜欢网球、游泳、滑冰等。

*문법연습 정답은 312 페이지에서 확인할 수 있습니다.

작문연습

1 그 곳에 나는 예전에 간 적이 있는데 경치가 매우 아름다워서 다시 한 번 가고 싶다.

那个地方我以前去过。风景很美，我还想再去一次。

요점 '이미 가봤다'는 '去过'로 표현하고, '다시 한 번 가고 싶다'는 '还想再去'로 표현한다. '还'와 '再'가 동시에 나올 때의 어순이 '还+조동사+再'임에 주의하자.

TIP '다시 한 번 가고 싶다'를 중국어로 표현하면, '想再去一次'라고 하기 쉽다. 즉 우리말 해석에 있어서 '还'가 나타내는 '여전히 변함없이 또'라는 뜻은 흔히 해석상 나타나지 않기 때문에, 중국어로 작문할 때는 전후 문맥의 의미를 잘 파악하여 표현해야 한다. 중국어로 작문할 때 한국어와 중국어가 일대일로 대응되지 않는 상황이 많아서 주의를 요하는데 이 경우가 그런 예에 해당한다.

확인 그 영화를 나는 지난주에 본 적이 있는데 매우 재미있어서 다시 한 번 더 보고 싶다.

2 그 문제는 해결되었는데, 그는 또 다른 어려운 문제에 부딪쳤다.

那个问题解决了，他又遇到了别的难题。

요점 이미 실현된 동작의 반복을 나타내기 때문에 '又'를 사용한다.

TIP '又'는 동일 주어가 동일한 동작을 반복했을 때 사용한다. 그러므로 '又'가 나오는 대부분의 문장은 앞뒤 구에 나오는 동사가 동일하다. 이 문장은 비록 앞뒤 구에 나오는 동사가 하나는 '解决', 하나는 '遇到'로 다르지만, 전체 문맥상 '那个问题解决了'는 '어떤 문제에 부딪힌 것'을 전제로 하는 말이므로, 동일한 동작의 반복을 나타내는 '又'를 사용할 수 있는 것이다.

확인 그는 지난번 여자 친구와 약속을 하고 지각을 했는데, 이번에 또 지각했다.

어휘정리

- 풍경 风景
- 아름답다 美

- 영화 电影
- 지난 주 上(个)星期 / 上周

- 해결하다 解决
- 부딪치다 遇到

- 약속을 하다 约会
- 지각하다 迟到

*작문연습 정답은 312 페이지에서 확인할 수 있습니다.

어휘정리

- 줄곧 一直
- 훌륭하다 优秀
- 젊은이, 청년 青年

3 그는 줄곧 환경보호 일에 종사해 온 참으로 훌륭한 젊은이다.

他一直从事环境保护工作，是一个很优秀的青年。

요점 '참으로 훌륭하다'라는 뜻인 '真优秀'는 관형어로 쓰일 수 없기 때문에 '真优秀的青年' 대신에 '很优秀的青年'이라고 해야 하며, '很'은 강하게 읽어야 한다.

TIP 우리말로 보면 '사람'을 수식하는 말이 '줄곧 환경보호 일에 종사해 온'과 '참으로 훌륭한' 두 가지나 된다. 이에 바로 직역하여 "他是一直从事环境保护工作的一个很优秀的青年。"처럼 작문할 수도 있다. 이 문장을 틀리다고 할 수는 없다. 그렇지만 이 문장은 중국인의 일반적인 표현습관에 약간은 부합되지 않는 면이 있다. 실제 언어생활에 있어서 비교적 긴 관형어구가 연이어서 사용되는 예는 드물기 때문이다. 따라서 관형어 부분을 독립된 구로 처리하는 것이 중국인의 실제 언어습관에 부합한다고 하겠다.

- 회사를 차리다, 운영하다 办
- 유능하다 能干
- 아가씨 姑娘

확인 그녀는 직접 여행사를 차려 운영하니 매우 유능한 아가씨이다.

- 일을 하다 打工
- 돈을 벌다 挣钱
- 떠나다 离开

4 그는 겨우 17살인데 일을 해서 돈을 벌러 고향을 떠났다.

他才十七岁就离开家乡打工挣钱去了。

요점 '겨우'는 '才'를 사용하여 나타내고, 뒤에 나오는 '일을 찾아 돈을 벌러 고향 을 떠났다'라는 사실은 생각보다 이르다는 의미를 내포하고 있으므로, 동사 앞에 '就'를 써야 한다.

TIP '일을 해서 돈을 벌러 고향을 떠났다.'라는 부분을 중작할 때 "为了打工挣钱，离开了家乡。"이라고 표현할 수도 있고, 이런 표현은 굳이 주의를 기울이지 않아도 쉽게 생각해 낼 수 있다. 그러나 '~하기 위해서 ~로 가다/오다/떠나다'는 의미를 '위치이동을 나타내는 동사+목적지+목적하는 행위동작을 나타내는 동사'의 구조를 사용하여 표현할 수도 있다는 사실을 알아두기 바란다. 예컨대 '친구 만나러 북대에 간다.'라는 표현을 "去北大见朋友。"라고 하는 것이 더욱 자연스럽고 자주 사용되는 구조이다.

- 벤처회사 风险公司

확인 그는 겨우 20살인데 친구와 함께 벤처회사를 하나 차렸다.

＊작문연습 정답은 312 페이지에서 확인할 수 있습니다.

5

나는 반나절 외워야 기억했는데 그는 잠깐 외우고 바로 기억해 두었다.

我背了老半天才记住，可他背了一会儿就记住了。

요점 비로소는 '才'를 쓰고, 바로는 '就'를 쓴다. 그리고 시량보어가 있어서 '了'는 모두 동사 바로 뒤에 두어야 한다.

TIP '기억해 두다'라는 뜻을 표현할 때 '기억하다'는 뜻을 나타내는 동사 '记' 뒤에 '공고하고 확실하고 안정적인' 의미를 나타내는 결과보어 '住'를 사용한 '记住'를 써야 한다.

확인 나는 수영을 한 달이나 배워서 겨우 할 줄 아는데, 그는 한 주 만에 곧 할 줄 알게 되었다.

어휘정리
- 반나절(한참 동안) **老半天**
- 외우다 **背**

- 수영하다 **游泳**
- (배워서)~를 할 줄 알다 **会**

6

이런 종류의 제품은 막 시장에 나오자 특별히 잘 팔린다.

这种产品刚上市，就特别畅销。

요점 '막'은 '刚'을 사용한다. '특별히'는 '特别'로 표현한다.

TIP '畅销'만으로 '잘 팔린다'는 의미를 충분히 표현할 수 있지만, 정도보어를 사용해서 '卖得很火'라고 해도 같은 의미를 나타낸다. 다만 '특히'라는 부사어를 쓸 때 위치를 주의해야 한다. 즉 '卖得特别火'라고 해야지 '特别卖得火'라고 해서는 안된다.

확인 나는 막 중국에 도착했을 때 중국어 한 마디도 알아들을 수 없었다.

- 시장에 나오다 **上市**
- 잘 팔린다 **畅销**

- 한 마디도 **一句~都**

*작문연습 정답은 312 페이지에서 확인할 수 있습니다.

어휘정리

- 사고나다 出事故
- 일쑤다 容易

7 차를 너무 빨리 운전해서 사고 나기가 일쑤다

车开得太快，很容易出事故。

요점 '너무'는 '太'로 표현하고, '~하기가 일쑤다'는 '很容易~'로 표현한다.
TIP 중국어에 '매우'의 뜻을 나타내는 정도부사로는 '很, 非常, 挺, 太, 蛮' 등이 있는데, 각각 의미와 용법상의 차이가 있다. 그 중 '太'는 주관적인 평가를 띈 정도부사로서 주로 뜻하지 않은 일, 불만족스런 결과에 사용되며, 정도가 지나친 것을 나타낸다. 우리말로 '너무(~하다)'로 해석된다.

- 피부 皮肤

확인 매일 밤 너무 늦게 자는 것은 피부에 그다지 좋지 않다.

✎

8 지난 토요일에 나는 일이 있어서 그의 결혼식에 참석하지 못했다.

上个星期六我有事，没能参加他的婚礼。

- 참석하다 参加
- 결혼식 婚礼

요점 과거의 객관적인 동작의 실현에 대한 부정이므로 '没'를 쓴다.
TIP '그의 결혼식을 참석하지 못했다'라는 부분만 중작하자면 '没参加他的婚礼'라고도 할 수 있을 것이다. 그러나 전후 문맥상 이 문장은 일이 있어서 '그의 결혼식에 참석할 수 없었다'는 것을 나타내므로 '~할 수 없다'는 '能'을 써야 하는데, 과거에 실현된 동작에 관한 부정이므로 '不'가 아닌 '没'로 사용해야 하는 사실에 유의해야 한다.

- 극심하다, 지독하다 厉害
- 수업하다, 강의하다 上课

확인 그는 아주 심하게 감기에 걸려, 어제 수업하러 학교에 갈 수 없었다.

✎

*작문연습 정답은 312 페이지에서 확인할 수 있습니다.

MEMO

천 리 길도 한 걸음부터 시작한다. ― 『도덕경』

千里之行，始于足下。 ―《道德经》

04 전치사

전치사의 정의

전치사의 문법 특징

전치사의 문법 기능

전치사의 종류

상용전치사의 용법 비교
  1. '离, 从'의 용법
  2. '朝, 向, 往'의 용법
  3. '对, 跟, 给, 向'의 용법
  4. '对, 对于'의 용법
  5. '对于, 关于, 至于'의 용법
  6. 전치사 '在'
  7. 기타 전치사

핵심문법

01 전치사의 정의

중국어에는 우리말의 '~은(는), ~이(가), ~을(를), ~에게'와 같은 조사는 없지만, 영어의 전치사와 상당히 비슷한 介词(이하 '전치사')가 있다. 전치사는 명사, 대명사 혹은 명사구와 함께 전치사구를 구성하여 주로 술어 앞에 사용되어 동작이나 행위의 시간, 장소, 방향, 대상, 원인, 수단, 방식, 피동, 비교 등을 나타낸다.

02 전치사의 문법 특징

1. 전치사는 단독적으로 사용할 수 없으며 항상 전치사구의 형태로 문장 안에서 기능한다.

- 我对历史很感兴趣。 나는 역사에 대해 흥미를 많이 느낀다.
- 机场离这儿不太远。 공항은 여기서 그다지 멀지 않다.
- 你要按我说的话去做。 너는 내가 말한 대로 해야 한다.

→ 전치사구를 만들 때 전치사 뒤에는 반드시 명사성 성분, 즉 명사(历史), 대명사(这儿), 명사구(我说的话)가 와야 한다.

2. 전치사 뒤에는 '了, 着, 过' 등의 동태조사가 올 수 없다.

- (×) 她在着厨房做饭。
- (×) 我给了 / 过孩子买书。

 '朝着, 随着, 沿着, 为了, 除了'의 '着'와 '了'는 동태조사가 아니고 이런 종류의 전치사를 이루는 구성 성분이다.

03 전치사의 문법 기능

전치사는 전치사구 형태로 문장 속에서 주로 아래의 네 가지 기능을 한다.

1. 부사어로 사용된다.

- 从北京出发   북경에서 출발하다
- 把电视关上   텔레비전을 끄다
- 按要求去做   요구에 따라 하다

2. 관형어로 사용된다.

- 对朋友的态度   친구에 대한 태도
- 和同事的关系   동료와의 관계
- 向外界的宣传   외부로의 선전

3. 보어로 사용된다.

- 来自中国   중국에서 오다
- 送给父母   부모님께 드리다
- 开往上海   상해로 가다

4. 문장 안에서 문두에 나와 뒤에 나오는 주요 단문을 수식하는 역할을 한다.

- 对于这个问题, 我们再研究一下。   이 문제에 대해서 우리 다시 검토 좀 하자.
- 随着社会的进步, 参加工作的妇女越来越多。
  사회가 발전함에 따라 직장에 다니는(일하는) 여성이 갈수록 많아지고 있다.
- 在学习成绩上, 他们俩差不多。   학습 성적에 있어서 그들 둘은 비슷하다.

04 전치사의 종류

상용 전치사를 그것이 나타내는 의미에 따라 크게 8가지로 분류할 수 있는데 구체적인 내용은 아래와 같다.

분류	전치사
시간, 장소, 방향	自, 从, 打, 在, 到, 离, 向, 往, 朝
대상	对, 跟, 向, 给, 替, 连, 于, 对于
원인, 이유, 목적	因, 由, 为, 为了
수단, 방식	用, 拿, 照, 凭, 按照, 通过, 根据
비교	比, 跟, 和
피동형의 실행자	被, 叫, 让, 给
처치의 대상	把, 将
범위	除, 就, 除了

05 상용전치사의 용법 비교

상용되는 주요한 전치사의 구체적인 문법 특징과 용법을 살펴보기로 하자.

1. '离, 从'의 용법

'离'와 '从'은 우리말로 '~에서' 혹은 '~부터'로 똑같이 해석되기 때문에 한국학생들이 혼동하기 쉬운 용법이다.

1) 离

공간이나 시간에 있어서 **두 지점 사이의 거리나 격차를 계산하는 기점**을 나타낸다.

- 我家离公司不太远。 우리 집은 회사에서 그다지 멀지 않다.
  → '장소1+离+장소2'의 형식을 주로 취하며, '장소2'가 바로 공간상의 간격의 차이를 계산하는 기점이 된다.

- 现在离下课还有五分钟。 지금 수업이 끝나기까지 아직 5분이 남았다.
  → '시간1+离+시간2'의 형식을 통해 시간상의 차이를 나타내기도 한다. 여기서도 시간차를 계산하는 기점이 '离' 뒤에 나오는 '시간2'이다.

- 离期中考试只剩下三天了。 중간고사까지는 단지 3일이 남아 있다.
  → 때로는 '시간1'이 생략된 형태로 사용되기도 한다.

2) 从

출발하는 기점이나 **출발시간**을 나타낸다.

① 기본구조: 从 + 장소/시간

- 我从家里来的。 나는 집에서 왔다.
  → '从+장소'란 구조를 통해 출발점이 '家里'임을 나타내고 있다.

- 暑假从什么时候开始? 여름방학은 언제부터 시작합니까?
  → '从+시간'이란 구조를 통해 출발시간을 나타내고 있다.

② 상용구조: 从 + 장소/시간 + 到 + 장소/시간

- 从我家到学校坐车要三十分钟。 우리 집에서 학교까지 차로 30분 걸린다.
- 从星期一到星期五, 我们都要上课。
  월요일부터 금요일까지 우리는 다 수업해야 한다.

③ '从'은 출발점을 나타내는 것 외에도 또한 거치는 노선이나 장소를 나타내기도 한다.

- 风是从门缝里吹进来的。 바람이 문틈으로 불어 들어오고 있다.
  → '门缝里'는 바람이 부는 출발점이 아닌 바람이 통과하여 거치는 장소를 말하고 있다

- 火车从隧道里穿过。 기차가 터널을 통과하였다.

2. '朝, 向, 往'의 용법

'朝, 向, 往' 모두 '~를 향해/~으로'라고 해석되고 있는 전치사다.

1) 공통점

'朝, 向, 往' 모두 '동작의 방향'을 나타낼 수 있다.

- 一直朝/向/往前走。 곧장 앞으로 가세요.
- 请大家朝/向/往这儿看。 모두들 여기를 봐주세요.

2) 차이점

| 朝, 向 | + 사람 or 장소명사 |

| 往 | + 장소명사 |

> **주의**
> '向'으로 구성된 전치사구는 '说明, 表示, 解释, 介绍' 등과 같은 추상동사 앞에 쓸 수 있지만, '朝'는 쓸 수 없다. 일반적으로 '朝+사람' 구조는 신체적 동작과 관련된 동사 앞에서만 사용될 수 있다.
>
> - 导游向我们介绍了这个城市的历史。 여행 가이드는 우리에게 이 도시의 역사를 소개하였다.
>   (×) 导游朝我们介绍了这个城市的历史。
> - 我向你表示感谢。 나는 너에게 감사를 표한다.
>   (×) 我朝你表示感谢。

- 他朝/向我招了招手。 그는 나를 향해서 손짓했다.
  → "他往我招了招手."라고 할 수 없다. '朝/向' 뒤의 '我'는 손짓하는 동작의 대상을 나타내고 있다.

- 我看见他朝/向/往操场那边儿走了。 나는 그가 운동장 쪽으로 걸어가는 것을 봤다.
  → '朝/向'과 '往' 뒤에 나오는 '操场那边儿'는 동작의 방향을 나타내고 있다.

> **주의** '向'은 동사 뒤에 쓸 수 있지만, '朝'는 그럴 수 없다.
>
> - 그는 시선을 내 쪽으로 돌렸다.
>   (×) 他把目光转朝了我。 → (O) 他把目光转向了我。

> **주의** '往' 역시 동사 뒤에 쓰여 '동사 + 往 + 장소' 구조를 이룰 수 있다.
>
> - 这辆火车是开往北京的。 이 기차는 북경으로 가는 것이다.
> - 飞往首尔的航班就要起飞了。 서울로 가는 비행기편이 곧 이륙하려고 한다.
>   ⋯→ 이 구조에 자주 사용되는 동사에 '开, 通, 送, 寄, 飞, 派, 运' 등이 있다.

> **주의** 사람이나 사물의 위치 이동이나 변화를 나타낼 때는 '往'을 써야 한다.
>
> - 他把书包往桌子上一放, 就出去玩了。 그는 책가방을 책상 위에 놓고는 곧 놀러 나갔다.
> - 他把钱往我口袋里塞。 그는 돈을 내 주머니에 쑤셔 넣었다.

3. '对, 跟, 给, 向'의 용법

'对, 跟, 给, 向'은 모두 동작의 대상을 나타내는 전치사들이다.

1) 서로 교체하여 사용할 수 있는 조건들

① 서술하는 의미를 나타나는 동사 앞에서 모두 사용 가능하다.

- 把你的意见给/对/跟/向我说说。 당신의 의견을 나에게 말해 보세요.
  ⟶ 이런 동사에 '说, 解释, 说明, 表示, 讲, 谈, 讲述, 提出, 宣布, 介绍, 推荐' 등이 있다.

② 일부 신체적인 동작을 나타내는 동사 앞에서 모두 사용 가능하다.

- 他向/给/跟/对我使了个眼色。 그는 나에게 눈짓을 했다.
  → 이런 동사에 '行礼, 敬礼, 鞠躬, 打招呼, 磕头' 등이 있다. '摇头, 伸手, 点头, 招手' 등과 같은 동사 앞에서는 '给'를 제외한 '向, 跟, 对'를 모두 사용할 수 있다.

③ 사과하거나 감사를 나타내는 동사 앞에 '对'를 제외하고 '跟, 向, 给'를 모두 쓸 수 있다.

나는 당신에게 사과하러 왔다.

(×) 我来对你道歉。 → (O) 我来向/跟/给你道歉。

→ 이런 동사에 '道谢, 道歉, 赔错, 赔礼, 认错' 등이 있다.

2) '对, 跟, 向, 给'의 차이점

※ 对: '~에 대해', '~한테', '~에게'

'对'는 동작의 대상을 지시하며, 동작 대상에 대해 모종의 태도를 부여한다.

- 这段时间的学习对我很有帮助。
  이 기간동안 배운 것은 나에게 도움이 많이 되었다.

- 他这人很可靠, 我对他完全信任。
  그 사람은 참 믿음직스러운데, 나는 그에 대해 완전히 신뢰한다.

> ⋯ '对'와 자주 함께 사용되는 술어에는 다음과 같은 것들이 있다.
> 对 + ~ + 有帮助, 感兴趣, 很关心, 很尊敬, 很热情, 很熟悉, 很陌生

※ 和/跟: '~와(과)'

'和/跟'은 동작을 같이 하거나 동작과 관련된 사람이나 사물을 나타낸다.

(×) 对/给你见面。　　→　　(○) 他不想和/跟你见面。
　　　　그는 너와 만나고 싶어 하지 않는다.

> ⋯› '和/跟'과 자주 어우러지는 동사에는 다음과 같은 것들이 있다.
> 　和/跟 + ～ + 商量, 合作, 见面, 有关, 无关, 分手, 告别, 来往, 联系

※ 向: '～향하여', '～에게'

앞에서 언급했듯이 '向'은 동작의 방향을 가리키기도 하지만, 동작의 대상 특히 본 받는 대상을 나타내기도 한다.

・他学习最认真, 你们都应该向他学习。
　그가 공부를 제일 열심히 하니 너희들은 모두 그를 본받아야 한다.

> ⋯› '向'과 자주 사용되는 동사에는 다음과 같은 것들이 있다.
> 　向 + ～ + 请教, 打听, 借(钱), 求助, 要求, 购买, 申请, 挑战, 问候

※ 给: '～에게'

접수자나 수익자 혹은 수혜자를 이끌어 낸다.

・我给孩子买了个玩具。　나는 아이에게 장난감을 사 주었다.

> ⋯› '给'와 자주 사용되는 동사에는 다음과 같은 것들이 있다.
> 　给 + ～ + 寄, 写, 打(电话), 带, 买, 介绍, 上课, 当翻译

> ⋯› '给'는 전달하거나 교부, 혹은 수여의 의미를 갖고 있는 동사 뒤에 놓여 전달하거나 수여하는 대상을 이끌어 내는 역할을 한다.
> 　还, 卖, 借, 送, 寄, 留, 交, 递, 租+给+전달이나 수여하는 대상

ex) 我把作业交给老师了。 나는 숙제를 선생님께 제출했다.
　　我想把这束花送给女朋友。 나는 이 꽃다발을 여자 친구에게 보내고 싶다.

> **주의**
>
> 특별히 '卖, 借, 还'과 같은 수여의 뜻을 나타내는 동사들은 만약 동사 앞에 '给'를 사용하면 이 '给'는 '～(을)를 위해서, ～대신에'라는 뜻을 나타낸다. 이때는 '～에게'라고 해석해서는 안 된다.
>
> - 我给他借了一本小说。 나는 그를 위해서(그 대신에) 소설책 한 권을 빌렸다.
>   ⋯▶ 이 문장을 '나는 그에게 소설책 한 권을 빌려주었다.'라고 이해해서는 안 된다.
>   　이 뜻의 중국어는 "我借给他一本小说。"라고 표현하면 된다.
>
> - 把那件东西给我卖了。 그 물건을 나 대신 팔았다.
>   ⋯▶ 이 문장 역시 '그 물건을 나에게 팔았다.'라고 이해해서는 안 된다.
>   　이 표현을 하고 싶다면 "把那件东西卖给我了。"라고 하면 된다

> **주의**
>
> '给'는 주로 전달 의미와 교부, 수여의 의미를 가지고 있는 동사 뒤에 제한적으로 사용할 수 있다.
>
> - 나는 그녀에게 선물을 사주고 싶다.
>   (×) 我想买给她一件礼物。　→　(O) 我想给她买一件礼物。
>   ⋯▶ '买'는 취득의 뜻을 가지고 있는 동사라서 '买' 뒤에는 '给'를 쓰면 안 되고 앞에 써야 한다.
>
> - 그는 나에게 이 일을 알려 주었다.
>   (×) 他给我告诉这件事。　→　(O) 他告诉我这件事。
>
> - 나는 당신에게 한 가지 일을 부탁하고 싶다.
>   (×) 我想给你拜托一件事。　→　(O) 我想拜托你一件事。
>   ⋯▶ 중국어에서 '问, 告诉, 通知, 教, 提醒, 拜托' 등의 동사들은 뒤에 간접목적어와 직접목적어가 바로 나올 수 있기 때문에 '给'를 사용하여 동작 대상을 나타낼 필요가 없다.

3) 전치사 '给'의 기타 주요 용법

　① 为(~위해): 我给你当翻译吧。　내가 너를 위해서 통역 해줄게.

　② 替(~대신): 李老师病了, 今天我来给他上课。
　　　　　　　　이 선생님이 병이 나셔서 오늘 내가 그를 대신해서 수업을 합니다.

　③ 被(~의해): 我的钱给人偷走了。　나는 돈을 소매치기 당했다.

　④ 어기 강조: 대부분 유쾌하지 못한 일을 가리킨다.

　　　　　　　我把这件事给忘了。　나는 이 일을 잊어버렸다.
　　　　　→ 이 일을 잊은 것이 별로 유쾌하지 못한 일임을 나타내 주고 있다.

4. '对, 对于'의 용법

'对', '对于' 모두 동작이나 행위의 대상을 이끌어 내는 전치사로 '~에 대해/~에 있어'라고 해석된다.

1) '对于'를 쓸 수 있는 곳은 모두 '对'로 바꾸어 사용할 수 있다.

　• 我对于(对)中国文化很感兴趣。
　　나는 중국문화에 대해 흥미를 느낀다.

　• 我对于(对)他们的服务态度感到很满意。
　　나는 그들의 서비스 태도에 대해 대단히 만족한다.

　　→ '对于' 뒤에는 '中国文化', '他们的服务态度'와 같이 일반적으로 사물을 나타내는 명사구가 나온다.

2) '对'를 쓸 수 있는 곳을 모두 '对于'로 바꾸어 사용할 수 있는 것은 아니다.

※ '对'를 사용할 수 있는 범위가 '对于'보다 넓다.

① 사람을 나타내는 명사, 대명사 혹은 구 앞에서는 '对'를 사용한다. 이때는 '~를 대하다'는 뜻을 나타낸다.

왕 선생님은 학생들에게 매우 엄격하시다.

(×) 王老师对于学生很严格。
(○) 王老师对学生很严格。

그는 일에 대해 책임감이 매우 없다.

(×) 他对于工作很不负责。
(○) 他对工作很不负责。

② 조동사나 부사가 있으면 반드시 '对'를 사용한다.

너는 반드시 이 일에 대해 책임을 져야 한다.

(×) 你应该对于这件事负责。
(○) 你应该对这件事负责。

한국인들은 모두 통일 문제에 대해 관심이 많다.

(×) 韩国人都对于统一问题很关心。
(○) 韩国人都对统一问题很关心。

5. '对于, 关于, 至于'의 용법

'对于', '关于', '至于' 모두 '~에 대하여/~관하여'라고 해석되는 전치사들이다. 이들은 모두 문장 속에서 부사어로 사용되며, 특히 '对于'와 '关于'는 함께 사용될 수 있는 경우도 있어서 혼동하기 쉬운 용법이다.

· 对于(关于)学校的情况, 我不太清楚。
학교 상황에 대해서 나는 그다지 잘 알지 못한다.

· 关于(对于)这个问题, 你们还有什么意见?
이 문제에 대해서 당신들 또 무슨 의견 있나요?

그렇지만 이들은 분명 다른 의미와 용법을 지닌 것들이다. 아래에서 그들의 의미와 용법상의 차이를 살펴보자.

1) '对于'와 '关于'

	对于 VS	关于
의미 상의 차이	주로 대상이나 사물을 대하는 주관적인 태도를 나타냄 • 对于学生的就业问题, 我们应该采取重视的态度。 학생들의 취업문제에 대해서 우리들은 중시하는 태도를 취해야 한다.	관련되거나 언급된 사물이나 범위를 나타냄 • 关于学生的就业问题, 我们开会讨论一下。 학생들의 취업문제에 관하여 우리 회의하여 논의해 봅시다.
위치 상의 차이	주어의 앞뒤에 다 올 수 있음 • 我对于这里的生活习俗还不太适应。or 对于这里的生活习俗, 我还不太适应。 나는 이곳 생활습관에 대해 아직 그다지 적응되지 않는다.	주어 앞에서만 사용가능 (×) 我们关于今年的工作计划下次讨论。 (○) 关于今年的工作计划, 我们下次讨论。 우리 올해의 사업계획에 관해서는 다음에 토론하자.
특 징	-	책이름이나 문장, 신문의 표제에 자주 쓰인다. • 这篇论文的题目是《关于现代汉语介词的研究》。 이 논문의 제목은 『현대중국어 전치사에 관한 연구』이다.

2) 至于

　'对于'와 '关于'는 하나의 화제에 관하여 말하는 것이라면, '至于'는 원래의 화제 외에 다른 화제를 이끌어 낼 때 사용된다.

　・ 我们肯定是要去的, 至于什么时候去, 还没决定。
　　우리는 틀림없이 갈 것인데, 언제 가는지에 대해서는 아직 결정하지 않았다.

　・ 这个项目就这样定了, 至于具体内容, 我们下次再研究吧。
　　이 프로젝트는 이렇게 정하고, 구체적인 내용에 대해서는 우리 다음에 연구해 봅시다.

6. 전치사 '在'

　　전치사 '在'는 주로 시간, 장소, 범위를 나타내는 말과 조합하여 전치사구를 이루어 시간과 장소 그리고 범위를 나타낸다.

1) 시간을 나타낼 때

　　・开会的时间定在明天下午。　회의 시간을 내일 오후로 정했다.
　　・记者招待会将在上午10点举行。　기자회견은 오전 10시에 열릴 것입니다.

2) 장소를 나타낼 때

　① 동작이 일어나거나 사물이 존재하는 장소를 가리킨다.

　　・你们先在这里坐一会儿。　너희들은 우선 여기서 쉬고 있어라.
　　・她正在厨房做饭呢。　그녀는 지금 부엌에서 밥을 하고 있다.

　② 동작이 미치는 장소를 가리킨다.

　　・水果放在冰箱里了。　과일을 냉장고 속에 두었다.
　　・你的书掉在地上了。　네 책이 땅에 떨어졌다.

　③ '出生, 发生, 住, 居留' 등의 장소를 가리킬 때 '在'는 동사 앞뒤에 모두 올 수 있다.

　　・他出生在上海。　or　他在上海出生。　그는 상해에서 태어났다.
　　・我住在首尔。　or　我在首尔住。　나는 서울에 산다.

3) 범위를 나타낼 때

　　・在生活方面, 你应该多帮助她。
　　　생활면에서 너는 그녀를 많이 도와주어야 한다.

4) '在'와 방위사

'在'는 종종 방위사 '上, 下, 中, 前, 里' 등과 결합하여 '시간, 장소, 범위, 조건' 등을 나타낸다.

※ 在~之前(~전에): 시간을 나타낸다

- 在他出国之前, 我们见了一面。
  그가 출국하기 전에 우리는 한 번 만났다.

※ 在~之中(~중에서): 범위를 나타낸다

- 在很多朋友之中, 他是我最要好的朋友。
  많은 친구들 중에서 그는 나의 가장 친한 친구이다.

※ 在~中(~중에): 환경이나 범위를 나타낸다

- 在工作中, 经常会遇到一些困难。
  일하는 중에는 항상 어려움에 부딪칠 수 있다.

⋯▶ '在~之中'과 '在~中'의 차이는?

'在~之中'는 주로 서면어에서 많이 사용되고 있고, '여러 개 중에서'라는 뜻으로 범위를 나타낸다.
'在~中'은 범위를 나타낼 뿐만 아니라 어떤 동작의 '진행 과정 중'이란 뜻도 나타낼 수 있다.

ex) 在众多问题之中, 这个最重要。 많은 문제 가운데 이것이 가장 중요하다.
　　在课题研究中碰到了不少难题。 과제 연구 도중에 적지 않은 난제를 만났다.

※ 在~上(~위에서/~상에서/~에 있어서): 주로 방면, 공간범위, 조건 등을 나타낸다

- 在教育上, 采取了一些新的方法。
  교육에 있어서 몇몇 새로운 방법을 채택하였다.

- 她在穿戴上很讲究。
  그녀는 옷차림새에 있어서 매우 따진다.

- 在资料收集上, 他花了很多时间。
  자료 수집에 그는 매우 많은 시간을 썼다.

- 在生活上, 有什么困难就来找我。
  생활에 있어서 무슨 어려움이 있으면 나를 찾아와라.

※ 在~下(~하에): 주로 전제조건을 나타낸다

- 在老师的帮助下, 他取得了好成绩。
  선생님의 도움 하에 그는 좋은 성적을 얻었다.

7. 기타 전치사들

1) 由: 동작을 하는 주체를 이끌어 내거나 구성 부분을 말할 때 사용한다

> 由 + ~ + 负责, 解决, 安排, 决定, 出版, 组成, 构成

- 这项工作由他负责处理。 이 일은 그가 책임지고 처리한다.
- 这次代表团共由十人组成。 이번 대표단은 열 사람으로 구성되었다.

2) 根据: ~에 근거하여 / 按照: ~에 따라서, ~대로

- 根据我们的调查, 这件事跟他无关。
  우리의 조사에 의하면 이 일은 그와 무관합니다.

- 按照我说的去做, 肯定能成功。
  내가 말한 것에 따라 한다면 틀림없이 성공할 수 있을 것이다.

3) 通过: ~를 통해서 / 经过: ~를 거쳐서

- **通过**互联网, 可以获得很多信息。
  인터넷을 통해서 많은 정보를 얻을 수 있다.

- **经过**两个小时的飞行, 我们终于到北京了。
  두 시간의 비행을 거쳐 우리는 마침내 북경에 도착했다.

4) 除了~以外: '~을 제외하고' 혹은 '~을 제하고도'

※ '~을 제외하고', 즉 '앞에 언급한 것을 배제하고 다 어떠어떠하다'는 의미를 나타낼 때 보통 '除了~以外' 뒤에는 '都'가 온다.

- **除了**他**以外**, 我们**都**爱看棒球赛。
  그를 빼고 우리들은 다 야구시합 보는 것을 좋아한다.

※ '~을 제하고도', 즉 '앞에서 언급한 것을 포함하고 그 외에 또 다른 어떤 것이 있음'을 나타낼 때 보통 '除了~以外' 뒤에는 '还'나 '也'가 온다.

- **除了**北京烤鸭**以外**, 我**还**吃过涮羊肉。
  북경오리구이 외에도 나는 양고기 샤브샤브를 먹어 보았다.

- **除了**汉语**以外**, 日语我**也**会说一点儿。
  중국어 이외에 나는 일본어도 조금 할 줄 안다.

문법연습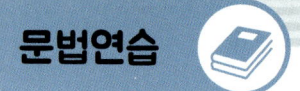

1 밑줄 친 부분을 적합한 전치사로 채워 보세요.

1. 这本书 _____ 你学习汉语语法很有帮助。

2. 你 _____ 什么时候开始感到不舒服的?

3. 这所学校是 _____ 中国政府投资建成的。

4. 他 _____ 操场那边 _____ 我扔过来一个球。

5. _____ 这个问题, 我跟他的看法完全不一样。

6. _____ 汉语学习 _____ , 经常会遇到一些困难。

7. 老实说, 这件事到底 _____ 你有什么关系?

8. 明天是你妈妈的生日, 你 _____ 她买礼物了没有?

9. 我想好了考哪个大学, _____ 学什么专业, 还没决定。

10. _____ 李教授的指导 _____ , 他终于把论文写出来了。

2 아래 문장 중 틀린 부분을 찾아 바르게 고쳐 보세요.

1. 他夹了一块肉就往嘴放。

2. 他对我的意见完全不同意。

3. 他们都对于这件事情很感兴趣。

4. 我进去的时候, 他正躺在床休息呢。

5. 我下课以后去打工, 给中学生教数学。

6. 这次我们一起讨论对于中国经济的发展情况。

7. 我今天上不了课, 你替我从老师把作业本拿回来吧。

8. 我家从学校不太远, 走路只要十五分钟就可以了。

*문법연습 정답은 313 페이지에서 확인할 수 있습니다.

작문연습

1 우리 아버지의 회사는 집에서 아주 멀어요. 출근할 때 1시간 반이나 걸립니다.

我爸爸的公司离家很远，上班要花一个半小时。

요점 두 지점 사이의 거리를 나타내는 것이므로 출발점을 나타내는 '从'을 쓰면 안 되고 '离'를 사용해야 한다. 그리고 '1시간 반'은 '一个半小时'라고 하면 된다.

TIP '1시간'을 표현할 때 '一个时间, 一个点'이라고 하면 안 되고 '一个小时'나 '一个钟头'라 해야 한다. '一个小时'는 '个'를 생략하여 '一小时'라고 해도 된다. 그럼 '1시간 반'은 어떻게 표현할까? 우리말 식으로 '一个小时半'이라고 하면 안 되고 반드시 '一个半小时'라고 해야 한다.

확인 기차역이 여기에서 매우 머니까 우리 택시 타고 갑시다.

어휘정리
- 출근 上班
- 걸리다 花
- 택시 타다 打车

2 당신의 친절한 대접에 나는 진심으로 감사를 표합니다.

对于你的热情招待，我表示衷心的感谢。

요점 '대해서'는 '对'나 '对于'를 써서 문장 앞에 부사어로 한다.

TIP '热情'은 우리말로는 '열정'이지만, 중국어로는 '친절하다'는 뜻이다. 우리말의 '친절하다'에 해당하는 '亲切'는 중국어에서는 '다정다감하다'는 뜻으로 쓰인다. 이는 우리가 쓰는 한자어의 의미와 중국어가 엄연히 다른 사실을 알려주는 예들이다.

확인 환경보호 문제에 대해 우리는 모두 중시해야 한다.

어휘정리
- 초대 招待
- 진심으로 衷心
- 환경보호 环境保护
- 중요시하다 加以重视

＊작문연습 정답은 313 페이지에서 확인할 수 있습니다.

어휘정리

- 가정폭력 家庭暴力
- 해결하다 解决
- 논의하다 讨论

3 가정폭력 문제를 어떻게 해결할지에 관해 다음 회의에 같이 논의하도록 합시다.

关于怎么解决家庭暴力问题，我们下一次开会一起讨论一下吧。

요점 여기서는 회의 내용을 언급하고 있기 때문에 전치사 '关于'를 써야 한다.

TIP '논의하도록 하자'라고 했을 때, '讨论吧'보다는 '一下'를 첨가하여 '讨论一下吧'라고 하면 더욱 부드러운 어투를 표현해 낼 수 있다. 중국인들은 될 수 있으면 강한 표현들을 기피하는데 그래서 중국어 표현에는 보다 부드럽게 보다 완곡하게 표현하는 화법이 많다.

- 길이 막히다, 꽉 차다 拥堵
- 연구하다 研究

확인 교통체증 문제에 관하여 우리들은 지금 토론하고 연구하고 있다.

- 주소 地址
- 인품 为人

4 나는 그의 이름과 주소만 알 뿐 그의 인품이 어떤지에 대해서는 모른다.

我只知道他的姓名和地址，至于他为人怎么样，我就不知道了。

요점 '그의 인품이 어떤지'라는 새로운 화제를 제기하고 있기 때문에 '至于'를 사용한다.

TIP '모른다'라고 했을 때 그냥 '我不知道'라고만 할 수도 있다. 그러나 전후 문맥상 다른 것은 알아도 그의 인품에 관해서는 모른다는 사실을 강조하고 있기에 어기를 강조하는 '就'를 사용해야 하며 이 때 '了'도 수반된다. 우리말 해석상 '就~了'의 의미가 해석되지 않기 때문에 중작할 때 종종 이것들을 빼먹을 수 있는데, 만약 이것이 빠지면 전혀 다른 어감을 주기 때문에 주의해서 사용해야 한다.

- 여행하다 旅游
- 결정하다 决定

확인 나는 다만 여행가는 것을 결정했지 어디로 갈지에 대해서는 아직 잘 생각하지 못했다.

＊작문연습 정답은 313 페이지에서 확인할 수 있습니다.

5

당신이 피아노를 잘 친다고 들었어요. 나는 당신에게 배우고 싶은데 괜찮습니까?

听说你(弹)钢琴弹得很好, 我想跟你学, 行吗?

요점 '피아노를 잘 치다'는 '(弹)钢琴弹得很好'로 하고, '누구에게(한테) 배운다'는 전치사 '跟'을 써서 '跟~学'라고 표현한다.

TIP '누구에게(한테) 배운다.'라고 해서 직역하여 '给~学'라고 해서는 안 된다. '给~学'는 '누구 대신에, 누구를 위해서 배우다'는 의미를 나타내고 있음에 유의하자. '~에게'라는 말만 나오면 자동적으로 '给'를 연상하게 되는데, 실제로 쓸 수 없는 상황이 많다는 점을 유의하자.

확인 내가 몸에 가진 돈이 부족해서, 당신에게 돈을 좀 빌리고 싶은데 괜찮습니까?

어휘정리
- 피아노를 치다 弹钢琴
- ~한다고 들었다 听说
- 지니다, 가지다 带
- 부족하다 不够
- 빌리다 借

6

행복 마트에 가려면 어느 방향으로 가야 하나요?

去幸福超市应该往(朝/向)哪个方向走?

요점 '어느 방향으로 가냐'라고 말할 때 전치사 '朝'나 '向' 혹은 '往'을 다 쓸 수 있다.

TIP '~하려면'이란 가정조건을 나타내는 말을 할 때 '如果'나 '假如'와 같은 접속사를 사용하여야만 할 것 같은 생각이 들겠지만, 구어에서는 이런 접속사의 도움이 없이 전후 문맥만으로 전달하고자 하는 가정조건의 의미를 충분히 전달할 수 있다. 처음 중국어 작문을 할 때는 중국인이 실제로 사용하는 문장보다 많은 양의 접속사나 전치사를 군더더기처럼 사용하기 쉽다. 한 문장 안에서 각 구성성분, 즉 절(小句)들 간의 의미상의 관계만으로 접속사가 하는 기능을 대체할 수 있다는 사실을 아는 것이 불필요한 접속사의 남용을 막는 첫걸음이 될 것이다.

확인 앞으로 가다가 사거리에서 왼쪽으로 꺾으면 바로 약국이 하나 있다.

어휘정리
- 마트 超市
- 사거리 十字路口
- 약국 药店

*작문연습 정답은 313 페이지에서 확인할 수 있습니다.

어휘정리

- 메모 纸条
- 전해 주다 转交

7 나는 그에게 메모를 적어서 그의 룸메이트 보고 그에게 전해 달라고 했다.

我给他写了一张纸条，让他的同屋转交给他。

요점 '누구에게 메모를 적다'는 '给他写了一张纸条'라고 하고, '그 사람에게 전해 주다'는 '给'를 수여의 뜻을 가지고 있는 동사 '转交' 뒤에 놓아서 표현한다.

TIP '전해 주다'라고 할 때 전달하는 대상에 따라 두 가지로 해석될 수 있다. 말을 전할 때는 '转告'라고 하고, 물건을 전할 때는 '转交'라는 동사를 사용한다. '~에게 (음성언어로 된 내용)을 전해 주다'라고 할 때는 '转告+谁+什么内容'이라는 형식을 사용하면 되는데, 이 때 '转告' 뒤에 '转交'처럼 '给'를 둘 필요는 없다.

- 출장 가다 出差
- 수고스럽겠지만 麻烦你

확인 내가 출장에서 그에게 선물을 가져왔는데, 수고스럽겠지만 그에게 전달해 주세요.

✎ _____

8 출장 간 지 벌써 한 달이 넘었는데 그는 아직도 상해에서 돌아 오지 않았다.

都出差一个多月了，他还没从上海回来。

요점 '상해에서 돌아오다'는 출발하는 기점을 나타내는 전치사 '从'을 사용하여 표현한다. 그리고 부정부사 '没'는 전치사 '从' 앞에 두어야 한다.

TIP '출장 간 지 벌써 한 달이 넘었다.'라는 말은 "出差已经一个多月了。"나 "出差都一个多月了。"라고 할 수도 있다. 다만 '都'를 사용하면 시간이 아주 오래되거나 늦음이 더욱 강하게 표현되는 것이 특징이다.

- 국외, 해외 国外
- 수입하다 进口

확인 해외에서 수입한 상품이 일반적으로 국산보다 좀 비싸다.

✎ _____

*작문연습 정답은 313 페이지에서 확인할 수 있습니다.

9 당신에게 편지 좀 부쳐 달라고 부탁하고 싶어요.

我想拜托你帮我寄封信。

요점 '누구에게 무엇을 부탁하다'를 표현할 때 '拜托+사람(누구에게)+일(무엇을)'의 형식을 취한다.

TIP 우리말로 '누구에게 부탁하다'라는 말을 보면 즉각적으로 '给他拜托'라고 생각하기 쉬운데, 중국어에서는 '拜托他'라는 형식을 취함에 유의하자.

확인 당신에게 유학에 관한 일을 좀 알아봐 달라고 부탁하고 싶어요.

어휘정리
- 부탁하다 拜托
- 다편지를 부치다 寄信
- 유학에 관한 일 留学的事情
- 알아보다 打听

10 한국 유학생에게 있어서 한자를 배우는 것은 비교적 간단하다.

对(于)韩国留学生来说，学汉字比较简单。

요점 어떤 사람과 어떤 일의 시각으로 볼 때는 '对(对于)~来说'라는 구조를 사용한다.

TIP '~에게 있어서', '~한테'라는 부분을 중작할 때 '对 ~'라고 생각하기 쉽지만, '对'는 동작의 대상을 지시하며, 동작 대상에 대해 모종의 태도를 부여하는 데 사용되는 것이므로 위의 문장에서는 사용하기에 적합하지 않다.

확인 모든 수험생에게 있어서 대학입학시험 전에 너무 긴장해서는 안 된다.

어휘정리
- 비교적 比较
- 간단하다 简单
- 수험생 考生
- 대학입학시험 高考
- 긴장하다 紧张

*작문연습 정답은 313 페이지에서 확인할 수 있습니다.

어휘정리

- 교육 教育
- 관점 观点

11 아이 교육문제에 있어서 나는 그의 관점과 다르다.

在孩子的教育问题上, 我和(跟)他的观点不一样。

요점 어느 면에 있어서는 '在~上'이라고 한다. 그리고 '~와 다르다'는 '跟(和)~不一样'이라고 표현한다.

TIP '在~上'에 '之'만 첨가된 '在~之上'은 어떤 것일까? '在~之上'에는 '在~上'이 나타내는 '어느 방면에 있어서'라는 뜻이 없고, 실제적으로 '어느 지점 위에 있다'라는 뜻만을 나타낸다. 예컨대, "在原来的基础之上, 进行了新的研究(원래의 기초 위에서 새로운 연구를 진행했다)."가 그 실례이다.

- 제품 产品
- 자금 资金
- 투입하다 投入

확인 새 제품을 개발하는 데 있어 회사는 많은 자금을 투입했다.

✏️ _____

12 의사의 권고 하에 그는 결국 담배를 끊었다.

在医生的劝告下, 他最后把烟戒掉了。

- 권고 劝告
- 담배를 끊다 戒烟

요점 '~하에'는 '在~下'로 표현하고, '담배를 끊었다'는 '把' 字句를 써서 '把烟戒掉了'라고 한다.

TIP '담배를 끊었다'라는 말은 그냥 서술식 표현인 '戒烟了'라고 해도 되지만, 전후 문맥상 결국 담배를 끊게 되었다는 의미를 보다 효과적으로 표현하려면 처치의 결과를 두드러지게 표현해 낼 수 있는 '把' 字句를 사용하는 것이 더욱 적합하다고 할 수 있다.

- 경찰 警察
- 길을 잃다 迷路

확인 경찰의 도움으로 길을 잃은 아이는 결국 자기 집을 찾았다.

✏️ _____

＊작문연습 정답은 313 페이지에서 확인할 수 있습니다.

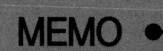

세상에서 가장 (소중하고) 아름다운 것은 보이거나 만져지지 않으며, 단지 가슴으로만 느낄 수 있다. — 헬렌 켈러

世界上最美丽的东西，看不见也摸不着，要靠心灵去感受。 — 海伦凯勒 (Helen Keller)

05 조동사

조동사의 정의

조동사의 문법 특징
1. 일반동사에도 있는 문법 특징
2. 조동사에만 있는 문법 특징

조동사의 종류
1. 가능을 나타내는 조동사:
   会, 能, 可以
2. 소망을 나타내는 조동사:
   想, 要, 愿意
3. 당위를 나타내는 조동사:
   应该, 得[děi]

핵심문법

01 조동사의 정의

중국어에는 술어동사 앞에 놓여 가능, 소망, 당위를 나타내는 동사가 있는데, 이를 조동사(能愿动词)라고 한다. 주로 '~할 수 있다, ~하고 싶다, ~해도 된다, ~해야 한다' 등의 뜻을 나타낸다.

02 조동사의 문법 특징

1. 일반동사에도 있는 문법 특징

1) 부정할 때는 조동사 앞에 '不'를 붙여 준다.

- 他住院了, 不能来上课了。
  그는 입원해서 수업에 올 수 없게 되었어.

- 很多大学生不愿意去中小企业工作。
  많은 대학생들은 중소기업에서 일하는 것을 원하지 않는다.

> **주의**
> 소수의 조동사 '能', '敢'등은 '没'로 부정할 수도 있다.
> - 都是我的错, 我没能好好儿照顾他。 모두 나의 잘못이야, 내가 그를 잘 돌보지 못했어.
> - 我怕他伤心, 没敢跟他说实话。 그가 상심할까봐 감히 사실대로 그에게 말할 수 없었다.

2) 의문문은 문장 끝에 '吗'를 붙이거나 조동사의 긍정형과 부정형을 배열하여 긍정부정 의문문을 만들 수 있다.

- 你能参加这次活动吗?
  너 이번 활동에 참가할 수 있니?

- 你这么晚回去, 妈妈会不会担心?
  너 이렇게 늦게 돌아가면 엄마가 걱정하시지 않니?

- 这里可以不可以抽烟?

  여기서 담배를 피울 수 있나요?

  → '可以不可以'는 '可不可以'라고 할 수도 있다.

3) 조동사를 사용한 질문을 받을 때 질문에 사용된 조동사만으로 대답할 수 있다.

- 明天的聚会你能不能参加? → 能。 / 不能。

  내일 모임에 너는 참석할 수 있니?

> **주의** 이 때 '参加'처럼 동사만으로 대답할 수는 없다.
> (×) 参加。 → (○) 能参加。

2. 조동사에만 있는 문법 특징

1) 문장 안에서 조동사는 술어동사 앞에 놓는다. 또한 조동사 뒤에 바로 명사가 나올 수 없다.

- 你应该参加这次志愿活动。

  너는 이번 봉사활동에 참가해야 한다.

- 假期我想去欧洲旅行。

  휴가 기간에 나는 유럽여행을 가고 싶다.

- (×) 今天晚上我得作业。

2) 조동사 뒤에는 동태조사 '了, 着, 过'가 붙지 않는다.

- (×) 他愿意了跟我一起去。
- (×) 以前我会过写, 现在不会写了。

3) 조동사는 중첩형을 만들 수 없다.

 (×) 你应该应该帮助别的同学。

4) 조동사 앞에 '把, 被, 向, 给'로 구성된 전치사구나 묘사성 부사어가 올 수 없다.

- (×) 你把这杯酒得喝完。
  (O) 你得把这杯酒喝完。

- (×) 你给我能介绍一下吗?
  (O) 你能给我介绍一下吗?

- (×) 这个问题很重要, 我们好好儿得考虑考虑。
  (O) 这个问题很重要, 我们得好好儿考虑考虑。

  → 전치사구(把这杯酒, 给我)나 묘사성 부사어(好好儿)는 모두 조동사 뒤에 나와야 한다.

03 조동사의 종류

조동사는 의미에 따라 가능, 소망, 당위, 추측 등 몇 가지로 크게 분류할 수 있다. 그러나 하나의 조동사가 몇 가지의 의미를 가지고 있기 때문에, 조동사를 의미상으로 분류하는 데 있어 하나의 조동사가 여기저기에 중복 출현하는 상황이 생기는 분류상의 어려움이 있다. '能'의 예를 들어보면 다음과 같다.

- 我能开车了。 나는 차를 운전할 수 있게 되었다.
  → 여기서 '能'은 어떤 일을 할 수 있는 능력을 가지게 되었음을 말하고 있다.

- 他的腿好了, 能走路了。 그는 다리가 나아서 걸을 수 있게 되었다.
  → 여기서 '能'은 어떤 일을 할 수 있는 조건을 가지게 되었음을 말하고 있다.

- 下这么大雨, 他能来吗? 이렇게 비가 많이 오는데 그가 올 수 있겠습니까?
  → 여기서 '能'은 가능을 나타낸다.

- 我们商店规定, 卖出去的东西不能换。
  우리 상점에서는 팔린 물건은 교환할 수 없도록 규정하고 있다.
  → 여기서 '能'은 허가를 나타낸다.

이에 각 유형 안에서 대표적인 조동사를 중심으로 각각의 의미상의 특징과 용법을 살펴보고자 한다.

1. 가능을 나타내는 조동사: 会, 能, 可以

'~할 수 있다'의 의미를 나타내는 가능 조동사 '会, 能, 可以'의 의미상의 특징과 용법을 살펴보기로 하자.

1) 会

① 가능 조동사 '会'는 주로 학습이나 연습을 통해 어떤 기술이나 기능을 터득하여 할 줄 아는 경우에 사용된다. 우리말로 '~를 할 줄 안다'라고 해석하면 '会'가 내포 하는 의미에 적합하다.

- 我只会说一点儿汉语。 나는 단지 중국어를 조금 할 줄 안다.

- 我不会做中国菜, 你教我, 行吗?
  나는 중국요리를 할 줄 모르는데, 당신이 나를 가르쳐 줄 수 있나요?

주의
'会'는 뒤에 목적어를 직접 가져오는 일반 동사로도 사용될 수 있다. 이때의 의미는 조동사 때와 같이 '~할 수 있다', '~를 할 줄 안다'이다.
- 我会英语, 我不会法语。 나는 영어를 할 수 있지만, 불어는 할 줄 모른다.

② '会'는 또한 어떤 예측과 추측을 나타내기도 하는데, 이때는 '~할 것이다'라는 뜻으로 쓰인다.

- 天气这么糟糕, 我看他不会来了。
  날씨가 이렇게 궂으니, 내가 보기에 그는 올 리가 없어요.

- 我相信你一定会成功的。 나는 네가 반드시 성공할 것이라고 믿는다.

  → '会'가 추측의 의미로 쓰일 때 뒤에 '的'를 써서 '会~的' 구조를 사용하기도 하는데, 이때는 의미상 강한 추측을 나타낸다. 즉 '어떤 일을 ~하리라 믿는다'는 확신에 찬 추측을 표현한다.

2) 能

① '能'은 '~할 수 있다'라는 뜻으로 쓰인다. 주관적으로 어떤 기능을 가지고 있고 객관적으로 어떤 조건을 가지고 있을 때 사용한다. 이 때 '可以'도 사용이 가능하다.

- 我现在能用汉语给中国朋友发短信了。
  나는 지금 중국어로 중국 친구에게 문자메시지를 보낼 수 있게 되었다.

- 我买了车, 下周开始可以开车去上班了。
  나는 차를 사서 다음 주부터 차를 몰고 출근할 수 있게 되었다.

'能'은 주로 부정문에서 사용되는데, 어떤 일을 할 능력이 없거나 아니면 조건을 갖추지 못했을 때 사용한다.

- 明天我有事, 不能去你家了。 내일 나는 일이 있어서 당신 집에 갈 수 없게 되었다.
- 他的腿摔伤了, 不能走路了。 그의 다리는 넘어지면서 다쳐서 걸을 수 없게 되었다.
- 博物馆里面不能照相。 박물관 안에서 사진을 찍으면 안 된다.

  ⋯→ '무엇을 하면 안 된다'는 뜻으로 쓰인 '不能'은 금지의 의미를 지닌 '不可以'로 바꿔 쓸 수 있다. 즉 '不可以照相'이라고 해도 된다.

② 어떤 기능이 이미 어느 수준에 달했을 때 '能'을 사용한다. 이 때 '会'를 쓰지 않음에 주의할 필요가 있다.

- 她打字打得很快,一分钟能打一百多个字。
  그녀는 타자를 매우 빨리 쳐서 일 분에 백 자 넘게 칠 수 있다.

  (×) 她打字打得很快,一分钟会打一百多个字。

- 他很能喝酒,一次能喝五瓶啤酒。
  그는 술을 매우 잘 마셔서 한 번에 맥주 다섯 병을 마실 수 있다.

  (×) 他很能喝酒,一次会喝五瓶啤酒。

③ 어떤 일에 대해 허락할 때에도 '能'을 사용할 수 있지만, 허가의 의미일 때는 주로 '可以'를 사용한다. 단 '会'는 쓰지 않는다.

- 这里能抽烟吗?
  여기서 담배 피워도 됩니까?

- 妈妈说做完作业以后才能去踢足球。
  엄마는 숙제를 다 하고 나야 축구를 하러 갈 수 있다고 말씀하신다.

  ⟶ 허가의 의미를 나타내는 '能'은 모두 '可以'로 바꿀 수 있다.

3) 可以: '가능'과 '허락'이라는 두 가지 용법이 있다.

① '가능'의 의미로 쓰일 때 '~할 수 있다'라고 해석된다.

- 他病好了,又可以来上课了。
  그는 병이 나았고 또 수업에 올 수 있게 되었다.

- 妈妈给我买了双旱冰鞋,我可以去滑旱冰了。
  엄마가 나에게 롤러스케이트를 사주셔서, 나는 롤러스케이트를 타러 갈 수 있게 되었다.

② '허락'의 의미로 쓰일 때 '~해도 된다'라고 해석된다.

- 这部电影孩子可以看吗?
  이 영화는 아이가 봐도 되나요?

- 这本书可不可以借我看一下儿?
  이 책은 내가 좀 빌려 봐도 되나요?

> **주의**
>
> **能 & 可以**
>
> 가능과 허락의 의미를 나타낼 때 '能'도 사용 가능하다. 다만 이 둘의 의미상의 차이를 살펴보면 '能'이 가능한 능력에 의미상의 중점을 두고 있다면 '可以'는 '허가'라는 뜻으로 주로 사용된다. 문법적으로는 '可以'는 단독으로 술어가 될 수 있지만 '能'은 단독으로 술어로 사용될 수 없다는 점이 이 둘의 차이점이다.
>
> - 이렇게 해도 돼요.
>   (×) 这样做也能。 → (O) 这样做也可以。
> - 네가 하는 김에 나 대신 물건을 좀 사도 되겠니?
>   (×) 你顺便帮我买点儿东西, 能吗? → (O) 你顺便帮我买点儿东西, 可以吗?

2. 소망을 나타내는 조동사: 想, 要, 愿意

주로 '~하고 싶다, ~하려고 한다'라는 의미를 나타내는 소망 조동사 '想, 要, 愿意'의 의미상의 특징과 용법을 살펴보기로 하자.

1) 想: '~하고 싶다, ~할 생각이다'라는 뜻으로 소망과 계획을 나타낸다.

- 如果能买到票, 我想明天就走。
  표를 살 수 있다면 나는 내일 가고 싶다.

- 我大学毕业以后想到外资企业去工作。
  나는 대학을 졸업한 후 외국자본기업에 가서 일하고 싶다.

2) 要

① '~하려고 한다'라는 뜻으로 해석되며, 어떤 일을 하고자 하는 의지를 표현한다.

- 我正要去上课, 你待会儿再打电话来吧。
  나는 마침 수업을 하러 가야하니까 너가 조금 있다가 다시 전화해.

- 我要去医院看病, 你陪我一起去吧。
  나는 병원에 진찰하러 가려고 하는데 너 나하고 같이 가자.

- 你要喝咖啡吗? 커피 좀 마실래요?
  我不想喝。 안 마실래.

> **주의** 부정형은 '不要'가 아니라 '不想' 혹은 '不愿意'이다.

> **주의** 강한 의지나 굳은 결심을 나타내고자 할 때에는 '반드시, 꼭'이란 의미를 나타내는 부사 '非, 偏, 一定'을 '要'앞에 두면 된다.
> - 我一定要完成领导交给我的任务。 나는 반드시 리더가 나에게 준 임무를 완성해야 한다.
> - 父母不让他做, 可他偏要做。 부모님은 그에게 하지 말라고 하지만 그는 한사코 하려고 한다.

② 객관적인 필요를 표시한다. 뜻은 '~할 필요가 있다'. 부정은 '不必, 不用'이다.

- 从这儿去仁川机场要换地铁吗? 여기서 인천공항 가는데 지하철을 갈아타야 합니까?
  不用换地铁。 갈아탈 필요 없어요.

- 韩国人去香港, 要办签证吗? 한국사람이 홍콩에 가려면 비자를 받아야 하나요?
  不必办签证。 비자를 받을 필요가 없어요.

③ 앞으로 '~할 것이다'라는 가능성을 나타내기도 한다. 부정형은 '不要'가 아니고 '不会'이다.

- 天气预报说下午要下雨,出门的时候别忘了带伞。
  일기예보에 오후에 비가 올 거라고 했으니 나갈 때 우산 챙기는 것을 잊지 말아라.

- 今天家里有客人要来,我得早点儿回家。
  오늘은 집에 손님이 올 것이라서 나는 일찍 집에 돌아가야 한다.

- 车开这么快,要出事故的。
  차를 이렇게 빨리 모니 사고가 날거야.

- 你放心,我开车技术好,不会出事故的。
  안심해, 내 운전 기술이 좋아서 사고가 날 리가 없을 거야.

  → 부정형은 '不会'로 나타내므로, '不要出事故的'가 아니고 '不会出事故的'이다.

> **주의** '不要'는 상대방에 대하여 '~하지 말라, ~해서는 안 된다'라는 금지, 저지의 명령 의미를 나타낼 때 사용한다.
> - 你不要乱讲。 함부로 말하지 마라.
> - 你不要喝太多的酒。 술을 너무 많이 마시지 마라.

3) 愿意: '愿意'는 '마음에 내켜서 ~을 하기를 원한다'라는 뜻으로 개인의 주관적인 소원, 바람을 나타난다. 부정형식은 주로 '不愿意'를 많이 쓴다.

- 你要是不愿意跟我去,那就呆在家里吧。
  당신 나와 가고 싶지 않다면, 그냥 집에 있어요.

- 生活条件这么差,谁愿意来这儿工作?
  생활 조건이 이렇게 처지는데 누가 여기에 와서 일하길 원하겠어요?

3. 당위를 나타내는 조동사: 应该, 得[děi]

'~해야 한다'라는 의미를 나타내는 당위 조동사 '应该, 得'의 의미상의 특징과 용법을 살펴보기로 하자.

1) 应该: '~해야 한다'라는 뜻으로 당연히 해야 하는 도리상의 요구를 나타낸다.

· 学生应该努力学习。
학생은 마땅히 열심히 공부해야 한다.

· 我们应该从小养成节约的习惯。
우리는 어렸을 때부터 절약하는 습관을 길러야 한다.

① 부정형식은 '不应该'이다.

· 你不应该去干涉别人的私生活。
남의 사생활을 간섭해선 안 된다.

② '应该'는 구어체에서 자주 '该'로 사용된다.

· 你们是朋友, 该互相帮助才行。
너희들은 친구니 서로 도와야 된다.

> **주의** '该'가 때로는 어떤 예측을 나타내기도 한다.
> · 淋了雨, 又该感冒了。 비를 맞았으니 또 감기 걸리겠다.
> · 他要是在这儿, 该有多好啊? 그가 여기 있다면 얼마나 좋을까?

③ '应该(该)' 뒤에 동사 이외에도 小句가 나올 수 있다.

· 上次是你付的钱, 这次该我付了。
지난번에 당신이 돈을 냈으니까 이번에는 마땅히 내가 내야 해요.

- 这件事**应该**我来负责。
  이 일은 마땅히 내가 책임져야 한다.

2) 得: 조동사로 쓰일 때 得[děi]로 읽어야 한다.

① '하지 않으면 안 된다, 할 수 없이 ~해야 한다'라는 의미로 사용된다. 객관적인 필요성이나 의무를 나타내는 것으로 주로 구어에서 사용된다.

- 我的钱花完了,**得**去取一点儿钱。
  나는 돈을 다 써버려서 가서 돈을 조금 찾아야 한다.

- 明天我**得**去机场接朋友, 我不能参加聚会了。
  내일은 공항에 친구 마중을 가야 해서 모임에 참석할 수 없게 되었다.

② '得'의 부정형식은 '不用, 不必'이다.

- 这件事我能办好,**不用**求别人办。
  이 일은 내가 잘 처리할 수 있으니 다른 사람에게 부탁해서 처리할 필요가 없다.

- 奶奶的病不是很严重,**不必**住院。
  할머니의 병이 심하지 않으니 입원하실 필요가 없다.

MEMO

세 사람이 길을 가면 그 가운데 반드시 나의 스승이 있다. — 『논어·술이』

三人行，必有我师焉。 —《论语·述而》

문법연습

1 제시된 조동사를 ABCD 중 가장 적당한 위치에 넣어 보세요.

1. 你应该 A 继续 B 研究下去，对自己的能力 C 有信心 D 。　　　　　(要)

2. 两个人 A 生活 B 在一起，C 有一个 D 磨合的过程。　　　　　　　(得)

3. A 任何时候我们 B 都 C 尊重他人的意见 D 。　　　　　　　　　　(应该)

4. 他 A 是一个坚强的人，B 什么痛苦 C 都 D 忍受。　　　　　　　　(能)

5. 你 A 今天下班以前 B 得 C 把我 D 交给你的任务完成。　　　　　(必须)

6. A 等我有了钱，我 B 买一部 C 跟你一样款式的手机 D 。　　　　　(想)

7. 我 A 不敢肯定 B 他 C 是不是 D 接受这个建议。　　　　　　　　(会)

8. A 你要是 B 不相信我的话，C 再去 D 确认一下。　　　　　　　　(可以)

9. 朋友 A 遇到了困难 B ，我不 C 看着 D 不管。　　　　　　　　　(能)

10. 我 A 相信 B 通过不断的努力 C 我 D 成为一名优秀的翻译家。　　(能)

2 아래 문장 중 틀린 부분을 찾아 바르게 고쳐 보세요.

1. 我带的钱不够，不可以买这件衣服了。

2. 他手上的伤治好了，会干活了。

3. 人们应该等很长时间才能坐上汽车。

4. 如果不要跟我们一起去，可以提出来。

5. 他不要去玩儿就算了，别勉强他。

6. 你想打不打工？我可以给你介绍。

＊문법연습 정답은 313 페이지에서 확인할 수 있습니다.

작문연습

1 지금은 여행 성수기라 미리 예약을 하지 않으면 비행기 표를 살 수 없을 것이다.

现在是旅游旺季，不事先预订机票，就会买不到票的。

요점 '~하지 않으면'은 '(要是)不~就'라는 표현을 쓴다. '살 수 없다'는 가능보어를 사용한 '买不到'라고 표현하며, 추측의 뜻을 나타내기 위해서는 조동사 '会'를 사용한다.

TIP 어떤 사실에 대해 단순하게 추측하거나 예측할 때 조동사 '会' 하나만을 사용할 수도 있지만, 전후 문맥의 의미상 여행 성수기에 비행기표를 살 수 없는 것은 확실한 추측이므로 '会~的'구조를 사용하는 것이 좋다. 이처럼 가장 올바른 구조를 사용하기 위해서는 전후 문맥의 구체적인 상황 속에서 그 문장의 의미를 이해해야 한다.

확인 그 곳은 유명한 관광지라서 미리 방을 예약하지 않으면 묵을 곳을 찾을 수가 없다.

2 나는 홈페이지를 만들 줄 몰라요, 당신이 시간 있으면 나에게 좀 가르쳐 주세요.

我不会做网页，你有空儿，就教教我吧。

요점 어떤 기술이나 기능을 배워서 할 줄 아는 것은 조동사 '会'를 사용하여 표현한다. '좀 가르쳐 주세요'와 같이 부드러운 어투로 요청할 때는 동사중첩형을 사용하여 표현한다.

TIP '~을 할 줄 안다'라고 했을 때 '知道怎么做'라고 할 수도 있겠으나 이 표현은 '会'가 지니고 있는 '~을 배워서 할 줄 안다' 즉 '学会'의 의미를 표현해 내지는 못한다.

확인 나는 중국 요리를 할 줄 모르는데, 매우 배우고 싶으니 시간이 있으면 네가 나한테 좀 가르쳐 줘.

어휘정리

- 여행 성수기 旅游旺季
- 미리 事先

- 유명하다 有名
- 관광지 旅游胜地
- 예약하다 预订

- 홈페이지 网页
- 시간이 있다 有空儿 有时间

- 중국 요리 中国菜

*작문연습 정답은 313 페이지에서 확인할 수 있습니다.

| 어휘정리 |

3 나는 몸이 좀 안 좋아서 너와 함께 영화를 보러 갈 수가 없어.

- 몸이 안 좋다 不舒服

我身体有点儿不舒服，不能跟你一起去看电影了。

요점 어떤 원인이 있어서 못하게 되었을 때는 '不能'을 사용하여 표현한다. '몸이 좀(약간) 안 좋다'는 표현은 '不舒服' 앞에 '有点儿' 사용하여 '有点儿不舒服'하면 된다.

TIP '너와 함께 영화를 보러 갈 수가 없어.'라는 부분만을 중작하면, "不能跟你一起去看电影."이라고 할 수 있다. 그러나 전후 문맥상 원래 함께 영화 보러 가려고 했는데 할 수 없게 된 새로운 상황이 나타났기 때문에 이런 새로운 상황의 출현을 나타내는 어기조사 '了'를 넣어 주어야 한다. 동작의 완료를 나타내는 동태조사 '了'는 조동사와 함께 사용할 수 없지만, 상태변화를 나타내는 어기조사 '了'는 조동사와 함께 쓸 수 있다.

- 급한 일 急事
- 참석하다 参加

확인 집에 갑자기 급한 일이 생겨서 오늘의 활동을 나는 참석할 수 없게 되었어.

---

4 우리나라에서 18세 이하의 젊은이는 술을 마시면 안 된다고 규정하고 있다.

- 젊은이 年轻人
- 규정하다 规定

我们国家规定19岁以下的年轻人不能(不可以)喝酒。

요점 허가, 허락의 의미를 나타내는 조동사 '能'과 '可以'의 부정형인 '不能'이나 '不可以'를 사용하여 '~하면 안 된다'는 뜻을 나타낸다.

TIP 우리말로 18세 이하는 상한선이 '18세' 즉 18세부터 17, 16, 15세, 그 이하로 이어지는 범위의 나이대를 말한다. 그러나 중국어에서 '以下'라는 말은 그 기준점을 포함하지 않는다. 즉 만약 중국어로 '18岁以下'라고 한다면, 18세를 포함하지 않는 '17세'부터 그 범위로 삼고 있는 말이다. 그러므로 중국어로 18세 이하의 젊은이를 표현해 내려면 '18岁以下的年轻人'이 아닌 '19岁以下的年轻人'이라고 해야 한다.

- 박물관 博物馆
- 사진을 찍다 拍照

확인 모두들 박물관 안으로 들어가면 사진기로 사진을 찍어서는 안 됩니다.

＊작문연습 정답은 313 페이지에서 확인할 수 있습니다.

5 이러한 방법은 중국어 수준을 향상시킬 수 있을 뿐만 아니라 또한 중국을 이해할 수 있게 한다.

这种方法不但能(可以)提高汉语水平, 而且还能(可以)了解中国。

어휘정리
- 중국어 수준 汉语水平
- 향상시키다 提高

> **요점** 방법을 통해 어떤 능력을 갖추게 된 의미의 '~할 수 있다'는 뜻은 '能'이나 '可以'를 사용해서 나타낸다. '~뿐만 아니라 또한~'은 '不但~而且'를 사용하여 표현한다.
>
> **TIP** 여기서 '能'이나 '可以'대신에 '숲'를 사용하면, '앞으로~할 것이다'는 뜻으로 해석된다. 앞으로 어떤 조건을 갖추게 되어 '~을 할 수 있다'는 의미를 나타낼 때는 주로 '能'을 사용한다. 예를 들어 '네가 앞으로 자신의 꿈을 실현할 수 있기를 바란다.'라고 할 때 '能'을 사용하여 "希望你将来能实现自己的梦想。"이라고 하면 된다.

> **확인** 각지를 여행하면 그곳의 풍속과 습관을 이해할 수 있다.

- 각지, 각처 各地
- 풍속과 습관 风俗习惯

---

6 설 기간에는 고향에 가는 사람이 매우 많아서 오랜 시간 기다려야 비로소 표를 살 수 있다.

春节期间回老家的人很多, 要等很长时间才能买到票。

- 설기간 春节期间
- 고향에 가다 回老家

> **요점** '~해야 비로소'는 '要~才'를 사용해서 표현하고, '표를 살 수 있다'라는 말은 표를 사게 되는 결과를 말하기 때문에 결과보어의 형식인 '买到票'를 사용한다. 여기에 표를 사는 것이 가능함을 나타내는 '能'을 첨가해서 사용하면 된다.
>
> **TIP** 조동사 중에 몇 개는 동사로도 사용된다. '要'가 바로 그런 예에 해당한다. '要等很长时间才能买到票'에서 동사 '等'을 빼고 '要很长时间才能买到票(오랜 시간이 걸려야 표를 살 수 있다)'라고 할 수도 있다. 여기서 '要'는 동사로 사용되고 있으며, '~을 필요로 하다, 걸리다'라는 뜻으로 사용되고 있다. 또 다른 예를 들어 보면 '想'은 "我想去旅行(나는 여행가고 싶다)."에서는 조동사로 사용되고 있고 "我很想家(나는 집이 매우 그립다)."에서는 동사로서 '그리워하다'는 뜻으로 사용되었다.

> **확인** 한자는 배우기가 어려워서 한 글자를 여러 번 써야 비로소 기억할 수 있다.

- 글자 字
- 기억하다 记住

---

*작문연습 정답은 313 페이지에서 확인할 수 있습니다.

어휘정리

- 함부로 버리다 乱扔
- 쓰레기 垃圾

7
우리는 반드시 환경을 보호해야 하며 함부로 쓰레기를 버려서는 안 된다.

我们应该保护环境, 不应该乱扔垃圾。

요점 '마땅히 해야 한다'는 '应该'를 사용하면 된다.

TIP '우리는 반드시 환경을 보호해야 한다'는 사실 두 가지 문장으로 중작될 수 있다. "我们应该保护环境。"과 "我们一定要保护环境。"이다. 이 둘의 차이점은 "我们应该保护环境。"은 도의상 의무적으로 해야 한다는 뜻을 나타내는 것이고, "我们一定要保护环境。"은 반드시 무엇을 하겠다는 주관적인 의지를 표명한 것이다.

- 점원 售货员
- 친절하다 热情
- 짜증을 내다 发脾气

확인 점원은 반드시 친절하게 고객을 대해야 하며, 고객에게 짜증을 내서는 안 된다.

8
정말 공교롭게도 나는 내일 아이를 데리고 병원에 진찰 받으러 가야한다.

真不巧, 明天我得带孩子去医院看病。

- 진찰하다 看病

요점 '병원에 진찰을 받으러 가야 한다'는 것은 객관적으로 해야만 하는 일을 나타내기 때문에 조동사 '得'를 사용해야 한다.

TIP '真不巧'는 엄연히 부정형인데도 의미상 '공교롭다'라고 해석되는데 이것은 긍정형인 '真巧'가 나타내는 의미와 비슷하다. 그러나 이들이 내포하는 함의는 다르다. '真巧'는 뒤에 나오는 내용이 말하는 사람의 바람이나 의도와 일치할 때 사용되는 반면, '真不巧'는 뒤에 따르는 내용이 화자의 의도나 바람과 다른 경우 안타까운 어감을 나타낸다.

- 중요하다 要紧
- 거래처, 바이어 客户
- 마중하다 接

확인 내일 나는 중요한 일이 있는데, 공항에 회사 바이어를 마중하러 나가야 합니다.

*작문연습 정답은 313 페이지에서 확인할 수 있습니다.

중국 광고 속 조동사 이야기

쉬어가기

| 조동사 '会'를 사용한 광고문 |

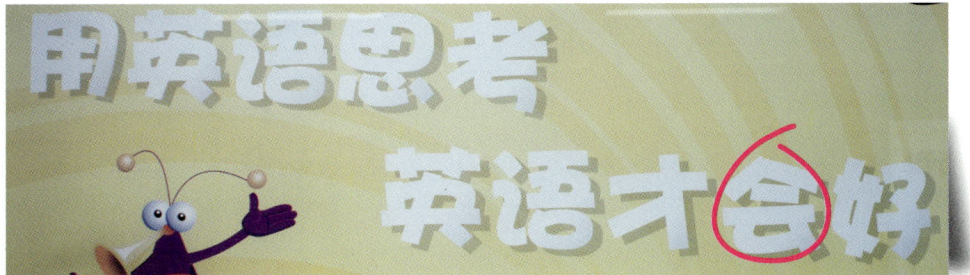

➡ 영어로 생각해야 영어 실력이 향상될 것입니다.

➡ 발걸음을 늦추고 미소를 지으면 당신의 피부는 빛이 날 것입니다.

| 조동사 '能'을 사용한 광고문 |

➡ 简之(음료 이름) 다이어트할 수 있는 음료수!

| 조동사 '想'을 사용한 광고문 |

➡ 저는 당신에게 고백하고 싶어요.

06 중국어의 动态 I

动态의 정의

动态의 종류

동작의 완료와 실현: 了₁ & 了₂
  1. 了₁
  2. 了₂
  3. 了₁ & 了₂

동작의 경험: 过
  1. '过'의 의미
  2. '过'의 위치
  3. 문법 특징

핵심문법

01 动态의 정의

동태란 동작의 상태나 변화를 말한다. 즉 구체적으로 동작의 완료나 실현, 동작의 경험, 동작의 진행, 동작의 상태지속, 동작의 가까운 미래를 말한다.

02 动态의 종류

중국어에서 동태를 표현해 주는 방식에는 주로 세 가지가 있는데 동사 앞에 부사를 두어 표현하거나, 동사 뒤에 조사를 붙여 나타내거나 문장 제일 끝에 조사를 붙이는 방법이 있다. 중국어에는 이 세 가지 형태상의 구분 없이 크게 다섯 가지의 서로 다른 동태의 종류가 있다.

① 동작의 완료와 실현: 了$_1$ & 了$_2$

② 동작의 경험: 过

③ 동작의 진행: 正, 在, 正在

④ 동작의 지속: 着

⑤ 동작의 가까운 미래: 将, 要, 将要, 就要, 快要, 快 등

03 동작의 완료와 실현: 了$_1$ & 了$_2$

중국어에서 동작의 완료와 실현을 표시하려면 주로 조사 '了'를 사용한다. '了'에는 그것의 의미와 용법상 두 가지로 나뉘는데, 일반적으로 동사 뒤에 놓는 '了'를 동태조사 '了$_1$'이라고 하고, 문장 끝에 출현하는 '了'를 어기조사 '了$_2$'라 한다.

1. 了$_1$

1) '了$_1$'의 의미

주로 동작의 완료와 실현을 나타낸다.

2) '了₁'의 위치

일반적으로 '了₁'은 동사 뒤에 위치한다. 예를 들면 누가 "你喝了吗？"라고 물으면, "喝了。"라고 대답하듯이 동사 '喝' 뒤에 완료를 나타내는 '了₁'을 넣으면 된다.

> **주의** '了₁'은 결코 과거시제 표지가 아니다. 비록 아직 이루어지지 않은 미래의 시간에 있어서도 어떤 동작이 완료된다면 '了₁'을 동사 뒤에 사용함으로써 '동작 완료와 실현'의 의미를 나타낼 수 있다.
> - 明天下了课, 我就去找你。 내일 수업 끝나고 너를 찾으러 갈게.
> - 我打算毕了业就去公司工作。 나는 졸업하고 회사에서 일할 계획이다.

'了₁'은 기본적으로 동사 바로 뒤에 놓는 것이 원칙이지만 때로는 여러 복잡한 문형 속에서 그것의 위치가 달라지기도 한다. 아래에서 '了₁'이 출현하는 대표적인 문형들을 중심으로 그것의 위치를 살펴보기로 하자.

※ V + 了₁

목적어가 아주 간단하면 '了'는 목적어 뒤에 위치한다.

- 昨天我看电影了。 어제 나는 영화를 봤다.

> **주의** 만약 '昨天我看了电影'이라고 한다면 아직 말이 끝나지 않은 느낌이 든다. 그러므로 문장을 종결하려면 이처럼 간단한 목적어 뒤, 즉 문장 끝에 '了₁'을 두어야 한다.
> ⋯▶ 목적어가 의문사일 때도 동일하게 적용된다.
>   ex) 你刚才去哪儿了? 방금 어디 갔었니?

※ V + 了₁ + 목적어

비록 목적어가 아주 단순하지만, 문장이 끝나지 않고 뒤에 계속적으로 말이 이어져 나올 때 '了₁'은 목적어 앞, 동사 뒤에 놓는다.

- 我们昨天唱了歌, 跳了舞, 玩儿得很开心。
  우리는 어제 노래하고 춤추며 매우 즐겁게 놀았다.

  → 만약 '우리들은 어제 노래를 불렀다'라는 말로 이 문장이 결속된다면 '了₁'은 목적어 뒤, 문장 끝에 놓아야 한다. 즉 "我们昨天唱歌了。"라고 표현할 수 있다.

※ V + 了₁ + 수량사 + 목적어

목적어 앞에 수사(数词)와 양사(量词)가 나오면 '了₁'은 동사 바로 뒤에 놓는다.

- 我昨天买了一本汉语语法书。
  나는 어제 중국어 문법책을 한 권 샀다.

- 晚饭他们俩点了一只烤鸭。
  저녁식사로 그 사람 둘이서 오리구이 한 마리를 시켰다.

> **참고** 수량사 대신에 의문사가 목적어를 수식할 때도 '了₁'의 위치는 동일하게 동사 바로 뒤이다.
>
> ex) 你买了什么东西? 어떤 물건을 샀어요?

※ V₁ + 了₁ + (목적어) + V₂ + (목적어)

어떤 동작이 끝나고 새로운 동작이 나타날 때 '了₁'은 첫 번째 동사 뒤에 놓는다.

- 我看了报纸才知道那个消息。 나는 신문을 보고 나서야 그 소식을 알았다.

- 我到了就给你打电话。 도착하면 바로 당신에게 전화를 할게요.

  → '到了'처럼 V₁이 목적어를 취하지 않을 수도 있다.

- 读了他的信, 她感动得流下泪来。

  그의 편지를 읽고 나서 그녀는 감동해서 눈물을 흘렸다.

  → '感动得流下泪来'처럼 V₂가 목적어를 취하지 않을 수도 있다.

※ V + 전치사 + 了₁ + 목적어

동사 뒤에 전치사 구조가 있으면 '了₁'은 전치사 뒤에 놓는다.

- 我把车停在了地下停车场。 나는 차를 지하 주차장에 세워 두었다.
- 我把借的钱都还给了他。 나는 빌린 돈을 그에게 돌려주었다.

※ VP₁ + VP₂ + 了₁

두 개의 동사로 구성된 연동문에서 VP₁과 VP₂가 의미상 목적관계를 나타낼 때, 동작 완료를 나타내는 '了₁'은 두 번째 동사 뒤에 위치한다.

- 他去北京出差了。 그는 북경에 출장 갔다.
- 他们来我家玩了。 그들이 우리 집에 놀러 왔다.

3) 了₁의 생략

다음과 같은 경우에는 '了₁'를 생략할 수도 있다.

① '연속적인 동작을 나타낼 때, 두 번째 동작이 곧바로 이어서 출현하는 것을 강조할 때 첫 번째 동사 뒤에 '了₁'을 생략한다.

- 他起床穿上衣服就跑出屋去。

  그는 일어나 옷을 입자마자 곧 집을 뛰쳐나갔다.

  → '起了床穿上衣服'라고 하지 않는다.

② 동사 뒤에 결과나 방향보어가 나오고, 그것을 강조하고자 할 때 '了₁'을 생략할 수 있다.

- 吃完饭, 他又开始看起书来。 밥 다 먹고, 그는 다시 책을 보기 시작했다.

③ 항상 일어나는 규칙적인 동작을 나타낼 때 '了₁'을 쓸 필요가 없다. 이런 문장 중에는 일반적으로 '每, 总是, 经常, 常常' 등의 부사가 나온다.

- 他在中国的时候, 常常给我写信。 그가 중국에 있었을 때 나에게 자주 편지를 썼다.
- 结婚前, 我总是在公司食堂吃饭。 결혼 전에 나는 항상 회사식당에서 밥을 먹었다.

④ 수식어 속에는 일반적으로 '了₁'을 쓰지 않는다.

- 昨天你买的书在哪儿? 어제 산 책 어디에 있어요?

'了'가 아예 붙지 않는 동사들이 있다.

是, 在, 等于, 属于, 像, 希望, 打算, 觉得, 喜欢, 认为 등

4) 了₁의 부정형식

동사 앞에 没(有)를 사용한다. 이때 '了₁'은 없애버린다.

- 昨晚你去看话剧了吗? 어젯밤에 너는 연극을 보러 갔었니?
- 昨晚我没去看话剧。 어젯밤에 나는 연극을 보러 가지 않았어.

→ '昨晚我没去看话剧了'라고 하면 안 된다.

항상 있어 왔거나 습관적인 동작은 '不'로 부정한다.

- 他过去总是不锻炼身体, 所以老生病。
  그는 과거에 늘 몸을 단련하지 않아서 자주 병이 났다.

2. 了₂

1) '了₂'의 의미

※ 주요 의미: 상황과 상태의 변화나, 새로운 상황의 출현을 긍정하는 어기

- **他不再是我的朋友了。** 그는 더 이상 내 친구가 아니다.
    → 여기서 '了₂'는 상황의 변화를 나타낸다.

- **弟弟今年十六岁了。** 남동생은 올해 16살이 되었다.
    → 여기서 '了₂'는 '16세'라는 일정한 수량에 도달했음을 나타낸다.
    '了₂'는 '十六岁'와 같은 수량사는 물론 명사 뒤에서도 사용될 수 있다.

- **春天了。** 봄이 되었다.
    → 여기서 '了₂'는 겨울에서 봄으로 바뀐 것을 나타낸다.

- **代表团明天就到首尔了。** 대표단은 내일 서울에 도착한다.
    → 여기서 '了₂'는 곧 어떤 상황이 발생함을 나타낸다.

- **天黑了, 我们快回家吧。** 날이 어두워졌다. 우리 빨리 집으로 돌아가자.
    → 여기서 '了₂'는 상태 변화를 나타낸다.

- **我不打算报名了。** 나는 등록을 하지 않으려고 해.
    → 여기서 '了₂'는 상황 변화를 나타낸다.

'了₂'는 형용사 술어문에서 자주 사용된다. 이때의 '了₂'는 대부분 상태 변화나 새로운 상황의 출현을 긍정하거나 곧 출현할 상황을 나타낸다.

- 天冷了, 多注意身体。 날씨가 추워졌으니 건강 조심하세요.
- 苹果红了, 可以吃了。 사과가 빨개졌으니 먹을 수 있게 되었다.
- 感冒已经好了。 감기가 이미 나았다.

※ 문장이 끝나는 어기

- 我去图书馆借书了。
  나는 책을 빌리러 도서관에 갔다.

※ 긍정, 권고, 재촉의 어기를 강조

강한 긍정	太~了	• 这东西太贵了。 이 물건은 너무 비싸다.
	可~了	• 他的女朋友可漂亮了。 그의 여자친구는 아주 예쁘다.
권고	别~了	• 别喝了, 再喝就会醉的。 더 이상 마시지 마라, 더 마시면 취할 거야.
재촉	~了 ≒ ~的时间到了	• 吃饭了, 快过来。 밥 먹을 때가 되었으니 빨리 와라. • 上课了, 大家快进来吧。 수업 시작할 시간이 되었으니 다들 빨리 들어오세요. • 开车了, 快上车吧。 차가 떠날 시간이 다 되었으니 빨리 차를 타세요.

2) 了₂의 위치

문장 끝에 위치한다. '了₁'에 비해 '了₂'는 위치가 고정되어 있다.

3) 了₂의 부정형식

※ 이미 발생된 변화나 새로 출현한 상황을 부정하려면 '没' 혹은 '没~呢'를 사용하고 문장 끝의 了₂'는 없애버린다.

- 外边下雪了吗? 밖에 눈이 왔어요?
  没下雪。 눈이 오지 않았어요.

- 葡萄熟了吗? 포도가 익었나요?
  还没熟呢。 아직 다 익지 않았어요.

> **주의**
> 시간의 양을 나타내는 말이 앞에 나오면 '没(有)'를 사용해도 뒤에 '了₂'를 붙일 수 있다. 여기서의 '了₂'는 동작이 지금까지 지속되고 있다는 뜻을 나타낸다.
> - 我们有一年多没见面了。 우리들은 일 년 넘게 만나지 못하고 있다.
> - 我好长时间没跟他联系了。 나는 아주 오랫동안 그와 연락하지 않고 있다.

※ '不~了' 부정형식

장차 출현할 새로운 상황을 부정하거나 원래의 계획이나 소망, 혹은 성질의 변화를 나타낸다.

- 我有点儿头疼, 不想去看电影了。
  나는 머리가 좀 아파서 이젠 영화 보러 가고 싶지 않아.

- 天太冷, 我不打算出去买东西了。
  날씨가 너무 추워서 나는 물건 사러 나가지 않으려고 해.

- 牙不疼了, 可以吃东西了。

  이가 이제 안 아프니까 먹을 수 있게 되었다.

3. 了₁ & 了₂

1) V + 了₁ + 목적어 + 了₂

동작의 완료와 변화를 동시에 나타낸다.

- 我已经给他打了₁电话了₂。

  나는 이미 그에게 전화를 걸었다.

2) V + 了₁ + 수량사 + 목적어 + 了₂

동작이 현재까지 지속된 시간이나 이미 도달하거나 완결된 수량을 나타낸다. 일단 완결('了₁'이 설명)되고 계속 지속될 예정임을 설명해 주는('了₂'가 설명) 문형이다.

- 我听了₁半小时录音了₂。

  나는 30분째 녹음을 듣고 있다.

- 为了借这本书, 我已经去了₁两次图书馆了₂。

  이 책을 빌리기 위해 나는 이미 두 차례나 도서관에 갔었다.

3) V + 了₁₊₂

문장 끝에 '了'가 하나 나오는데, 그것이 동작 완료의 의미뿐만 아니라 새로운 상황상의 변화까지 나타내는 경우가 있다.

- 我已经吃了, 别给我做饭了。

  나는 이미 먹었으니까 나를 위해서 밥하지 말아라.

  → '我已经吃了'의 '了'가 '了₁'와 '了₂'를 다 말해 주고 있다.

- 衣服洗干净了。
  옷은 깨끗이 빨았다.

  → '了'가 동작 '洗'의 완료의 의미뿐만 아니라 옷이 깨끗해진 변화의 의미까지 나타내고 있다.

> **주의** '了$_2$'의 유무에 따른 의미상의 차이
>
> - 我学了十年英语。 나는 영어를 10년 동안 배웠다.
>   ⋯▸ 지금은 배우지 않고 있으며 과거의 경험을 말하고 있다.
>
> - 我学了十年英语了$_2$。 나는 영어를 10년째 배우고 있다.
>   ⋯▸ 지금도 배우고 있다는 사실을 말하고 있다.
>
> ex) 来中国以前, 我在韩国学了两年汉语。
>   중국에 오기 전에 나는 한국에서 2년 동안 중국어를 배웠다.
>
>   我在北京大学学习汉语, 我已经学了三年了$_2$。
>   나는 북경대학교에서 중국어를 배웠는데 벌써 3년째 배우고 있다.

> **참고** 부사 '已经'이나 '就'가 있으면 뒤에 항상 '了'가 나오고, '刚'이나 '才'가 있으면 '了'가 나오지 않는다.
>
> 我已经知道这件事了。 나는 이미 이 일을 알았다.
> 他马上就明白了。 그는 곧 바로 알아들었다.
> 我刚来。 나는 방금 왔다.
> 她十点多才来。 그녀는 열 시가 넘어서야 비로소 왔다.

04 동작의 경험: 过

중국어에서는 동사나 일부 형용사 바로 뒤에 동태조사 '过'가 붙어 동작이나 행위의 경험을 나타낸다.

- 我**去过**两次中国。
  나는 중국에 두 번 간 적이 있다.

- 她从来没这么**高兴过**。
  그녀는 지금까지 이렇게 기뻤던 적이 없었다.

1. '过'의 의미

1) 주요 의미

과거의 경험을 나타내는 것으로 '~한 적이 있다'라고 해석된다.

- 他**曾经学过**汉语。
  그는 일찍이 중국어를 배운 적이 있다.

- 我**已经**和他谈**过**一次。
  나는 이미 그와 얘기를 한 번 나눈 적이 있다.

  → 동사 앞에 '曾经, 已经'과 같은 부사가 자주 사용된다.

- 前几天凉快**过**一阵子, 这几天又热起来了。
  며칠 전에 한 동안 시원했었는데 요 며칠 또 더워지기 시작했다.

  → '过'가 형용사 뒤에서 사용되면 일반적으로 비교의 의미를 나타낸다.

2) 동작, 행위가 끝났음을 나타내기도 한다. 이런 의미를 나타낼 때는 일반적으로 '동사+过' 뒤에 '了'를 동반하는 경우가 많은데, 생활 속에서 습관적, 주기적으로 일어나는 일에 자주 사용된다.

- 晚饭我已经**吃过了**。 저녁밥을 나는 벌써 먹었다.
- 我已经**刷过牙了**。 나는 벌써 양치질을 했다.

> **참고** '了'와 '过'의 의미상의 차이는? '了'는 완료, '过'는 경험을 강조!
>
> 1. 客人来了没有? 손님이 오셨어요?
>   来了, 正在屋里坐着呢。 오셨어요, 지금 방에 앉아 계세요.
>   ⋯▸ 손님이 지금 여기에 있음을 말한다.
>
>   小张刚才来过没有? 小张이 방금 왔었니?
>   来过, 他看你不在, 又回去了。 왔었는데 당신이 없는 것을 보고 또 돌아갔어요.
>   ⋯▸ 小张이 지금 여기에 없음을 말한다.
>
> 2. 这本书我不买, 我已经有了。 이 책 저는 안 사요, 이미 있어요.
>   这本书我以前有过, 后来送给朋友了。
>   저는 예전에 이 책 있었는데 나중에 친구에게 선물했어요.

2. '过'의 위치

일반적으로 동사 바로 뒤에 위치한다.

1) 동사 뒤에 목적어가 나오면 '过'는 목적어 뒤가 아닌 동사 뒤에 놓아야 한다.

- 我只见过他一面, 跟他不太熟。
  나는 그를 한 번밖에 본적이 없어서 그와 그다지 친숙하지 않다.

  (×) 见他过。

2) 연동문에서 동작경험을 나타내는 '过'는 끝에 나오는 동사 뒤에 위치한다.

- 我去上海旅行过。
  나는 상해에 여행 가 본 적이 있다.

3. 문법 특징

1) '过'를 사용한 문장에 만약 시간사를 사용하려면 구체적이고 확실한 시간을 나타내는 것을 사용해야지 막연한 때를 가리키는 단어는 쓰지 못한다.

- (O) **去年**我去**过**新加坡。
- (×) 有一年他去过中国。

2) '过'가 붙지 않는 동사의 종류에는 다음과 같은 것이 있다.

> 是, 在, 属于, 知道, 以为, 认为, 打算, 开始, 得, 使得 등

3) 부정형식: 没(有) + V + 过

- 我从来**没**说过这种话。 나는 지금까지 이런 말을 해 본 적이 없다.
    - → 부정문에서는 부사 '从来'가 종종 붙는다.

- 我有三十多年**没**回过故乡了。 나는 30여 년 동안 고향에 가 본 적이 없다.
    - → 여기의 '了'는 어기조사 '了$_2$'이다. '三十多年'과 같은 시간의 양을 나타내는 말이 앞에 나오면 부정문에서도 '了$_2$'를 붙일 수 있다.

- 学校里**未曾**发生过这样的事情。 학교에서 이런 일은 일어난 적이 없었다.
    - → '曾经'이 사용된 문장의 부정형식은 '未曾'이라 하는데 서면어 색채를 띤다.

4) 의문형식

① '吗'를 문장 끝에 놓는다.

- 你吃过北京烤鸭**吗**? 북경 오리구이를 먹어본 적이 있나요?

② '긍정 + 부정'의 긍정부정의문문을 만들 수 있다.

· 你看没看过京剧?   or   你看过京剧没有?
　　경극을 본 적이 있나요?

 '来着'의 용법

문장 끝에 사용되는 동태조사로 구어에서 많이 사용된다.

1. 방금 일어난 일을 나타낸다.

　　刚才小李打电话找你来着。 방금 小李가 전화해서 당신을 찾았어요.

　　A: 他在吗?   그가 있나요?
　　B: 不在, 不过几分钟前他还在这儿来着。 없어요. 하지만 몇 분전만 해도 그는 여기에 있었어요.

2. 원래 알고 있는데 갑자기 생각이 안 날 때 질문하는 방식으로 사용된다.

　　那部电影的名字叫什么来着?   그 영화의 제목이 뭐라고 했더라?
　　你的电话号码是多少来着?   너의 전화번호 몇 번이었더라?

문법연습

1 '了, 过, 来着' 중에서 밑줄 친 곳에 가장 알맞은 것을 선택하여 채워 보세요.

1. 小李上周结婚 _____ , 你知道吗？

2. 你刚才问什么 _____ ？我没听清楚。

3. 我忘 _____ , 你说那东西放在哪儿 _____ ？

4. 他们有 _____ 孩子，所以现在比过去忙多了。

5. 他们以前有 _____ 一个孩子，可是后来夭折了。

6. 他曾经结 _____ 婚，后来离 _____ 婚，不过听说他最近又结婚 _____ 。

2 아래 문장 중 틀린 부분을 찾아 바르게 고쳐 보세요.

1. 上个暑假我去了日本旅行一趟。

2. 今天我干了一天的活，觉得很累了。

3. 我以前几乎每个周末都去图书馆学习了。

4. 我还没考虑了这个问题，过几天再说吧。

5. 他们一家打算了明年搬到首尔去住。

6. 大学毕业以后，我们只见面过一次。

7. 他住院的时候，我去医院看过几次他。

8. 你们当中有谁去过长白山看天池？

＊문법연습 정답은 313 페이지에서 확인할 수 있습니다.

작문연습 | 了

1 퇴근하고 나는 책을 몇 권 사러 서점에 갔다.

下了班,我去书店买了几本书。

요점 퇴근한 이후 다른 일을 한 것이기 때문에 '下班'의 '下' 뒤에 완료를 나타내는 '了'를 붙인다. '책을 몇 권 사러 서점에 갔다'는 '去+장소+VP'라는 연동문으로 처리해야 하고, 연동문에서 '了'는 뒤에 나오는 동사 뒤에 두어야 하므로 동사 '买' 뒤에 두어야 하는데 목적어 앞에 수량사가 나오므로 '买了几本书'라고 해야 한다.

TIP '몇 권'의 '몇'이란 대략의 숫자를 나타내는 표현에 '几'와 '两'을 사용할 수 있다. 실례로 '요 며칠(요사이)'이란 말을 중국어로 '这几天'이나 '这两天'으로 표현할 수 있다. 그런데 '两'의 경우 "我去书店买了两本书。"에서처럼 수량을 나타내는 경우도 있어서 구체적인 실제 언어상황 별로 주의해야 한다.

확인 수업이 끝나고 나는 매점에 가서 먹을 것을 좀 샀다.

2 어제 나는 친구를 데리고 민속촌을 참관하러 갔다.

昨天我陪朋友去参观民俗村了。

요점 연동문에서 완료의 '了'는 마지막에 있는 동사 뒤에 놓는다.

TIP '去(来)+장소+VP' 구조는 목적관계를 나타내는 것으로 '~하러 ~에 가다 (오다)'라고 해석된다. 특히 동작의 완료를 나타내는 '了'를 써야 할 때는 VP 뒤에 놓는 것을 잊지 말아야 한다. 우리말로 해석할 때 '~하러 ~에 갔다'라고 해서 '去了VP'라고 해서는 안 된다.

확인 지난 금요일 나는 부모님을 모시고 건강검진을 좀 하러 병원에 갔다.

어휘정리

- 퇴근(하다) 上班
- 서점 书店

- 매점 小卖部

- 동반하다 陪
- 민속촌 民俗村

- 지난 금요일 上周五
- 건강검진을 하다
  检查身体, 做体检

*작문연습 정답은 314 페이지에서 확인할 수 있습니다.

어휘정리

- 거의 差不多
- 고등학교를 다니다 **上高中**

3 **고등학교를 다닐 때 나는 거의 날마다 밤 12시까지 공부를 했다.**

上高中的时候, 我差不多每天学习到晚上12点。

요점 동사 앞에 규칙적인 동작을 말하는 시간사 '每天'이 나오므로 '了'를 사용하지 않는다.

TIP '고등학교를 다닐 때'라고 해서 '上了高中的时候'라고 하지 않고 '上高中的时候'라고만 해도 된다. 참고로 중국어의 '中学'는 우리말로 '중학교'가 아닌, '중고등학교'에 해당한다. 그래서 '中学生'이라고 하면 '중고등학생'이란 뜻이 된다. 중국에서는 '中学'가 다시 '初中(중학교)'과 '高中(고등학교)'으로 나뉜다.

- 직장을 찾다 求职
- 면접을 보다 面试
- 결석하다 缺课

확인 대학교 4학년 그 해에 그는 직장을 찾아 면접시험을 보느라 자주 결석했다.

- 인터넷 사이트 网站
- 계획하다 打算, 计划

4 **일 년 전에 그는 몇 명의 친구와 함께 인터넷 사이트를 만들기로 계획했다.**

一年前, 他打算和几个朋友一起建一个网站。

요점 동사 '打算' 뒤에는 '了'를 쓰지 않음을 유의하자.

TIP '打算' 뒤에는 완료를 나타내는 '了' 외에도 결과보어 역시 쓸 수 없다. 예컨대 '打算完'과 같은 말이 없다. 또한 '打算' 외에도 '계획하다' 라는 뜻인 동사 '计划' 역시 뒤에 '了'를 쓰지 않는다. 즉 "他计划了和几个朋友一起建一个网站"이라 할 수 없고, 그냥 "他计划和几个朋友一起建一个网站。"이라 해야 한다.

- 줄곧 一直
- 좋다, 양호하다 良好
- 기르다 培养

확인 나는 줄곧 좋은 생활습관은 응당 어려서부터 길러야 한다고 생각했다.

*작문연습 정답은 314 페이지에서 확인할 수 있습니다.

5 나는 한참 동안 기다렸는데 그는 아직도 도착하지 않았다.

我等了老半天了, 可他还没到。

요점 '한참 동안 기다렸다'는 '等了老半天'이라고 표현하고, 지금까지도 기다리는 동작이 지속되기 때문에 문장 끝에 '了$_2$'를 놓는다.

TIP 만약 '我等了老半天'이라고 하면, '나는 한참동안 기다렸다'는 뜻으로 이미 기다리는 동작이 완료되어 더 이상 기다리지 않음을 나타낸다. '可他还没到'의 '可'는 '可是'의 의미뿐만 아니라 어기를 강조하는 뜻까지 동시에 나타내고 있다.

확인 그는 이미 밥 두 그릇을 먹었는데도 아직도 배가 부르지 않았다.

어휘정리
- 한참동안 老半天
- 기다리다 等
- 그릇 碗
- 배부르다 饱

6 요새 너무 바빠서 나는 이미 몇 개월 동안 헬스클럽에 가서 운동하지 못하고 있다.

最近太忙了, 我已经好几个月没去健身房锻炼了。

요점 '너무 바빠서'는 '太忙了'로 표현하고, 헬스클럽에 가서 운동하지 못하는 상황이 몇 개월간 지속되고 있기 때문에 부정문이지만 문장 제일 끝에 '了$_2$'를 붙인다.

TIP 운동을 한다든지 신체를 단련한다고 했을 때 보통 '做运动'이나 '锻炼身体'라고 한다. 중국인들은 '锻炼身体'라는 표현을 더 상용하는 경향이 있다.

확인 그는 아파서 입원했는데 거의 2주 동안 출근하지 못하고 있다.

어휘정리
- 헬스클럽 健身房
- 운동하다 锻炼
- 입원하다 住院
- 출근하다 上班

*작문연습 정답은 314 페이지에서 확인할 수 있습니다.

작문연습 | 过

어휘정리

- 일찍이 曾经
- 태극권 太极拳

7 나는 일찍이 그 사람한테서 태극권을 배운 적이 있다.

我曾经跟他学过太极拳。

요점 '일찍이 배운 적이 있다'라는 표현은 '曾经学过'라고 표현하면 된다.
TIP '跟谁学'라는 표현에서 '跟'은 '~를 좇아'라는 의미를 가진 말로 '누구한테서 배우다'라고 해석될 수 있다. 이와 유사한 것으로 '向谁学'가 있는데, 이것 역시 '누구한테서 배우다'라고도 해석될 수 있지만, 이것은 구체적으로 말하면 '누구를 보고 배우다'라는 뜻을 나타낸다.

- 상의하다 商量

확인 나는 일찍이 그와 그 일을 상의해 본 적이 있다.

- 사이가 좋다 关系很好
- 싸우다 吵架

8 나는 룸메이트와 사이가 좋아서 지금까지 싸운 적이 없다.

我跟同屋的关系很好,从来没吵过架。

요점 '吵架'는 동목구조라서 '过'는 동사 '吵' 뒤에 붙어야 하며, '지금까지 ~해 본 적이 없다'는 '从来没+동사+过'라는 표현을 사용하면 된다.
TIP '从来'는 지금까지 쭉 어떠어떠해 오다라는 의미를 나타내는 부사이다. 뒤에 나오는 내용이 주로 부정형식이 많아서 '지금껏 한 번도 어떠어떠하지 못하다(않다)'라는 식으로 해석된다. 그렇지만 '从来' 뒤에도 긍정형이 나올 수 있는데, "他从来都很守信用(그는 지금껏 신용을 잘 지킨다)." 과 같은 것이 그 예이다.

- 비록 ~하지만 虽然
- 헤어지다 分手
- 잊어버리다 忘记

확인 비록 이미 그와 헤어졌지만 지금까지 한 번도 그를 잊어본 적이 없다.

---

*작문연습 정답은 314 페이지에서 확인할 수 있습니다.

9

나는 그를 여러 번 봤지만 그래도 그의 이름을 기억하지 못한다.

我见过他好几次, 可是还是没记住他的名字。

요점 여러 번은 '好几次'라는 동량보어로 표현한다. 이런 동량보어는 보통 '过' 뒤에 놓지만 목적어가 대명사이기 때문에 '好几次'를 '他' 뒤에 놓아야 한다.

TIP 동사나 형용사 앞의 '还是'는 생략하여 '还'로만 할 수도 있다. 여기서도 "可是还没记住他的名字。"라고 할 수 있다.

확인 그는 여기에 여러 번 왔었지만 길을 어떻게 가야 하는지 잘 모른다.

어휘정리
- 여전히, 그래도 还是
- 기억하다 记住

- 길 路
- 잘 모른다 不太清楚

10

한국에 온 후 나는 친구와 함께 단풍을 보러 설악산에 간 적이 있다.

来韩国以后, 我跟朋友去雪岳山看过红叶。

요점 연동문을 사용하여 '去雪岳山看红叶'로 표현한다. 연동문에서 '过'는 첫 번째 동사 '去' 뒤에 놓는 것이 아니라 마지막 동사 '看' 뒤에 놓아야 한다.

TIP 이 문장에서도 '간 적이 있다'라고 해서, 바로 '去过~'라고 번역하면 안 된다 는 사실에 유념하자! 또 '나는 친구와 함께 설악산에 갔다'라는 문장을 중작하면 "我陪朋友去雪岳山。", "我跟朋友去雪岳山。"이나 "我跟朋友一起去雪岳山。"이라고 할 수 있다. 이들의 의미는 유사한 듯하지만 강조점이 각각 다르다. 우선 "我陪朋友去雪岳山。"은 내가 친구를 데리고 안내해서 설악산에 갔다는 의미이고, "我跟朋友去雪岳山。"은 내가 친구를 좇아서 설악산에 갔다는 의미이며, 끝으로 "我跟朋友一起去雪岳山。"은 나와 친구가 함께 동등한 입장에서 설악산에 갔다는 의미이다.

확인 그 박물관은 규모가 매우 큰데 나는 그곳에 전시회를 몇 번 보러 간 적이 있다.

- 단풍 红叶
- 설악산 雪岳山

- 박물관 博物馆
- 규모 规模
- 전시회, 전람하다 展览

*작문연습 정답은 314 페이지에서 확인할 수 있습니다.

중국 광고 속 动态 이야기

🚩 쉬어가기

⭐ 중국 현지 광고를 통해 현장감 넘치는 중국어 动态 표현을 배워 봅시다.

| 완료를 나타내는 '了' |

➡ 4세대 이동통신(4G)으로 바꾸셨나요?

| '완료 + 변화'를 나타내는 '了' |

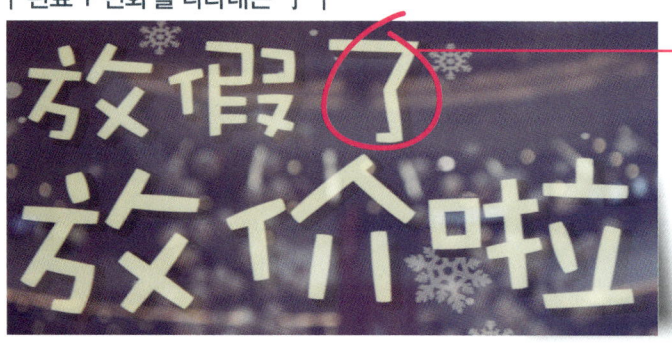

● 여기서 放假(방학)와 放价(가격을 낮추다, 세일하다) 두 단어는 모두 fàngjià라고 발음합니다. 일종의 중국식 말장난이라고 할 수 있습니다.

➡ 방학이다! 세일한다!

| 과거의 경험을 나타내는 '过' |

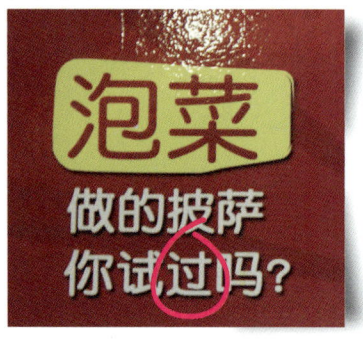

➡ 숟가락으로 떠먹는 피자, 맛본 적 있나요?

➡ 김치로 피자 만들기, 해 본 적 있나요?

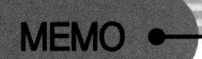

맛봐야 하는 책도 있고, 통째로 삼킬 만한 책도 있으나, 꼼꼼히 씹으며 잘 소화시켜야 하는 책은 소수밖에 없다. — 베이컨

有些书必须品尝, 有些书可以囫囵吞下, 只有少数的书要细嚼慢咽, 好好消化。— 培根 (Bacon)

07 중국어의 动态 II

동작의 진행: 正, 在, 正在
  1. 동작 진행의 대표적인 형식
  2. 正, 在, 正在 형식의 비교

동작의 지속: 着
  1. 동작 지속의 형식: V + 着
  2. 'V着' 형식의 의미
  3. 'V着' 형식의 문법 특징

동작의 가까운 미래:
将要, 将, 要, 就要, 快要, 快 등
  1. 将要, 将, 要
  2. 即将, 快, 快要, 就要

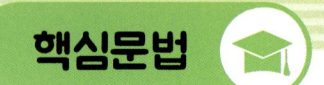

01 동작의 진행: 正, 在, 正在

1. 동작 진행의 대표적인 형식

$$\begin{matrix}正\\在\\正在\end{matrix} + V(着) \sim + 呢$$

1) 동작의 진행을 나타내려면 술어동사 앞에 '正'이나 '在' 혹은 '正在'를 놓는다. 문장 끝에 어기조사 '呢'를 놓아도 된다.

- 你等一会儿, 他正穿衣服呢。 조금만 기다려, 그가 지금 옷을 입고 있어.
  → 여기서 '呢'를 생략할 수 없다.

- 他在上网, 我在看小说。 그는 인터넷을 하고 있고, 나는 소설을 보고 있다.
  → '上'이나 '看' 뒤에 '着'를 넣어도 되고 문장 끝에 '呢'를 놓아도 된다.

- 我去的时候, 他正在睡觉呢。 내가 갔을 때 그는 잠을 자고 있는 중이었다.
  → 문장 끝에 사용한 '呢'는 생략할 수 있다.
  → '睡' 뒤에 '着'를 넣어도 된다.

2) 동작의 진행은 현재뿐만 아니라 과거나 미래의 상황에서도 쓸 수 있다.

현재 这几天百货商店正在大减价。
요 며칠 동안 백화점은 세일을 하고 있다.

과거 昨天我去老师家的时候, 老师正在做饭呢。
어제 제가 선생님 댁에 갔을 때 선생님은 밥을 하고 계셨다.

미래 明年的这个时候, 我可能正在想你们呢。
내년 이맘때 나는 아마도 너희들을 생각하고 있을 거야.

3) 부정형은 '没(有)'를 사용한다.

· 你在看电视吗? 너 텔레비전 보고 있니?

· 我没(有)看电视，我在玩儿电脑呢。 나는 텔레비전 보지 않고 컴퓨터를 하고 있어요.
→ 혹은 '没在看电视'라고 할 수도 있다.

2. 正, 在, 正在 형식의 비교

1) 의미상의 차이

※ 正: 동작 진행의 시간을 강조한다.

· 进去的时候，他正上网聊天呢。 들어갔을 때, 그는 인터넷채팅을 하고 있었다.

※ 在: 동작 진행의 상태를 강조한다.

· 一整天他都在写报告。 그는 하루 종일 리포트를 쓰고 있었다.

※ 正在: 동작 진행의 시간 + 상태를 모두 똑같이 강조한다.

· 别进去, 里边正在开会呢。 들어가지마, 안에서는 지금 회의를 하고 있어.

2) 구조상의 차이

※ 正: 일반적으로 뒤에 단순한 동사가 오지 않고 비교적 복잡한 성분이 온다.

> 正 + V + 着呢
> 正 + V + 着 + ~ + 呢

(×) 正看 → (O) 正看呢
(×) 正吃 → (O) 正吃着

(×) 正写　　　→　　(O) 正写着呢

(×) 正打电话　→　　(O) 他正打着电话呢

> **주의** '在, 正在'는 이런 제한을 받지 않는다.
>
> 在看　　　正在吃　　　在写　　　正在打电话

※ 在: 동작이 반복적으로 진행되거나 상태가 장기간 지속됨을 나타낼 수 있기 때문에, 앞에 '又, 一直, 总是' 등의 부사나 지속된 시간의 길이를 나타내는 표현이 올 수 있다.

- 从昨天晚上开始, 他一直在发烧。 어제 저녁부터 시작해서 그는 줄곧 열이 나고 있다.

- 整整一个下午, 外边都在下雨。 오후 내내 밖에 비가 오고 있다.

> **주의** '正, 正在'는 이런 경우에 사용할 수 없다.
>
> (×) 从昨天晚上开始, 他一直(正/正在)发烧。
> (×) 整整一个下午, 外边都(正/正在)下雨。

> **주의** 진행을 나타내는 '在'와 전치사 '在'는 同音同字이어서 둘이 동시에 출현할 경우 하나를 생략한다.
>
> - 整整一个下午, 我都在图书馆学习。 오후 내내 나는 도서관에서 공부하고 있다.
>
> → '在图书馆' 부분은 원래 '在在图书馆'이었는데 '在'를 하나만 쓴 것이다.
>
> → 사실 이런 경우는 '正在'가 전치사 '在'와 함께 사용될 때에도 발생한다. 예를 들면 "孩子们正在操场上踢足球呢(아이들이 지금 운동장에서 축구를 하고 있다)."에서도 '正在'의 '在'와 '在操场上'의 '在'가 중복되기 때문에 하나의 '在'만을 사용하고 있다.

02 동작의 지속: 着

1. 동작 지속의 형식: V+着

동사 뒤에 지속을 나타내는 조사 '着'를 붙인다.

2. 'V着' 형식의 의미

V着는 동작이나 상태의 지속을 나타낸다.

1) 동작의 지속

우리말로 '~하고 있다'는 뜻으로 어떤 동작이 지속 상태에 있는 것을 묘사한다.

- 孩子们在房间里开心地玩着。
  아이들은 방에서 즐겁게 놀고 있다.

- 快高考了,考生们紧张地复习着功课。
  수능시험이 가까워 오자 수험생들은 쉴 새 없이 교과목을 복습하고 있다.

> **주의**
> Q: '동작의 지속과 동작의 진행은 모두 한국어로 '~하고 있다'로 동일하기 때문에 이 둘의 사용 상의 차이에 주의를 기울여야 한다. 그럼 이 둘은 어떻게 다를까?
> A: '결론적으로 말하면 동작 진행은 누가 무엇을 하고 있는지에 대해 판단하여 서술하는 것이라면, 동작의 지속을 나타내는 'V着'는 동작이 발생한 이후 계속적으로 지속되고 있는 상태에 대해 묘사하는 데 사용된다.
>
> - A1: 他正在唱歌呢。   (동작의 진행)
> - A2: 他唱着歌呢。   (동작의 지속)
>
> ⋯ 둘 다 '그는 노래를 부르고 있다'라고 해석된다. 그런데 A1는 "他正在做什么?"에 대한 답이라 할 수 있는 반면, A2는 "他还在唱歌吗?"에 대한 답에 해당한다고 할 수 있다.

> 이런 의미상의 차이가 있지만, 동작의 지속을 나타내는 'V着'는 넓게는 동작의 진행 속에 포함될 수도 있다. 그러므로 'V着' 앞에 진행을 나타내는 '正, 在, 正在'를 첨가하여 사용할 수도 있다.
>
> · 他正等着你呢, 快进去吧。 그가 너를 기다리고 있으니 빨리 들어가라.

2) 상태의 지속

우리말로 '~한 상태로 되어 있다'는 뜻으로, 어떤 상태가 지속되고 있는 것을 나타낸다.

· 墙上挂着一幅山水画儿。 벽에 산수화 한 폭이 걸려 있다.

→ 이 문장은 '장소를 나타내는 말+V+着+명사' 구조로 존재를 나타내는 존현문이다. 이 구조 안의 'V着'는 상태의 지속을 나타낸다.

· 他头上戴着帽子。 그는 머리 위에 모자를 쓰고 있다.

→ 동작의 진행을 나타내는 '正, 在, 正在'를 동사 앞에 첨가할 수 없다. 이 점이 동작의 지속을 나타내는 'V着'와의 차이점이라 할 수 있다.

· 你看, 办公室里的灯还亮着呢。 봐요, 사무실 안의 등이 아직 켜져 있네요.

→ '办公室里的灯'처럼 'V着'의 주어가 동작의 주체가 아닌 동작을 받아 변화를 거친 객체를 사용하는 경우가 많다.

3. V着 형식의 문법 특징

1) 조사 '着'는 동사 바로 뒤에 붙여야 한다. 특히 술목구조로 구성된 이합사(离合词)에 주의를 기울여야 한다.

· 아이들은 즐겁게 노래를 부르면서 우리를 환영한다.

(×) 孩子们高兴地唱歌着欢迎我们。

(O) 孩子们高兴地唱着歌欢迎我们。

> **참고**
>
> 'V₁着 + V₂' 구조가 나타내는 세 가지 의미
>
> 1. 'V₁着'는 'V₂'의 방식
>
>   坐着回答, 不用站起来。 앉아서 대답해요, 일어날 필요 없어요.
>
>   她在客厅里跟邻居喝着咖啡聊天儿。
>   그녀는 거실에서 이웃과 커피를 마시면서 수다를 떨고 있다.
>
> 2. 목적관계
>
>   人们都忙着准备过节。 사람들은 명절 쇨 준비하느라 바쁘다.
>
>   这块蛋糕留着给孩子吃。 이 케이크는 아이들이 먹게 남겨두자.
>
> 3. V₁의 동작이 진행되는 가운데 V₂의 동작이 출현
>
>   他想着想着笑了起来。 그는 생각을 하다가 웃기 시작했다.
>
>   他们说着说着吵了起来。 그들은 얘기를 하다가 싸우기 시작했다.

2) 'V着' 구조를 사용할 때 화자가 관심을 갖고 있는 것은 '동작의 지속'이지, 동작이 언제 끝나는지, 결과가 어떻게 되는지가 중요한 것이 아니기 때문에 'V着' 뒤에는 동작의 시간이나 양을 나타내는 수량보어나 동작의 결과를 나타내는 결과보어가 올 수 없다.

(×) 我一直爱着他好几年。

→ 시량보어 '好几年'을 쓸 수 없다.

(×) 你等着我一下。

→ 동량보어 '一下'를 쓸 수 없다.

(×) 我记住着你的话。

→ '住'와 같은 결과보어가 올 수 없다.

> **주의** 이런 상황은 동작의 진행을 나타내는 '正, 在, 正在 + V' 구조에서도 마찬가지이다.
>
> (×) 他正看完书呢。

3) 지속을 나타내는 '着'가 있는 문장에는 흔히 문장 끝에 어기조사 '呢'를 사용한다.

- 外面下**着**大雪**呢**。 밖에 눈이 많이 오고 있다.

4) 부정형: 동사 앞에 '没(有)'를 넣는다.

① 동작의 지속을 나타내는 'V着'의 부정은 '没有V'

- 外面**没(有)下**雪。 밖에는 눈이 오고 있지 않다.

→ 동사 뒤의 '着[zhe]'는 일반적으로 사라진다.

② 상태의 지속을 나타내는 'V着'의 부정은 '没有V着'

- 我**没(有)带着**那本书。 나는 그 책을 가지고 있지 않다.

→ 동사 뒤의 '着[zhe]'는 그대로 남는다.

5) 과거, 현재, 미래에 모두 사용할 수 있다.

과거 昨天这个时候, 他正看**着**电视呢。
어제 이맘때 그는 텔레비전을 보고 있었다.

현재 里边正开**着**会呢。
안에서는 회의를 하고 있다.

미래 明年这个时候, 我正忙**着**找工作呢。
내년 이맘때 나는 직장을 찾느라 바쁠 거야.

6) 모든 동사들이 다 동작의 지속과 동작의 진행을 나타낼 수 있는 것은 아니다.

상용되는 非持续动词들은 'V着' 구조로 사용될 수 없다. 또한 진행을 나타내는 '正, 在, 正在 + V' 구조에도 사용할 수 없다.

> 来, 去, 到, 死, 离开, 看见, 听见, 认为, 结婚, 毕业, 忘记, 知道, 记得, 停止, 原谅 등

(×) 他正在来学校。
(×) 他们正离开着北京呢。

03 동작의 가까운 미래: 将要, 将, 要, 就要, 快要, 快 등

중국어에서는 시간사나 부사를 통해서 미래를 나타낸다. 가까운 미래는 주로 '将要, 将, 要, 就要, 快要, 快' 등과 같은 부사를 통해 나타내고 있다.

1. 将要, 将, 要

멀지 않은 미래에 일어나는 동작을 나타낼 때 사용한다.

- 我们公司将要在中国设立一个办事处。
  우리 회사에서는 중국에 사무소를 하나 설립하려고 한다.

- 11月他将参加一年一度的高考。
  11월에 그는 일 년에 한번 있는 수능시험에 참가하려고 한다.
  → '将要'와 '将'은 서면어에서 많이 사용된다.

- 我学习结束, 要回国了。
  나는 공부를 마치고 귀국하려고 한다.
  → '要' 뒤에는 일반적으로 어기조사 '了'를 붙여야 한다.

2. 即将, 快, 快要, 就要

짧은 시간 안에 발생하려는 동작을 나타낼 때 사용한다. '快, 快要, 就要'는 구어에서 많이 사용되며 이들을 사용할 때는 일반적으로 문장 끝에 어기조사 '了'를 붙여야 한다. 반면 '即将'은 서면어 중에서 자주 사용되며 문장 끝에 어기조사 '了'를 붙이지 않는다.

- 世界博览会**即将**在首尔举行。
  세계박람회가 곧 서울에서 열린다.

- 外交部长**即将**去欧洲访问。
  외무부장관이 곧 유럽을 방문하려고 한다.

- 电影**快**开始**了**, 我们快进去吧。
  영화가 곧 시작하니, 우리 빨리 들어가자.

- **快要**期末考试**了**, 我哪有时间陪你玩儿?
  곧 기말고사인데 너랑 놀아줄 시간이 어디 있니?

- 再过十五分钟, 飞机**就要**起飞**了**。
  15분이 더 지나면 비행기가 곧 이륙한다.

> **주의**
>
> 문장 중에 만약 구체적인 시간사가 나오면 주로 '就要~了'라는 형식을 사용한다. '快~了'나 '快要~了' 형식은 구체적인 시간을 나타내는 말과는 함께 사용할 수 없음을 주의하자.
>
> - 한 달이 지나면 나는 곧 대학을 졸업한다.
>   - (×) 再过一个月, 我快要大学毕业了。
>   - (○) 再过一个月, 我就要大学毕业了。
>
> - 그녀가 다음 주에 곧 결혼을 하기 때문에 나는 선물을 사 주어야 한다.
>   - (×) 她下星期快要结婚了, 我得给她买件礼物。
>   - (○) 她下星期就要结婚了, 我得给她买件礼物。

좋아하면서도 그 단점을 알아야 하고, 싫어하면서도 그 장점을 알아야 한다. —『예기·곡례상』

爱而知其恶, 憎而知其善。 —《礼记·曲礼上》

문법연습

1 제시된 단어를 ABCD 중 가장 적당한 위치에 넣어 보세요.

1. 他手里拿 A 一把鲜花 B，朝 C 我跑了过来 D。　　　　　（着）

2. 他没打扰 A 小兰，就站 B 在她的背后看 C 她 D。　　　　（着）

3. 他 A 出了门才看到，外边 B 下着 C 大雪 D 呢。　　　　　（正）

4. 他提 A 公文包 B 从车上走 C 了下来 D。　　　　　　　　（着）

5. 以前 A 你尽的那幅画儿 B 怎么 C 在墙上 D 挂着。　　　　（没）

6. 李老师 A 站 B 在讲台前 C 给学生们 D 讲课呢。　　　　　（正）

2 아래 문장 중 틀린 부분을 찾아 바르게 고쳐 보세요.

1. 昨天我去她宿舍的时候，她正看书了。

2. 他拉我的手，一起走进了商店。

3. 一年一度的高考明天快要开始了。

4. 从前天开始到今天一直正在下小雨。

5. 火车在离开着北京，开往上海呢。

6. 他正坐在桌子前吃早饭着看报纸呢。

7. 我去的时候，他们两个人正吵架着。

*문법연습 정답은 314 페이지에서 확인할 수 있습니다.

작문연습 | 진행

1 내가 그의 집에 갔을 때 그는 소파 위에 앉아 신문을 보고 있었다.

我去他家的时候, 他正坐在沙发上看报纸呢。

요점 내가 그의 집에 갔을 바로 그 시점에 그가 신문을 보는 동작을 하고 있었음을 강조하기 때문에 동작의 진행 표현 가운데 '正~呢'를 사용하는 것이 좋다. 그리고 '소파에 앉아 신문을 보다'는 '坐在沙发上看报纸'라고 표현한다.

TIP '在沙发上坐着看报纸'라는 문장을 한번 생각해 보자. 우리말로 해석해 보면 '소파 위에 앉아서 신문을 본다'라고 되므로 언뜻 보기에 '坐在沙发上看报纸'와 동일하게 느껴진다. 그러나 이 둘은 의미가 다른 문장이다. '坐在沙发上看报纸'의 '坐在沙发上'은 '坐'를 통해 소파에 '부착'된다는 뜻이 강조되지만, '在沙发上坐着看报纸'의 '在沙发上坐着'는 신문을 보는 방식을 강조하여 표현하고 있다.

확인 내가 그에게 전화했을 때 그는 헬스클럽에서 운동하고 있었다.

2 나는 지금 음악을 듣지 않고, 보고서를 쓰고 있다.

我没(有)听音乐, 我在写报告呢。

요점 동작 진행의 부정형은 동사 앞에 '没(有)'을 사용한다. '不在听音乐'라고 하지 않는다는 것에 유의하자.

TIP '在'앞에 '没'를 넣어 '没在听音乐'라고 부정할 수도 있다. 그렇다고 '没正听音乐'이나 '没正在听音乐'라는 말은 없다.

확인 그는 컴퓨터게임을 하지 않고 열심히 기말고사를 준비하고 있다.

어휘정리

- 소파 沙发
- 신문 报纸

- 헬스클럽 健身房
- 운동하다 运动

- 보고서 报告

- 컴퓨터게임 电脑游戏
- 기말고사 期末考试

*작문연습 정답은 314 페이지에서 확인할 수 있습니다.

어휘정리

- TV연속극 电视连续剧

3 저녁밥을 먹고 나서 그녀는 줄곧 연속극을 보고 있다.

吃了晚饭以后，她一直在看电视连续剧。

요점 '一直'라는 부사가 있기 때문에 동사 '看' 앞에 '正'나 '正在'를 쓰면 안 되고 '在'만을 사용해야 한다.

TIP 동작의 진행을 나타내는 세 가지 중에서 실제 언어 환경 가운데 가장 많이 사용되는 것은 어떤 것일까? 바로 '在'이다. '在'는 '正', '正在'에 비해 문법적인 요구가 까다롭지 않아서 가장 많이 사용되고 있다.

- 겨울방학하다 放寒假
- 아르바이트를 하다 打工
- 돈을 벌다 赚钱

확인 겨울방학을 하고 그는 계속 커피숍에서 아르바이트를 해서 돈을 벌고 있다.

---

4 어젯밤에 내가 그녀에게 전화했을 때 그녀는 설거지를 하고 있었다.

昨晚我给她打电话的时候，她正在洗碗呢。

- 어젯밤 昨天晚上
  (昨晚)
- 설거지를 하다 洗碗

요점 어젯밤(과거 시점)에 물건을 보냈을 그 당시에 그녀가 설거지를 하고 있었기 때문에 동사 '洗' 앞에 '正在'를 놓아 과거 진행을 표시한다.

TIP 과거 진행을 나타낼 때도 동사 앞에 '正', '在'나 '正在'를 사용할 수 있다. 과거 시점이라고 해서 완료를 나타내는 '了'를 사용할 필요는 없다. 중국어에서는 동작 진행을 나타낼 때 시제의 제한을 받지 않는다. 또한 중국어에서는 '昨晚(昨天晚上)'과 같은 줄임말을 많이 사용한다. 예를 들면 '今晚, 今夜, 明早, 明晚' 등이 있다.

- 아마도 可能
- 가방을 메다 背着包
- 두루 돌아다니다 周游

확인 내년 이맘때쯤에 나는 아마도 가방을 메고서 세계각지를 두루 돌아다니고 있을 것이다.

＊작문연습 정답은 314 페이지에서 확인할 수 있습니다.

작문연습 | 지속

5 그녀의 핸드백 속에는 여러 가지 화장품이 들어 있다.

她的手提包里放着各种化妆品。

요점 상태의 지속을 나타내는 '~에 들어 있다'는 '장소+放着+물건'으로 표현하면 된다.

TIP '여러 가지'란 말을 '各种'으로만 표현한다면 '的'가 필요 없이 '各种化妆品'이라고 하면 된다. 또한 '手提'가 수식해 주는 말들을 예로 들어 보면, '手提电脑, 手提箱, 手提电筒' 등이 있다.

확인 그의 휴대 전화에는 여행 때 찍은 많은 사진들이 저장되어 있다.

어휘정리
- 핸드백 手提包
- 화장품 化妆品

- 찍다 拍
- 저장하다 存

6 학생들이 교실에서 열렬하게 토론하고 있다.

学生们在教室里热烈地讨论着。

요점 여기서는 동작이 지속되고 있는 상태를 묘사하고 있기 때문에 동사 뒤에 '着'을 붙여 표현하는 것이 좋다.

TIP 지속 상태를 묘사하는 상황이 아니라면 이 말은 "学生们正在教室里热烈地讨论."이라고도 번역될 수 있다. 이 역시 모든 문장의 진정한 의미를 파악하려면 실제 언어 환경 속에서만 가능하다는 것을 보여주는 예라 하겠다.

확인 그는 혼자서 열람실에서 전념하여 책을 보고 있다.

- 열렬하다 热烈
- 토론하다 讨论

- 열람실 阅览室
- 전념하다 专心

* 작문연습 정답은 314 페이지에서 확인할 수 있습니다.

어휘정리

- 원피스 连衣裙

7

그녀는 (몸에) 하얀색 원피스를 입고 있다.

她身上穿着一条白色的连衣裙。

요점 입고 있는 상태가 지속됨을 나타내므로 '穿着'라고 표현한다.

TIP 상태의 지속을 나타내는 'V着' 역시 시제의 제한을 받지 않는다. 예를 들면 "上高中的时候, 他的屋里经常贴着一些明星的照片(고등학교 다녔을 때 그의 방에는 항상 유명 스타들의 사진이 붙어 있었다)."를 들 수 있다.

- 손가락 手指
- 반지 戒指
- 끼다, 차다 戴

확인 그녀의 손가락에는 예쁜 반지가 하나 끼워져 있다.

8

그녀는 머리를 숙이고 길을 걷다가 하마터면 벽에 부딪힐 뻔했다.

她低着头走路, 差点儿撞到墙上。

- 머리를 숙이다 低头
- 하마터면 ~할 뻔하다 差点儿
- 부딪히다 撞到

요점 동사 '低' 뒤에 '着'를 붙여서 '走路'의 방식을 나타낸다. '벽에 부딪히다'는 '撞到墙上'이라고 표현한다.

TIP '差点儿+VP'는 간발의 차이로 '하마터면 VP할 뻔하다'는 뜻으로 결국 VP하지 않았음을 나타내는 말이다. 즉 '差点儿撞到墙上'는 결과적으로 '没有撞到墙上'했다는 것이다. 일반적으로 '差点儿' 뒤에는 부정적인 말들이 많이 사용된다. 그래야 결과적으로 표현하고자 하는 의미가 긍정적인 것이 되기 때문이다. 누가 '差点儿没摔倒(하마터면 자빠지지 않을 뻔했다=결국 자빠졌다는 의미)'와 같은 말을 하기 좋아하겠는가?

- 관광객 游客
- 명승지, 명소 景点
- 상황 情况

확인 그녀는 웃으면서 관광객에게 각 명승지의 상황을 소개한다.

＊작문연습 정답은 314 페이지에서 확인할 수 있습니다.

작문연습 | 가까운 미래

9 **축구시합이 곧 시작되니 우리 빨리 운동장으로 들어가자.**

足球赛快(要)开始了, 我们快进体育场里边去吧。

요점 짧은 시간 안에 발생하려는 일이므로 동사 앞에 '快, 快要'를 사용하고, 문장 끝에 '了'를 쓴다.

TIP '快~了'는 '곧~하려고 한다'라는 의미로 구어에서 상용되는 구조이다. 여기서 '快' 뒤에 바로 '了'를 놓은 '快了'라고 쓸 때도 있는데 이때는 '거의 다 됐어요'라는 뜻으로 바뀐다.

확인 그는 삼 년간의 석사과정을 마치고, 곧 귀국하려고 한다.

10 **그녀는 다음 주 토요일 곧 결혼할 거라 요즘 바쁘게 혼수를 준비하고 있다.**

她下星期六就要结婚了, 这两天忙着准备婚事。

요점 '다음 주 토요일'이라는 시간사가 있으므로 '就要~了'를 사용하여 가까운 미래를 표현한다. 그리고 바쁘게 무슨 일을 할 때는 '忙着+干什么'라는 형식으로 나타낸다.

TIP '忙着+干什么'는 '바쁘게 무슨 일을 하다'라고 해석되지만, 이 구조의 목적 관계를 두드러지게 나타내기 위해서는 '무슨 일을 하느라 바쁘다'라고 해석하는 것이 더 적합하다고 하겠다.

확인 그는 다음 주 화요일에 곧 중간시험을 칠 것이므로 요즘 시험 준비를 하느라 바쁘다.

어휘정리

- 축구시합 足球赛
- 운동장 体育场

- 석사과정 硕士课程

- 혼수 婚事
- 요즘, 요 며칠 这两天, 这几天, 这些天

- 중간시험 期中考试
- 시험 준비하다 准备考试

*작문연습 정답은 314 페이지에서 확인할 수 있습니다.

08 중국어의 보어 I

보어의 정의

보어의 종류

결과보어
    1. 결과보어의 정의
    2. 결과보어의 의미
    3. 결과보어의 문법 특징
    4. 상용하는 결과보어

방향보어
    1. 방향보어의 정의
    2. 방향보어의 의미
    3. 방향보어의 문법 특징

핵심문법

01 보어의 정의

동사나 형용사 뒤에서 그 동사나 형용사가 나타내는 동작이나 상태에 대해 구체적으로 보충, 설명해 주는 성분을 말한다. 주로 **동작이나 변화의 결과, 방향, 정도, 가능, 시간, 장소 등을 보충하고 설명하는 성분**이다. 이를 보충어라고도 하는데, 중국어의 특성을 잘 반영해 주는 독특한 문장 성분으로 우리말에는 이에 상응하는 성분이 없다.

02 보어의 종류

보충하는 의미와 구조상의 특징에 따라 중국어의 보어는 크게 다섯 가지로 분류할 수 있다.

① 결과보어(结果补语)
② 방향보어(趋向补语)
③ 정태보어(情态补语)
④ 가능보어(可能补语)
⑤ 수량보어(数量补语)

03 결과보어(结果补语)

1. 결과보어의 정의

중국어에서는 동작이나 변화를 통하여 어떤 구체적인 결과가 발생했을 때 결과보어를 사용하여 나타낸다. 즉 결과보어란 동작이나 변화의 결과를 나타내는 것으로, 동사 또는 형용사가 결과보어로 쓰인다.

- 형 吃饱了, 喝醉了, 睡好了, 玩腻了
- 동 救活了, 记住了, 打碎了, 学会了

2. 결과보어의 의미

'동사+결과보어' 구조는 위의 표에서 알 수 있듯이 2단계의 의미를 갖고 있다. 예컨대 A의 '吃饱了'는 밥을 먹어서(我吃饭) 배가 부른 것(我饱了)을 말하고, B의 '票买到了'는 표를 사서(买票了) 손에 넣었다는 목적을 달성한 것(票得到了)을 말한다.

다만 A와 B의 차이는 A는 동작을 통하여 사람이나 사물에 어떤 변화나 다른 동작이 발생한 것을 나타내는 것, 다시 말해서 이런 결과보어가 사람이나 사물을 설명하고 있는 반면에, B는 단지 동작만을 설명하고 있다는 점이다. B는 주로 동작의 완결이나 목적 달성의 의미를 나타내는 것으로 어떤 동작이 사람이나 사물에 어떤 결과를 일으켰는지에 대해서는 나타내지 않는다. 다시 예를 들어보면 다음과 같다.

A. 他喝醉了。 그는 술에 취했다.

B. 我借到那本书了。 나는 그 책을 빌렸다.

> **주의** A의 경우 '동사+결과보어' 구조가 뒤에 목적어를 가질 때 그 동사는 주어가 행하는 동작을 말하고, 결과보어는 목적어인 사람이나 사물에 생겨난 변화나 결과를 나타낸다.
>
> • 我救活了他。 나는 그를 구해냈다.
>   → '救'는 내가 한 동작행위를 말하고, 이 동작을 통해 '活'한 결과를 얻은 것은 목적어 '他'이다.
>
> • 他摔伤了腿。 그는 넘어져서 다리를 다쳤다.
>   → '摔'는 그가 한 동작행위를 말하고, 이 동작을 통해 '伤'한 변화가 생긴 것은 목적어 '腿'이다.

3. 결과보어의 문법 특징

1) 동사와 결과보어 사이에 다른 성분을 삽입할 수 없다.

• (×) 吃了饱。 → (○) 吃饱了。
• (×) 看书完, 他就睡觉了。 → (○) 看完书, 他就睡觉了。

2) 결과보어가 있는 문장은 항상 동작의 완료와 실현을 나타내기 때문에 보어 뒤에 항상 동태조사 '了'를 둔다. 그리고 때로는 경험을 강조하는 '过'를 보어 뒤에 둘 수 있다.

- 昨天我在街上遇见了李老师。 어제 나는 길거리에서 우연히 이선생님을 만났다.
- 我从来没做错过事。 나는 지금껏 일을 잘못해 본 적이 없다.

> **주의**
> 다만 동작의 진행이나 상태를 나타내는 '着'는 보어 뒤에 사용할 수 없다.
> - 그의 말은 내가 알아들었다.
>   (×) 他说的话我听懂着。 → (O) 他说的话我听懂了。

3) 부정형식은 술어 앞에 没(有)를 붙인다. → 没 + V + 결과보어

- 吃饱了 → 没吃饱
- 学会了 → 没学会

> **주의**
> 다만 가정의 뜻을 표현할 때는 '不'를 사용한다.
> - 你不说清楚, 我就不让你走。 네가 똑똑히 말하지 않으면 나는 너를 못 가게 할 거야.
> - 你不做完作业, 就别出去玩。 너 숙제 다 하지 못하면 나가 놀지 마라.

4) 의문문은 문장 끝에 '吗'를 사용하거나 긍정부정의문문을 사용해도 된다.

- 기차표 샀어요?
  ① 火车票买到了吗?
  ② 火车票买到了没有?
  ③ 火车票有没有买到?

4. 상용하는 결과보어

아래에서 결과보어로 상용되는 단음절 동사와 형용사의 의미, 그리고 자주 결합하는 동사들을 살펴보기로 하자.

1) 단음절 동사

※ 着 뜻대로 이루어지다, 목적이 달성되다

> 买 / 借 / 捡 / 找 / 猜 + 着(zháo)

- 谜语答案我没猜着。 수수께끼 답을 나는 맞추지 못했다.
- 那把钥匙我最后找着了。 그 열쇠를 나는 결국 찾아냈다.

※ 到

① 동 + 到 + 명(동작의 대상): 동작이 목적에 이르렀거나 어떤 결과를 얻었음을 나타낸다.

> 买 / 看 / 听 / 得 / 找 / 借 / 接 / 收 / 猜 + 到

- 他投了好几次简历，最后终于找到了工作。
  그는 꽤 여러 차례 이력서를 넣었고, 최후에는 마침내 직장을 찾았다.
- 我收到了家里的来信。 나는 집에서 온 편지를 받았다.

② 동 + 到 + 명(처소사): 사람이나 사물이 동작에 의해 어떤 곳에 도달했음을 나타낸다.

> 搬 / 赶 / 爬 / 藏 / 运 / 走 / 翻 / 传 + 到

- 我下班回到了家。 나는 퇴근해서 집으로 돌아왔다.
- 我把她送到了车站。 나는 그녀를 정거장까지 배웅했다.

> **주의** 처소를 나타내는 목적어 뒤에 '来'나 '去'를 붙일 수 있다. '来'가 오면 동작이 화자를 향해서 진행되고 있음을 나타내며, '去'가 왔을 때는 화자에서 멀어지고 있음을 나타낸다.
> - 汉字是什么时候传到韩国来的? 한자는 언제 한국으로 전해져 들어왔죠?
> - 他们一家早就搬到首尔去了。 그들 일가는 벌써 서울로 이사 갔다.

③ 동 + 到 + 명(시간사): 동작이 어떤 시점까지 지속되었음을 나타낸다.

工作/ 学习/ 等/ 推迟/ 持续/ 坚持 + 到

- 昨天作业太多, 我做到夜里两点才做完。
  어제 숙제가 너무 많아서 나는 밤 2시까지 하고서야 다 했다.
- 每个星期天孩子们都睡到上午十点。
  매주 일요일마다 아이들은 오전 10시까지 잔다.

※ 完 끝내다

吃/ 看/ 卖/ 做/ 喝/ 写/ 打 + 完

- 这么多的菜你能吃完吗? 이렇게 많은 음식을 네가 다 먹을 수 있니?
- 那本书已经卖完了。 그 책은 이미 다 팔렸다.

※ 住 고정되어 변하지 않다

拉/ 记/ 抓/ 停/ 站/ 留/ 抱 + 住

- 他拉住我的手, 不让我走。 그는 나의 손을 꽉 잡고 못 가게 했다.
- 那个小偷最后被抓住了。 그 좀도둑은 결국 붙잡혔다.

※ 掉　떠나거나 분리되다

倒/ 卖/ 扔/ 撕/ 丢/ 脱 + 掉

- 我把剩下的菜都倒掉了。　나는 남은 음식을 모두 쏟아 버렸다.
- 韩国人进屋得把鞋脱掉。　한국인들은 집에 들어오면 신을 벗어야 한다.

※ 懂　알다, 이해하다

看/ 听 + 懂

- 你看懂这个问题了吗?　이 문제 보고 이해했나요?
- 上课的内容我没听懂。　나는 수업 내용을 알아듣지 못했다.

※ 见　(시각, 후각, 청각 등으로)느끼다, 대상을 알아보다

看/ 听/ 闻/ 遇 + 见

- 我刚才看见他进办公室了。
  나는 방금 그가 사무실에 들어가는 것을 보았다.

- 他听见了敲门声, 就站起来去开门。
  그는 노크 소리를 듣고 일어나서 문을 열러 갔다.

※ 成　~으로 변하다, ~으로 되다

看/ 翻译/ 变/ 换/ 写/ 改 + 成

- 这本中文小说已经翻译成韩文了。
  이 중국어 소설은 이미 한국어로 번역되었다.

- 几年不见, 她变成大姑娘了。
  몇 년 동안 못 봤는데 그녀는 이미 아가씨로 변했다.

※ 够 만족하다, 충분하다

> 看/ 吃/ 带/ 攒/ 听/ 玩/ 说 + 够

- 我没睡够, 再让我睡一会儿。　나는 충분히 자지 못했으니 나를 조금 더 자게 해줘.
- 买房子的钱我攒够了。　집을 살 돈은 내가 충분히 모았다.

※ 走 떠나다

> 开/ 搬/ 送/ 拿/ 骑/ 飞/ 借 + 走

- 你来晚了, 汽车已经开走了。　네가 늦게 왔어, 버스는 이미 떠나 버렸어.
- 我的自行车他骑走了。　내 자전거는 그가 타고 갔다.

2) 형용사
상용되는 형용사는 모두 결과보어로 쓸 수 있다. 여기서는 대표적인 몇 가지만 예를 들어 보겠다.

※ 好

① 잘 마무리되다, 만족할 정도가 되다

> 拿/ 准备/ 学/ 做/ 说 + 好

- 晚饭做好了吗?　저녁밥이 다 잘 되었니?
- 行李你都准备好了?　너는 짐을 모두 잘 꾸렸니?

② 잘못된 것을 고치고 원래대로 회복하다

> 修/ 治/ 改/ 补 + 好

- 别担心, 你的病一定能治好。　걱정마라. 네 병은 반드시 완치될 수 있다.
- 电脑修好了, 现在可以用了。　컴퓨터가 수리되어 지금 사용해도 된다.

※ 错 틀리다

> 打/ 写/ 听/ 说/ 做 + 错

- 你打错电话了。　너는 전화를 잘못 걸었다.
- 这个字写错了, 你再重新写一遍。　이 글자는 잘못 썼으니, 네가 다시 한 번 써라.

※ 对 정확하다, 맞다

> 猜/ 写/ 做/ 说 + 对

- 答案你猜对了。　답은 네가 맞게 추측했다.
- 这道题你做对了。　이 문제는 네가 맞게 풀었다.

※ 光 아무것도 남아 있지 않다

> 用/ 卖/ 花/ 吃/ 喝 + 光

- 他一个月的工资都用光了。　그의 한 달 월급을 다 써버렸다.
- 这种款式的衣服已经卖光了。　이런 스타일의 옷은 이미 다 팔렸다.

※ 清楚 명확하다, 분명하다

> 听/ 看/ 写/ 说/ 讲/ 解释 + 清楚

- 我没听清楚, 请你再说一遍。
  내가 명확하게 듣지 못했는데 당신이 다시 한 번 얘기해 주세요.

※ 坏 잘못되다, 나쁘게 되다

> 吃/ 弄/ 学/ 摔 + 坏

- 我吃坏肚子了。　나는 잘못 먹어서 설사를 한다.
- 我的电脑被他弄坏了。　내 컴퓨터는 그가 망가뜨렸다.

08 중국어의 보어 I 159

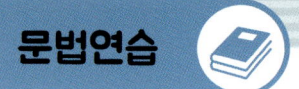

1 제시된 단어를 ABCD 중 가장 적당한 위치에 넣어 보세요.

1. A 昨天我写 B 作业写 C 凌晨 D 两点。　　　　　　　　　　　　　（到）

2. 到底怎么去地铁站 A，B 你问 C 了 D 没有？　　　　　　　　　　（清楚）

3. A 所有的工作完成后，他洗 B 澡 C 就上 D 床睡觉了。　　　　　（完）

4. 她早上起来 A 后，给孩子们做 B 饭 C 就 D 去上班了。　　　　　（好）

5. A 几天的时间，他 B 就把一个月的工资花 C 了 D。　　　　　　（光）

6. 我 A 下了决心，今天晚上 B 写完 C 这份报告，D 我就不睡觉。　（不）

2 아래 문장 중 틀린 부분을 찾아 바르게 고쳐 보세요.

1. 这篇课文我背了好几遍了，我都记了。

2. 一本教材不学完一半，学期就结束了。

3. 我累得要命，洗澡完，就上床睡觉了。

4. 她听自己高考落榜的消息，心里非常难过。

5. 昨天晚上她丈夫到十二点喝酒才回家。

6. 他仔细听见了，里面一点儿声音也没有。

7. 现在经济不景气，大学毕业生很难找了工作。

＊문법연습 정답은 314 페이지에서 확인할 수 있습니다.

작문연습 | 결과보어

1
당신이 그의 사진기를 망가뜨렸으니까 그에게 배상을 해야 한다.

你弄坏了他的照相机, 你得赔他一个。

요점 '망가뜨리다'는 동사 '弄' 뒤에 결과보어 '坏'를 붙이면 된다. '배상해야 한다'는 조동사 '得[děi]'를 사용하여 '得赔'라고 하면 된다.

TIP '그에게 배상해야 한다'라는 문장을 중작할 때 우리는 '你得赔他'라고만 하기 쉽다. 이 문장이 틀렸다라고 할 수는 없지만, 중국인들의 언어 습관에 부합하는 것은 아니라는 사실에 유념하자. 중국인들은 나름대로 구체적인 대상을 설정해 주기를 원한다. 즉 무엇을 배상할 것인가? 바로 망가뜨린 카메라 하나라는 것이다. 그냥 '你得赔他'라고만 하면 모든 것을 배상해야 한다는 느낌이 들기 때문이다. 그러므로 우리들도 중국어로 표현할 때 이 점에 유의하도록 하자.

확인 그는 내 안경을 떨어뜨려 깨뜨려서 나에게 하나를 배상했다.

2
나는 곳곳을 다 찾아봤지만 역시 내 자동차 열쇠를 찾지 못했다.

我每个地方都找了, 也没找到我的车钥匙。

요점 '곳곳을 찾다'는 '每个地方都找了'이라 하고, '찾지 못했다'는 말은 결과보어의 부정인 '没找到'라고 해야 한다.

TIP 이 문장이 내포하는 의미는 모든 곳을 뒤졌지만 결국 찾지 못했다는 것을 말한다. '곳곳을 찾다'라는 표현은 '到处都找了'라고 해도 된다. 만약 '也没找到我的车钥匙' 뒤에 어기조사 '呢'를 넣는다면 '모든 곳을 다 뒤졌는데도 역시 차 열쇠를 찾지 못했네(어쩌지)'라는 어쩔 수 없는 안타까운 심정, 어조를 나타낸다.

확인 나는 꽤 여러 명의 친구들이 나에게 보낸 생일 선물을 받았다.

어휘정리

- 사진기 照相机
- 배상하다 赔

- 안경 眼镜
- 내던지다, 부서지다 摔
- 망가지다, 깨지다 破

- 곳곳, 모든 곳 每个地方, 到处
- 자동차 열쇠 车钥匙

- 생일 선물 生日礼物
- 받다 收到

*작문연습 정답은 314 페이지에서 확인할 수 있습니다.

어휘정리

- 여름방학 暑假
- 생각해 두다 想好

3

너 여름방학 때 여행 갈 거라고 하던데 어디로 갈 건지 생각해 놨니?

听说你暑假要去旅游, 去什么地方想好了吗?

요점 '~라고 하던데'는 '听说'라고 표현하고, '생각해 두다'라는 말은 동사 '想' 뒤에 결과보어 '好'를 붙여 표현한다.

TIP 결과보어의 의문문은 문장 끝에 '吗'나 '没有'를 붙이거나 "有没有想好?"처럼 긍정부정의문문의 형식을 사용해도 된다. 다만 긍정부정의문문을 만들 때 '没有'안에 이미 '了'의 의미가 포함되어 있기 때문에 "有没有想好了?"라고 하면 안 된다.

확인 너 내일 귀국한다고 하던데 짐은 모두 잘 꾸렸니?

- 짐 行李
- 정리하다, 꾸리다 收拾

4

나에게 한마디도 하지 않고 그는 내 책을 가져갔다.

没跟我说一声, 他就把我的书拿走了。

요점 '나에게 한마디 하다'는 전치사 '跟'을 사용하여 '跟我说一声'으로 표현하고, '把'구문을 써서 동사 '拿' 뒤에 결과보어 '走'를 강조한다.

TIP '그는 내 책을 가져갔다'라는 문장만 보면 "他拿走了我的书."라고 할 수도 있다. 그런데 전후 문맥상 그가 말 한마디 없이 내 책을 가져가 버린 결과가 강조되는 문장이므로 '把'구문을 사용하는 것이 좋겠다. 또한 '나에게 한마디도 하지 않다'라는 말을 중작할 때 부정어인 '没'를 동사 앞에 두지 않도록 주의하자. 즉 '跟我没说一声'이라고 하기 쉬운데 반드시 '没跟我说一声'이라고 해야 한다.

- 한마디 하다 说一声
- 가져가다 拿走

확인 어제 내 룸메이트가 내 디지털 카메라를 빌려 갔다.

- 룸메이트 同屋
- 디지털 카메라 数码相机
- 빌려가다 借走

*작문연습 정답은 314 페이지에서 확인할 수 있습니다.

5
기말 시험을 준비하기 위해 그는 어제 새벽 2시까지 공부를 했다.

为了准备期末考试，他昨天学习到凌晨两点。

어휘정리
- ~을 위해 为了~
- 새벽 凌晨

요점 동작이 어느 시점까지 지속되었음을 나타낼 때 보통 '동사+到+시간사' 구조를 사용하여 표현한다.

TIP '새벽 2시까지 공부를 했다'라고 해서 '到凌晨两点学习了'라고 한국말에 중국어 어휘를 대입하는 식으로 번역하면 안 된다.

확인 그는 올빼미여서 매일 새벽 한 시까지 책을 보고서야 잔다.

- 올빼미, 밤샘하는 사람 夜猫子
- 겨우, 비로소 才

6
누군가 그녀의 남편이 중국으로 파견돼서 일한다고 말하는 것을 들었다.

听人说她先生(丈夫)被派到中国工作了。

- 남편 先生, 丈夫
- 파견하다 派

요점 '파견가다'는 动词 '派'와 파견이란 동작의 진행 결과 어떤 곳에 도달했음을 나타내는 결과보어 '到'를 결합시켜 '派到'라고 표현한다.

TIP '派到' 뒤에 '中国'이란 장소를 나타내는 말이 나오므로 이 때에는 '来'나 '去'를 더 첨가할 수 있는데, 여기서는 '去'를 '中国' 뒤에 넣어서 "派到中国去工作了."라고 해도 된다. 또 우리말에서의 '爱人'이 중국어에서는 배우자를 의미하는 뜻으로 사용된다. 남편이 아내를 부를 때 '我的爱人'이라고 하면 '나의 아내'라는 의미가 되고, 아내가 남편을 지칭할 때 '我的爱人'이라고 하면 '나의 남편'이라고 해석된다. 그러므로 위의 문장에서도 '그녀의 남편'이라고 했을 때 '她的爱人'이라고 해도 '그녀의 남편'이라고 이해된다.

확인 그는 택시를 한 대 불러서 환자를 근처 병원까지 바래다주었다.

- 택시 出租车
- ~까지 바래다주다 送到~

*작문연습 정답은 314 페이지에서 확인할 수 있습니다.

어휘정리

- 담배 피우다 抽烟
- (습관을) 기르다 养成

7 담배 피우는 습관을 기르고 나면 나중에 끊어 버리기가 어렵다.

养成抽烟的习惯后，很难戒掉。

요점 '끊어 버리다'는 동사 '戒' 뒤에 결과보어 '掉'를 사용하여 표현한다.

TIP 이 문장을 중작하면 "养成抽烟的习惯, 以后很难戒掉."라는 문장도 생각해 낼 수 있는데, 사실 이 두 문장은 의미상 차이를 가지고 있다. 우선 '养成抽烟的习惯后'에서의 '后(以后의 줄임말)'는 '습관이 되면, 습관이 된 후엔'이란 뜻에 가깝고, "养成抽烟的习惯, 以后很难戒掉."에서의 '以后'는 명사로 사용된 것으로 습관이 되고 '나중에 오랫동안' 끊어버리기가 어렵다는 의미를 나타낸다. 똑같은 '以后'이지만 그것이 출현하는 위치에 따라서 전체 문장의 의미가 달라질 수 있다는 점에 유의하자.

- 헌 옷 旧衣服
- 버리다 扔掉

확인 그만 찾아라, 그다지 자주 입지 않는 그 헌 옷들은 내가 모두 버렸다.

✏️ ....

8 내가 사러 갔었지만 입장권이 모두 다 팔려서 사지 못했다.

我去买了，可是门票都卖光了，所以没买着(到)。

- 입장권 门票
- 다 팔리다 卖光

요점 '다 팔리다'는 동사 '卖' 뒤에 아무것도 남아 있지 않은 결과를 나타내는 형용사 '光'을 두어 '卖光'이라고 표현하고, '사지 못했다'라는 것은 결국 표를 사는 목표를 달성하지 못했기 때문에 결과보어 '着(zháo)'나 '到'의 부정형을 사용하여 표현하면 된다.

TIP '~했지만 ~여서'라고 해석된 부분 속에 숨어 있는 역접과 원인결과의 의미상의 관계를 나타내는 접속사들을 적절하게 사용할 줄 알아야 한다. 참고로 중국어에서 역접을 나타내는 말에는 크게 '但是', '可是', '不过'가 있는데, 역접의 강도에 따라 가장 강한 말이 '但是'이고 그 다음이 '可是', 가장 약한 역접을 나타내는 것이 '不过'이다. 그럼 중국인들이 가장 다용하는 것은 무엇일까? 바로 '不过'이다. 중국인들은 완곡하게 말하는 습관이 있는 민족이므로 완곡한 역접을 다용하는 것은 당연한 일이라고 할 수 있다.

- 신분증 身份证
- 결국 结果

확인 나는 기차표를 사러 갔지만 신분증을 가지고 있지 않아서 결국 사지 못했다.

✏️ ....

*작문연습 정답은 314 페이지에서 확인할 수 있습니다.

중국 광고 속 결과보어 이야기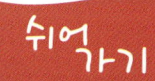

⭐ 중국 현지 광고를 통해 현장감 넘치는 중국어 결과보어 표현을 배워 봅시다.

V+到

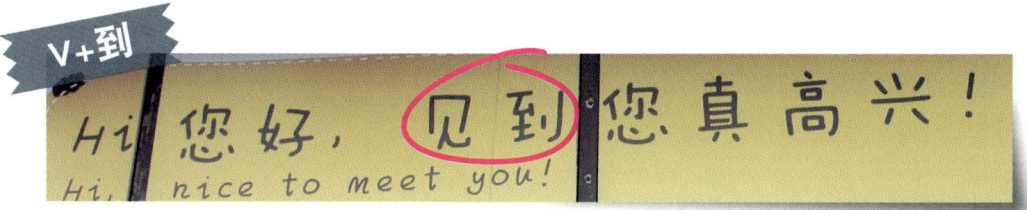

➡ 안녕하세요, 당신을 만나 뵙게 되어 정말 반갑습니다!

V+到

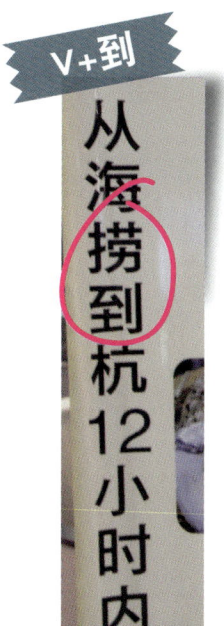

➡ 바다에서 항주(杭州)로 잡아온 지 12시간도 채 지나지 않았습니다.

V+好

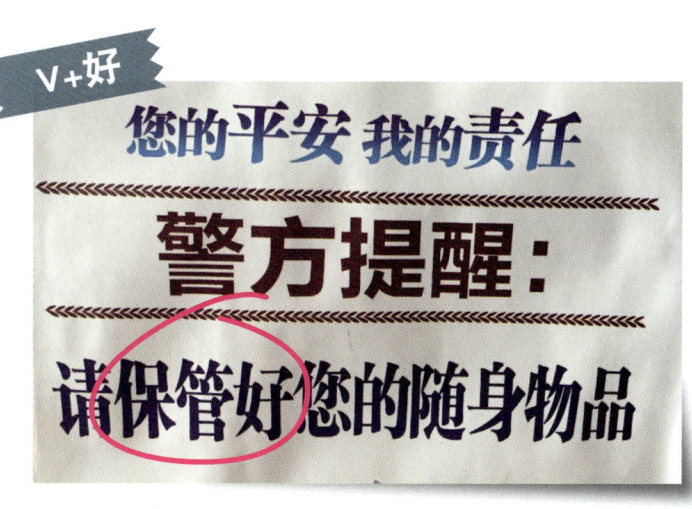

➡ 당신의 휴대품을 잘 보관하시기 바랍니다.

V+好

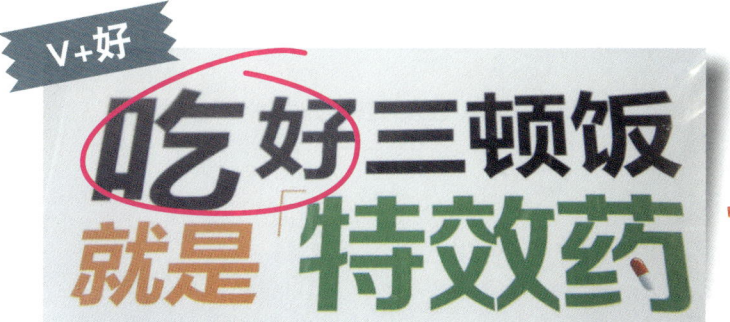

➡ 세끼 식사를 잘 하는 것이 바로 '특효약'입니다.

핵심문법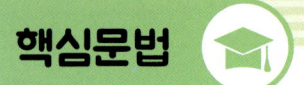

04 방향보어(趋向补语)

1. 방향보어의 정의

방향보어는 동작의 방향을 나타내는 것으로 방향동사가 다른 술어동사 뒤에 사용되어 방향보어로 쓰인다.

$$V + 방향동사$$

여기서 방향동사란 의미상 동작의 방향을 나타내는 동사를 말한다. 우선 방향동사에 어떤 것들이 있는지 살펴보기로 하자.

1) 방향동사의 종류

① 단순방향동사: 하나의 방향동사로 구성된 것으로, 다시 A류와 B류로 분류할 수 있다. A류는 B류 뒤에 결합되어 복합방향동사를 구성할 수 있는 것이 특징이다.

② 복합방향동사: 두 개의 단순방향동사가 결합된 것을 말한다. A류는 B류 뒤에 결합되어 복합방향동사를 구성할 수 있다.

ex) 上来, 下去, 回来, 出去, 起来, 进去, 过去, 开来

방향동사는 단순, 복합에 상관없이 모두 독립적으로 술어동사로 사용될 수 있는 것이 특징이다.

- 我以前**来**过这儿。 나는 전에 여기에 온 적이 있다.
- 他打算下星期**回**韩国。 그는 다음 주에 한국에 돌아갈 작정이다.

2) 방향보어의 종류

모든 방향동사는 다른 술어동사 뒤에서 방향보어로 사용될 수 있다. 따라서 방향보어 역시 단순방향보어와 복합방향보어 두 가지로 분류할 수 있다.

① 단순방향보어 : 단순방향동사가 다른 술어동사 뒤에 사용되어 하나의 동작 방향을 나타내는 것을 말한다.

> V + 来, 去, 上, 下, 进, 出, 回, 过, 开, 起

- 我从家里带**来**一些吃的。 나는 집에서 먹을 것을 가지고 왔다.
- 他抬**起**头, 看了我一眼。 그는 머리를 들고 나를 흘깃 한번 봤다.

② 복합방향보어: 복합방향동사가 다른 술어동사 뒤에 사용되어 두 가지의 동작 방향을 나타내는 것을 말한다.

> V + 上来, 上去, 下来, 下去, 进来, 进去……

- 这些礼物我不能收, 你拿**回去**吧。
  이 선물들을 나는 받을 수 없으니 네가 가지고 돌아가라.

3) 방향보어 일람표

	上	下	进	出	回	过	开	起
来	上来	下来	进来	出来	回来	过来	开来	起来
去	上去	下去	进去	出去	回去	过去	开去	-

2. 방향보어의 의미

방향보어가 나타내는 의미에는 방향보어로 사용되는 방향동사가 원래 가지고 있는 의미인 동작의 방향, 혹은 동작의 이동방향을 나타내는 **기본 의미**가 있고, 이 기본 의미에서 파생된 **확장 의미**가 있다. 이 확장 의미는 방향보어로 사용되는 방향 동사가 가지고 있는 '동작의 방향'과 전혀 관련성이 없는 것으로 주로 결과나 상태를 나타내는 추상화되고 파생된 의미들이다.

1) 기본 의미

※ 단순방향보어: 하나의 방향을 나타내는 보어이다.

① 来: 말하는 사람을 기준점으로 하여 사람이나 사물이 말하는 사람 쪽으로 이동하는 방향을 나타낸다.

- 我从朋友那儿借来一本小说。 나는 친구로부터 소설책 한 권을 빌려왔다.

| 소설책 |
| 나 ←…… 친구 |

'借'라는 동작을 통해서 소설책이 화자인 '나'에게로 가까이 이동하고 있음을 방향보어 '来'를 통해서 보충 설명해 주고 있다.

② 去: 말하는 사람을 기준점으로 사람이나 사물이 말하는 사람으로부터 멀어져 가는 방향을 나타낸다.

- 他给老师送去一盒蛋糕。 그는 선생님께 케이크 한 상자를 보냈다.

| 케이크 |
| 그 ……→ 선생님 |

'送'이라는 동작을 통해 화자인 '그'로부터 케이크가 선생님 방향으로 멀어지고 있음을 '去'를 사용하여 보충 설명해 주고 있다.

③ 上: 사람이나 사물이 낮은 곳에서 높은 곳으로 이동하는 방향을 나타낸다.

- 他爬上山顶大声地喊。 그는 산꼭대기에 기어 올라가서 큰 소리로 외친다.

| 산꼭대기 |
| ↑ |
| 산 아래 |

'他'가 '爬'라는 동작을 통해 산꼭대기라는 높은 곳으로 이동했음을 '上'이란 방향보어를 사용하여 설명해 주고 있다.

④ 下: 사람이나 사물이 높은 곳에서 낮은 곳으로 이동하는 방향을 나타낸다.

- 他跳下汽车就跑。 그는 차에서 뛰어내리자마자 달린다.

> 차 위
> ↓
> 차 아래

'他'가 '跳'라는 동작을 통해 차 위에서 차 아래로 이동했음을 '下'라는 방향보어를 사용하여 설명해 주고 있다.

⑤ 进: 밖에서 안으로 이동하는 방향을 나타낸다.

- 他怀着紧张的心情走进考场。
  그는 긴장한 마음으로 시험장으로 걸어 들어갔다.

  → '进'을 통해 '他'가 밖에서 시험장 안으로 이동한 방향을 나타내고 있다.

⑥ 出: 안에서 밖으로 이동하는 방향을 나타낸다.

- 他从冰箱里拿出一听可乐递给我。
  그는 냉장고에서 콜라 한 캔을 꺼내어 나에게 건네주었다.

  → '出'을 통해 콜라 한 캔이 냉장고 안에서 밖으로 옮겨진 방향을 나타내 주고 있다.

⑦ 回: 사람이나 사물이 원래 있던 곳으로 돌아가는 경우에 쓰인다.

- 晚上他开车把我送回了家。
  밤에 그가 차를 몰아 나를 집에까지 바래다 주었다.

  → '家'는 '我'가 원래 있던 곳을 말하므로, 그곳으로 돌아가는 방향을 '回'를 사용하여 나타내 주고 있다.

⑧ 过: 어떤 지점 또는 그 부근을 통과하거나 경과하는 것 또는 한 지역에서 다른 지역으로 이동할 때 사용한다.

- 穿过马路, 就有一个书店。
  길을 가로지르면 서점이 하나 있다.

  → '马路'를 기점으로 그곳을 지나가는 이동방향을 '过'를 통해 나타내고 있다.

⑨ 开: 사람이나 사물이 어떤 지점에서 멀어지는 것을 나타낸다.

- 他一扭身就跑开了。
  그는 몸을 돌려 달려가 버렸다.

⑩ 起: 낮은 곳에서 높은 곳으로 이동하는 방향을 나타낸다. '起'는 의미상 '上'과 비슷하지만, '上'이 뒤에 도달점을 나타내는 장소명사를 동반하는 것과 달리 '起' 뒤에는 장소명사가 따라올 수 없다.

- 他站起身, 向门外走去。
  그는 몸을 일으켜 세우고 문밖으로 걸어 나갔다.
  → '站'이란 동작에 따라 몸이 아래에서 위쪽으로 이동하는 방향을 '起'를 통해 설명해 주고 있다.

※ 복합방향보어: 두 가지 방향을 나타내는 보어이다.

두 개의 단순방향동사가 결합되어 사용된 보어이므로 그것이 나타내는 의미 역시 각각의 단순방향보어가 나타내는 의미가 결합된 것이다. 예를 들면 다음과 같다.

- 搬进来。 이사 들어오다.
  → 进来 = 进(밖 → 안) + 来(화자 위치에서 먼 곳 → 가까운 곳)
  우리말로도 '들어오다'라고 번역되며, 공간 이동에 있어서의 두 방향을 다 나타내고 있다.

- 走下来。 걸어 내려오다.
  → 下来 = 下(높은 곳 → 낮은 곳) + 来(화자 위치에서 먼 곳 → 가까운 곳)
  우리말로도 '내려오다'라고 번역되며, 공간 이동에 있어서 '下来'가 각각 나타내고 있는 두 방향이 모두 표현되고 있다.

 기타 복합방향보어 '上来, 上去, 下来, 下去, 进去, 出来, 出去' 등이 나타내는 의미도 동일한 맥락에서 이해하면 된다.

2) 확장 의미

　　방향보어의 기본의미에서 파생된 의미를 말하는 것으로, 각각 **동작의 이동 방향을 나타내는 본래 의미에서 추상화되고 확대된 의미**를 나타낸다. 이 확장 의미는 방향보어에서도 활발하게 사용되고 있기 때문에 잘 익힐 필요가 있다. 아래에서는 상용도가 높은 몇 가지 방향보어의 확장 의미를 중점적으로 살펴보기로 하자.

※ 단순방향보어의 확장 의미

　① 동사 + 上

　　a. 목표에 도달하는 것을 나타낸다.

　　　· 他孩子考上了首尔大学。　그의 아이는 서울대학교에 합격했다.

　　b. 떨어져 있는 두 물건이 합쳐지는 것을 나타낸다.

　　　· 请大家把书合上。　모두들 책을 덮으세요.

　② 동사 + 下

　　a. 정지의 의미를 나타낸다.

　　　· 停下脚步，看看周围的风景。　발걸음을 멈추고, 주변의 경치를 둘러본다.

　　b. '남겨두다'라는 뜻을 나타낸다.

　　　· 这件事给我留下了深刻的印象。　이 일은 나에게 깊은 인상을 남겨 주었다.

　　c. 어떤 사물이 분리되어 이탈함을 뜻한다.

　　　· 他摘下帽子, 放在桌子上。　그는 모자를 벗어서 탁자 위에 놓았다.

　　d. 일정한 수량을 수용할 수 있는 것을 나타낸다.

　　　· 这个会场很大，能坐下一百多人。
　　　　이 회의장은 아주 커서 백 명이 넘는 사람들이 앉을 수 있다.

③ 동사 + 出

새로 나타나거나 출현한 것을 표시한다.

· 公司又开发出一种新产品。 회사가 또 새로운 제품을 개발했다.

④ 동사 + 起

어떤 일을 시작하는 것을 나타낸다.

· 大家唱起了歌, 跳起了舞。 모두들 노래를 부르기 시작하고, 춤을 추기 시작했다.

※ 복합방향보어의 확장 의미

下去 & 下来

① 동사/형용사 술어 + 下去

a. 동작이나 상태가 계속 진행되거나 존재한다.

· 你讲得不错, 继续讲下去吧。 잘 얘기했어, 얘기를 계속해 봐.

· 你们俩的关系能这样一直好下去吗?
너희들의 관계가 이렇게 계속 좋게 유지될 수 있겠니?

 'V下去'는 미래 상황을 나타내기 때문에 동태조사 '了'와 함께 사용할 수 없다.

b. 동작 결과가 위에서 아래까지 실행된다. 말하는 사람은 윗사람이다.

· 今天必须把这件事传达下去。
오늘은 반드시 이 일을 아랫사람에게 전달해야겠다.

② 동사/형용사 술어 + 下来

    a. 사물을 고정시켜 다시 움직이거나 변화되지 않게 한다.

       · 他就在朋友家住下来了。 그는 그냥 친구 집에서 머무르게 되었다.

    b. 어떤 사물이 분리되어 이탈하다.

       · 快把湿衣服脱下来。 빨리 젖은 옷을 벗어라.

       → 주로 '脱, 撕, 摘, 拔, 割, 拆, 剪' 등의 동사가 '下来'와 자주 함께 사용된다.

    c. 동작이 과거에서 지금까지 지속되는 것

       · 这是我们的祖先流传下来的。 이것은 우리 조상들이 전해온 것이다.

       → 주로 '坚持, 流传, 保存, 留, 传' 등의 동사가 '下来'와 자주 함께 사용된다.

    d. 어떤 상태가 나타난 후 점점 발전하여 강한 상태에서 약한 상태로 변화하는 추세를 나타낸다.

       · 教室里开始安静下来了。 교실이 조용해지기 시작했다.

       → 여기에 쓰이는 술어는 모두 형용사이며 주로 '暗, 黑, 冷, 安静' 등이 있다.

    e. 동작의 결과가 위에서 아래까지 영향을 미치며, 말하는 사람은 아랫사람이다.

       · 工作已经分配下来了, 我们开始干吧。
         일은 이미 분배되었으니 우리 시작하죠.

上去 & 上来

① 동사 술어 + 上去

    a. 동작은 아랫사람이 윗사람에게 하는 것이며, 말하는 사람은 아랫사람이다.

       · 我们的意见已经反映上去。 우리들의 의견은 이미 윗사람에게 반영되었다.

b. 동작의 결과는 낮은 수준에서 높은 수준으로 향상시키는 것을 나타내고, 아직 실현하지 못한 것을 말한다.

- 我希望我的汉语水平也能提高上去。
  나는 나의 중국어 수준도 향상시킬 수 있기를 바란다.
  → 동사 앞에 항상 '要, 希望, 一定' 등을 사용하고, 동사 뒤에는 동태조사 '了'를 사용하면 안 된다.

② 동사 술어 + 上来

a. 동작의 결과는 아랫사람에서 윗사람에게 미치며, 말하는 사람은 윗사람이다.

- 下课后, 请大家把作业交上来。 수업이 끝난 후에 여러분 숙제를 좀 내세요.

b. 동작의 결과는 낮은 수준에서 높은 수준으로 올라가며, 이미 실현된 것이다.

- 经过努力, 他的学习成绩跟上来了。
  노력을 통해서 그의 학습 성적은 따라왔다.

过去 & 过来

① 동사 술어 + 过去

a. 좋거나 정상적인 상태에서 나쁘거나 이상한 상태로 변화된 의미를 나타낸다.

- 她受到惊吓以后, 晕了过去。 그녀는 크게 놀란 후 정신을 잃었다.
  → 여기에 쓸 수 있는 동사는 단지 '昏, 死, 睡, 晕' 등 몇 개뿐이다.

② 동사/형용사 술어 + 过来

a. 사람이나 사물이 나쁘거나 비정상적인 상태에서 좋거나 정상적인 상태로 돌아온 것을 나타낸다.

- 经过几个小时的抢救, 他终于醒过来了。
  몇 시간 동안 응급 처치를 한 다음 그는 마침내 깨어났다.
  → 자주 쓰는 동사나 형용사는 '醒, 好, 活, 缓, 改(正), 恢复, 抢救, 纠正, 觉悟' 등이다.

b. 상태가 어렵게 완성된 것을 나타낸다.

- 那么穷的日子, 我总算熬过来了。　그렇게 가난한 날을 나는 결국 견뎌냈다.

　→ 자주 쓰는 동사로는 '挨, 忍, 扛, 挺, 对付, 挣扎' 등이 있다.

c. 다른 곳에서 지금 있는 곳으로, 아니면 다른 상황에서 지금 상황으로 바뀐 것을 나타낸다.

- 我刚从别的单位调过来。　나는 막 다른 직장에서 옮겨 왔다.

出去 & 出来

① 동사 술어 + 出去

동작의 결과가 실현된 것을 나타낸다. 결과는 주로 내부에서 외부로, 비밀에서 공개적으로, 소수 사람에서 다수 사람에게로 나타난 것을 말한다.

- 那套房子卖出去了吗?　그 집은 팔려 나갔나요?
- 这个机密不能泄露出去。　이 기밀은 새 나가면 안 된다.

　→ 자주 쓰는 동사에 '传, 卖, 漏, 闹, 销售, 宣传, 公布, 泄露' 등이 있다.

② 동사 술어 + 出来

a. 동작을 통해서 발견하고, 식별해 내는 것을 나타낸다.

- 好几年没见, 我没认出他来。　몇 년 동안 못 봤더니 나는 그를 알아보지 못했다.
- 我没找出错误来。　나는 잘못을 찾아내지 못했다.

　→ 자주 쓰는 동사는 '听, 看, 认, 查, 识别, 辨别, 辨认' 등이 있다.

b. 결과가 생기거나 나타난 것, 없는 상태에서 있는 상태로 된 것을 말한다.

- 我想出来一个好主意。　나는 좋은 아이디어를 생각해 냈다.

　→ 자주 쓰는 동사는 '传, 弄, 编, 排, 印, 想, 写, 研究, 清理, 设计' 등이 있다.

起来

※ 동사/형용사 술어 + 起来

　a. 동작이나 상태가 시작된 것을 나타낸다.

　　· 吃了午饭, 他开始打起盹儿来。　점심을 먹은 후 그는 졸리기 시작했다.

　b. 사물이 분산된 상태에서 집중된 상태가 된 것을 나타낸다.

　　· 快把桌上的东西收拾起来。　빨리 탁자 위의 물건들을 챙겨라.
　　→ 자주 쓰는 동사로는 '存, 捆, 收, 攒, 包, 扎, 堆, 收集, 汇集, 收拾' 등이 있다.

　c. 일부 동사 뒤에 사용되어 '~해보면'의 의미를 나타낸다.

　　· 很多事说起来容易, 做起来难。　많은 일들은 말하기는 쉽지만, 하기가 어렵다.
　　→ 자주 쓰는 동사에 '想, 谈, 算, 看, 用, 说, 回忆' 등이 있다.

3. 방향보어의 문법 특징

1) 방향보어와 목적어의 위치

※ 단순방향보어와 목적어의 위치

① B류(上, 下, 进, 出, 回, 过, 开, 起)가 단순방향보어로 사용되면 목적어가 무엇이든 보어 뒤에 놓는다.

V + B류 보어 + 목적어

· 他从包里取出一张照片给我看。
그는 가방에서 사진 한 장을 꺼내 나에게 보여 주었다.

· 他父亲给他留下一套房子。
그의 아버지는 그에게 집 한 채를 남겨 주셨다.

② A류(来, 去)가 단순방향보어로 사용될 때는 목적어의 종류에 따라 그 위치가 다르다.

   a. 목적어가 장소를 나타내는 말일 때, 보어 앞에 둔다.

        `V + 장소목적어 + A류 보어`

- 快下楼去吧, 她在楼下等你。
  빨리 내려가 봐, 그녀가 건물 아래에서 너를 기다리고 있어.

- 外边冷, 快进屋来。
  밖은 추우니까 빨리 방으로 들어와.

⟶ V가 B류 동사일 때, 예를 들면 '上来, 下去, 回来' 등은 복합방향동사로 보기도 하고 '단순방향동사 + 단순방향보어'로 구성된 '술보' 구조로 보기도 한다. 어느 것으로 처리하든 목적어가 장소를 나타내는 것이면 이 둘 사이에 나와야 한다.

   b. 목적어가 非 장소(사람이나 사물, 즉 일반 명사)를 나타내는 말일 때, 보어 뒤에 둔다.

        `V + A류 보어 + 非 장소목적어`

- 我买来一件新衣服, 你看漂亮不漂亮?
  내가 새 옷을 사왔는데 네가 보기에 예쁘니?

- 我们学校请来一位汉语老师。
  우리 학교에서는 중국어 선생님 한 분을 초청해 왔다.

③ 명령문에서는 목적어를 보어 앞에 놓는다.

- 倒水来! 물 따라와!
- 拿钱来! 돈 가져와!

※ 복합방향보어와 목적어의 위치

① 목적어가 장소를 나타내는 말일 때, 복합방향보어 사이에만 올 수 있다.

- 她走进商场里去了。 그녀는 상점으로 걸어 들어갔다.
- 把孩子送回家去了。 아이를 집으로 바래다주었다.

② 목적어가 非장소(일반 명사, 사람이나 사물)일 때, 주로 복합방향보어의 사이 또는 뒤에 올 수 있다.

- 从外边走进来一个人。 밖에서 한 사람이 걸어 들어온다.
  → '走进一个人来' 라고도 할 수 있다.

> **주의**
> 목적어가 복합방향보어 앞에 나타나는 경우도 종종 있다.
> - 扔一根绳子下去。 줄 하나 밑으로 던져라.
> - 从我们的队伍里拉一些人出去。 우리 부대에서 일부 사람들을 끌고 나간다.
> - 拿一张纸出来! 종이 한 장을 꺼내라!
> ⋯→ 이 어순은 '祈使'의 의미를 내포하는 경향이 있어서 사용 빈도가 그다지 높지 않다.

③ 주요 동사가 离合动词라면 목적어는 복합방향보어 사이에 둔다.

- 老师一走, 他们就说起话来。 선생님이 가시자 그들은 곧 떠들기 시작했다.
- 他这才放下心来。 그는 이제야 안심했다.
- 吃完饭, 他就抽起烟来。 밥을 다 먹고 그는 곧 담배를 피우기 시작했다.

2) 단순, 복합방향보어 모두 '没(有)'로 부정한다.

- 他没留下一句话就走了。 그는 한마디 말도 안 남기고 그냥 가 버렸다.
- 最后我没认出他来。 결국 나는 그를 알아보지 못했다.

> **주의** 다만 조건문에서는 모두 '不'로 부정한다.
>
> · 只要你不离开我就行。 단지 당신이 내 곁을 떠나지 않으면 돼요.
> · 你不把课文背下来, 你就不能回家。 본문을 외우지 않으면 너는 집에 돌아갈 수 없다.

문법연습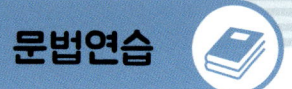

1 아래 제시된 단어 중 가장 알맞은 것을 선택하여 빈칸을 채워 보세요.

1. 你赶快把文件整理 _____ ，交给经理。　　　　　（出来、过来）

2. 答应 _____ 的事情一定要尽量去做。　　　　　　（下去、下来）

3. 这么耽误 _____ ，什么时候能完成呢？　　　　　（下去、下来）

4. 她开始还好好的，说着说着就哭了 _____ 。　　　（起来、过来）

5. 听了他的一番话，我才明白 _____ 是怎么回事。　（过来、过去）

6. 你还是说实话吧，不要以为这事能瞒 _____ 。　　（过来、过去）

2 아래 문장 중 틀린 부분을 찾아 바르게 고쳐 보세요.

1. 下课以后我要回去宿舍拿些东西。

2. 他一唱完歌，大家就鼓掌起来。

3. 别放弃，你应该继续坚持下来。

4. 他从包里拿过来一本杂志让我看。

5. 十几年没联系，她叫什么我都想不出来了。

6. 小明在外边喊："天气真不错，快出去玩吧。"

＊문법연습 정답은 314 페이지에서 확인할 수 있습니다.

작문연습 | 방향보어

1 **오늘은 중국어 사전을 가지고 왔니?**

今天你把汉语词典带来了没有？

요점 '가지고 오다'는 '带来'로 한다. 주로 把字句를 사용한다.

TIP 만일 "오늘 중국어 사전 가지고 왔니?"라고 물으면, 즉 "오늘은 중국어 사전을 가지고 왔니?"처럼 특별히 중국어 사전을 가져온 사건을 강조하는 물음이 아니라면 "今天你带汉语词典来了没有？"라고 물어도 무난하다.

확인 이 돈들은 모두 내가 아주 고생스럽게 아르바이트를 해서 벌어 온 것이다.

2 **여행 시간과 노선은 아직 정하지 않았다.**

旅行的时间和路线还没定下来。

요점 '정하다'는 '定下来'를 사용하여 표현한다. '아직~하지 않았다'는 '还没'를 동사 앞에 놓아 표현한다.

TIP "旅行的时间和路线我还没定。"이라는 문장 역시 "여행 시간과 노선은 아직 정하지 않았다."라고 해석된다. 다만 '还没定'은 단순하게 정하지 않은 상태를 서술하는데 비해 '还没定下来'는 '아직 정해지지 않았다'라는 아직 확정되지 않았음을 나타내는 것이다. 이 둘은 한국어로는 동일하게 해석되는 부분이 있으므로 각각의 차이에 유의하여 이해해 두어야 한다.

확인 무슨 전공을 선택해야 하는지 나는 아직 정하지 않았다.

어휘정리

- 중국어 사전 汉语词典

- 아르바이트 打工
- 벌다 挣

- 노선 路线
- 정하다 定

- 전공 专业
- 선택하다 选

*작문연습 정답은 315 페이지에서 확인할 수 있습니다.

어휘정리

- 서둘러 赶快
- 아내 妻子

3 방금 당신 아내가 전화를 걸어 왔는데 당신더러 서둘러 집으로 가라고 했어요.

刚才你妻子打来电话，让你赶快回家去。

요점 '집으로 가다'는 '回去'로 하고 '家(집)'가 장소이므로 방향보어 '去' 앞에 놓아야 한다.
TIP '집으로 가다'라고 해서 '去家'라고 하는 법이 없다. '집'은 우리들이 돌아가야 할 곳을 의미하므로 집과 함께 사용되는 동사에 '去'가 아닌 '回'를 쓴다.

- 회의장 会场
- 걸어 들어오다 走进来

확인 회의한 지 30분이나 되어서야 그는 비로소 회의장으로 걸어 들어왔다.

✏️ _____

4 그는 외국어를 배우면 자주 밥 먹는 것조차 잊어버려요.

- 외국어 外语
- 조차 连~也

他学起外语来，常常是连饭也忘了吃。

요점 '~를 배우면'은 '学起来'를 써서 표현하면 되고, '外语'는 '来' 앞에 놓는다. '밥 먹는 것조차 잊어버렸다'는 '连~也' 문형을 사용한다
TIP '자주(늘)'은 '常常'만을 사용해도 되지만 뒤에 '是'를 덧붙여 '常常是'라고 함으로써 '자주(늘)'이란 어기를 강화시켰다. 이런 용법에 '总是, 老是' 등이 있다. 또한 '밥 먹는 것조차 잊어버렸다'라는 부분은 '连吃饭也忘了'라고 직역해도 별 차이가 없다.

- 끝이 없다 没完没了

확인 축구에 대해 말하기 시작하면 그의 말은 끝이 없다.

✏️ _____

*작문연습 정답은 315 페이지에서 확인할 수 있습니다.

5 이렇게 뾰족한 산도 당신이 올라갈 수 있어요?

这么陡的山, 你也能爬上去吗?

요점 '산에 올라가다'는 동사 '爬' 뒤에 방향보어 '上去'를 붙여 표현한다.

TIP 만약 어떤 사람이 이미 산꼭대기 위에 오른 후에 아래에 있는 사람에게 이런 말을 한다면 '爬上去'대신에 '爬上来'라고 하면 된다.

확인 나의 짐이 너무 무거운데 나를 도와 짐을 들어 내릴 수 있나요?

어휘정리
- 뾰족하다 陡
- 무겁다 沉, 重
- 들어 내리다 拿下来

6 어젯밤에 아이가 갑자기 열이 나서 그를 응급실로 보냈다.

昨晚孩子突然发起烧来, 就把他送到了急诊室。

요점 '~하기 시작하다'는 동사 뒤에 '起来'를 사용한다. '发烧'는 离合动词이므로 '烧'를 복합방향보어 '起来' 중간에 놓아야 한다.

TIP 어떤 이들은 '送到了急诊室'의 '到' 역시 방향보어로 보기도 하는데, 여기서의 '到'는 응급실까지 호송한 동작이 달성되고 이루어졌음을 나타내고 있기 때문에 방향보어라기보다는 '결과보어'로 보는 것이 더 좋을 것 같다.

확인 저녁을 먹고 그는 TV를 켜서 스포츠 프로그램을 보기 시작했다.

어휘정리
- 갑자기 突然
- 열이 나다 发烧
- 응급실 急诊室
- 스포츠 프로그램 体育节目

＊작문연습 정답은 315 페이지에서 확인할 수 있습니다.

어휘정리

- 성과 成果
- 믿다 相信

7 계속 연구하면 반드시 성과가 있으리라고 믿는다.

继续研究下去, 我相信一定会取得成果的。

요점 동사 뒤에 방향보어 '下去'를 사용하여 '계속~하다'라는 뜻을 표현한다. 그리고 확신에 찬 추측을 나타내는 '会~的'를 사용한다.

TIP 지금까지도 어떤 동작이 되어 왔고 계속적으로 이 동작이 지속됨을 말할 때 'V下去' 구조를 사용하여 표현한다. 이 구조는 '동작의 지속됨, 계속됨'을 강조하고 있기 때문에 지속이나 계속을 나타내는 부사어 '继续, 一直' 등과 자주 함께 사용된다. 역으로 앞에 이런 부사어가 나오면 뒤에 나오는 방향보어는 '下去'구나라고 생각해도 무리가 없다.

- 끊다. 중단하다 打断

확인 그는 매우 재미있게 말을 하니 끊지 말고 계속 말하게 해라.

- 마침내 终于
- 해결하다 解决

8 그는 마침내 이 문제를 해결할 방법을 생각해냈다.

他终于想出来解决这个问题的方法。

요점 '생각해 내다'는 동사 '想' 뒤에 '出来'를 붙여서 표현하면 된다.

TIP '想出来'가 목적어를 취할 때 원래는 '想出来+목적어'구조이나 '想出+목적어+来'구조를 사용할 수 있다. 그런데 이 문장의 목적어처럼(解决这个问题的方法) 비교적 긴 것이 나오면 '想出来+목적어' 구조를 다용한다.

- 초등학교 동창 小学同学
- 알아내다 认出来

확인 그는 마침내 그 여자애가 자기의 초등학교 동창인 것을 알아냈다.

＊작문연습 정답은 315 페이지에서 확인할 수 있습니다.

중국 광고 속 방향보어 이야기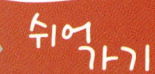

⭐ 중국 현지 광고를 통해 현장감 넘치는 중국어 방향보어 표현을 배워 봅시다.

V+上

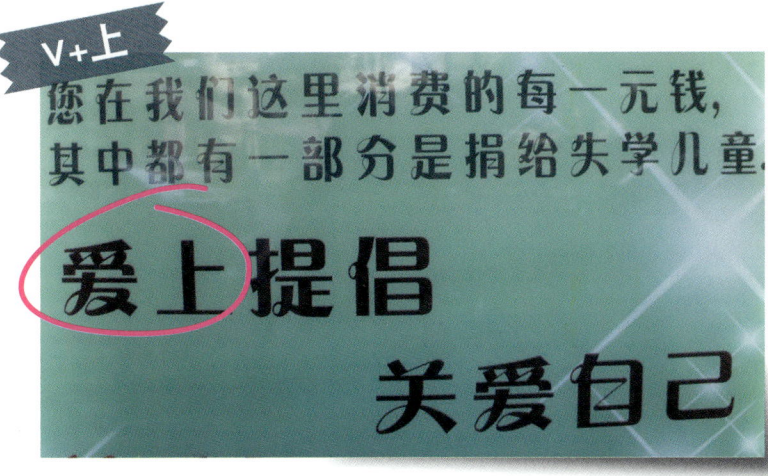

➡️ 당신이 여기서 1위안을 소비할 때마다 그중 일부를 배움의 기회를 잃은 아동에게 기부합니다.

➡️ 널리 제창하는 것을 사랑하는 것은, 자기 자신을 사랑하는 것입니다.

V+出来

구운 것이 더 맛있습니다! ➡️

V+起

➡️ 환경보호, 나부터 시작하자

08 중국어의 보어 Ⅰ 185

09 중국어의 보어 II

정태보어
1. 정태보어의 정의
2. 정태보어의 의미
3. 정태보어의 문법 특징

가능보어
1. 가능보어의 정의
2. 가능보어의 의미
3. 가능보어의 세 가지 형식
4. 가능보어의 문법 특징
5. 상용하는 가능보어

수량보어
1. 수량보어의 정의
2. 수량보어의 위치
3. 수량보어의 두 가지 형식:
   동량보어 & 시량보어

핵심문법

01 정태보어(情态补语)

1. 정태보어의 정의

정태보어는 동사나 형용사 뒤에 사용되어, 술어인 동사나 형용사가 나타내는 **동작이나 행위, 상태에 대해서 한층 더 상세하고 구체적으로 설명**해 주는 것을 말한다. 주로 동사 혹은 형용사 뒤에 '得'를 사용하며, 주요 형식은 '**동사/형용사＋得＋정태보어**'이다.

- 他唱了一首歌, 唱得很好。 그는 노래 한 곡을 불렀는데, 아주 잘 불렀다.
- 她紧张得说不出话来。 그녀는 긴장해서 말도 안 나온다.

2. 정태보어의 의미

정태보어가 나타내는 의미에 따라 정태보어를 아래의 크게 두 가지로 분류할 수 있다.

1) 정도를 나타내는 것

형용사나 심리동사 뒤에 사용되어 상황이나 상태의 정도가 어떠한지를 보충 설명해 준다.

① '极, 透, 死, 坏' 등을 보어로 하고 보어 앞에는 '得'를 쓰지 않고 보어 뒤에 '了'를 써야 한다.

> **형용사/심리동사 ＋ 极, 透, 死, 坏＋ 了**

- 和男朋友分手了, 她心里难过极了。
  남자친구와 헤어져서 그녀는 마음이 대단히 괴롭다.
- 这件事麻烦透了。 이 일은 무지하게 번거롭다.

 이런 류의 보어는 정태보어를 이끄는 표시 기능을 하는 구조 조사 '得'를 사용하지 않는다는 점에 유의하자.

> **참고**
> 이상의 네 가지 '极, 透, 死, 坏'와 자주 결합되는 형용사와 심리동사에는 다음과 같은 것들이 있다.
>
> 热, 贵, 冷, 脏, 难, 漂亮, 方便, 舒服, 伤心, 开心 + 极了
> 糟, 坏, 恨 + 透了
> 饿, 渴, 累, 气, 疼, 急, 忙 + 死了 / 坏了

② '很, 要命, 不得了, 要死, 不行, 厉害' 등을 보어로 하고 이런 보어 앞에는 반드시 '得'를 써야 한다.

- 最近天气冷得要命。
  최근에는 날씨가 지독하게 춥다.

- 下雨天, 路上车堵得厉害。
  비 오는 날에는 길에 차가 무지하게 막힌다.

- 听到自己被选上了, 他高兴得不得了。
  자신이 당선되었다는 것을 듣고 그는 대단히 기뻐했다.

> **참고**
> 이상의 것들과 자주 결합되는 형용사나 동사에는 '饿, 疼, 累, 急, 乱, 难受, 挤, 后悔' 등이 있다.

③ '多, 远'을 보어로 삼고 보어 앞에 '得'를 놓아도 되고 놓지 않아도 된다.

- 我的水平差远了/差得远了。
  내 수준이 훨씬 떨어진다.

- 他的汉语比我流利多了/流利得多。
  그는 중국어를 나보다 훨씬 유창하게 한다.

2) 묘사나 상황 설명, 평가를 나타내는 것

　동사나 형용사 뒤에 사용되어 동작 행위나 상태의 모습이 어떠한지를 구체적이고 자세하게 묘사하거나 상황을 설명하기도 하고, 동작 행위에 대해 평가하고 판단하기도 한다. 이런 의미를 나타내는 보어는 문장 안에서 비록 보어라고는 해도 오히려 중요한 정보를 담고 있는 **의미의 중심**이라고 할 수 있겠다. 이 때는 정태보어의 구조조사 '得'를 사용해야 한다.

- 你看, 孩子们玩得多开心啊!
  봐, 아이들이 얼마나 신나게 놀고 있는지!

- 他讲得很风趣。
  그는 재미있게 말한다.

- 房间里暗得什么也看不见。
  방안이 아무것도 안보일 정도로 어둡다.

① 주로 형용사가 보어로 사용된다.

- 他喜欢画画儿, 而且画得很好。
  그는 그림 그리는 것을 좋아할 뿐 아니라 또한 그림을 매우 잘 그린다.
  → '很好'는 그림 그리는 동작에 대해 평가해 주는 말이다.

- 他开车总是开得很快。
  그는 운전을 항상 매우 빠르게 한다.
  → '很快'는 운전하는 동작이 매우 빠름을 설명해 주는 말이다.

> **주의**
>
> 여기서 정태보어로 사용된 형용사 앞에는 보통 '很'이나 '非常'과 같은 정도부사를 붙인다. 그렇지 않으면 형용사가 단독으로 사용되었을 때의 비교의 의미를 나타내게 된다.
>
> - 这个假期我过得非常开心。　이번 방학은 매우 즐겁게 보냈다.
>   → '非常开心'에서 만약 '非常'을 빼고 "这个假期我过得开心。"이라고 하면, '이번 방학은 즐겁게 보냈지 (전에는 별로였는데)'라는 뜻이 된다.
> - 他汉语说得好, 英语说得不好。　그는 중국어는 잘하는데, 영어는 잘 못한다.
>   → 단독 형용사 보어는 한 문장 안에서 이처럼 비교할 때 사용할 수 있다.

② 동사나 동사구가 보어로 사용된다.

- 孩子太不听话，妈妈气得都哭了。
  아이가 너무 말을 잘 안 들어서 엄마는 화가 나 울기까지 했다.
  → 동사 '哭'가 엄마가 화가 난 정도가 어떠한지를 설명해 주고 있다.

- 我忙得忘了吃饭。
  나는 바빠서 밥 먹는 것을 잊어버렸다.
  → '忘了吃饭'이란 동사구가 보어로 사용되어 주어인 내가 바쁜 상황이 어떠한지를 보충 설명해 주고 있다.

- 听到这个消息，她高兴得流出了眼泪。
  이 소식을 듣고 그녀는 기뻐서 눈물을 흘렸다.
  → 동사구 '流出了眼泪'가 보어로써 그녀의 기쁜 상태가 어떠한지를 구체적으로 설명해 주고 있다.

③ 문장이 보어로 사용되기도 한.

- 吓得孩子脸色都变了。
  놀라서 아이가 안색까지 변했다.
  → '脸色都变了'라는 문장으로 아이가 얼마나 놀라고 무서워하는지를 설명해 주고 있다.

> **주의**
>
> 비교적 특수한 '동사+得+형용사+一点儿' 구조를 주목하자. 이 구조가 나타내는 의미는 술어 동사가 나타내는 동작에 대해 '약간 어떠하다'라고 설명하거나 평가하는 것이 아니라 어떠어떠하기를 희망, 요구하거나 명령하는 것이다.
>
> - 字写得端正一点儿。 글씨를 단정하게 써라.
> - 你以后应该吃得少点儿，要不就更胖了。
>   너는 앞으로 조금씩 먹어라. 그렇지 않으면 더 뚱뚱해질 거야.

3. 정태보어의 문법 특징

1) 술어 동사가 목적어를 수반할 때에는 동사를 반복하거나 아니면 목적어를 동사 앞에 놓는다. 이는 술어 동사와 정태보어 사이에는 구조조사 '得' 이외의 기타 성분을 삽입할 수 없기 때문이다.

> V + O + V + 得 + 정태보어
> O + V + 得 + 정태보어

(O) 她母亲做菜做得很好吃。
(O) 她母亲菜做得很好吃。
(×) 她母亲做菜得很好吃。

주의
만약 목적어가 간접목적어라면 'O+V+得+정태보어'의 구조를 사용할 수 없다.
- 그는 우리를 매우 열심히 가르친다.
  (×) 他我们教得很认真。 → (O) 他教我们教得很认真。

주의
만약 이런 문장에서 부사어를 사용하려면 부사어는 보어 앞에 둔다.
- 我篮球打得也不错。 나도 농구를 잘한다.
- 她菜做得都很好吃。 그녀는 요리를 모두 맛있게 잘한다.

2) 정태보어의 부정형식은 보어 앞에 '不'를 붙여 만든다. 정태보어는 보어 부분에 의미의 중점이 있기 때문에 부정할 때 술어동사 앞에 '不'을 쓰면 안 되고 '不'로 보어를 부정한다.

- 그는 테니스를 잘 치지 못한다.
  (×) 他不打网球打得好。 → (O) 他打网球打得不好。

- 나는 이번 시험을 잘 치르지 못했다.

  (×) 我这次考试不考得好。 → (O) 我这次考试考得不好。

3) 정태보어가 있는 문장에서 문장 전체의 초점은 보어 부분에 있기 때문에, 술어 부분의 동사나 형용사 앞에 더 이상 묘사적인 부사어나 정도부사가 나타나지 않는다.

  (×) 她很难过得流下了眼泪。 → (O) 她难过得流下了眼泪。
  → 정도부사 '很'을 사용할 필요가 없다.

  (×) 他仔细地写得很清楚。 → (O) 他写得很清楚。
  → '写'라는 동작을 자세히 묘사해주는 보어 '很清楚'가 사용되었기 때문에 다른 부사어 '仔细地'를 사용하지 않는다.

4) 의문문은 문장 끝에 의문사 '吗'를 붙이거나 보어 부분을 반복하여 긍정부정의문문을 만들 수 있다.

- 那个女孩长得漂亮吗? 그녀는 예쁘게 생겼어요?
- 你玩得开不开心? 신나게 놀았어요?

  → 의문이 되는 대상은 모두 보어 부분이다.

문법연습

1 밑줄 친 부분에 가장 알맞은 것을 골라 넣어 보세요.

1. 他做菜 _____ 。
   ① 不做得好吃　　　　　② 做得不好吃
   ③ 得不好吃　　　　　　④ 很不好吃

2. 他们 _____ ，就让他们再玩会儿吧。
   ① 玩得那么开心　　　　② 那么开心玩得
   ③ 那么玩得开心　　　　④ 开心那么玩得

3. 那个牌子的电脑 _____ ，我买不起。
   ① 贵得　　② 贵得很　　③ 非常贵了　　④ 不得了贵得

4. 两天没吃饭，_____ 。
   ① 我坏饿了　　② 坏饿了我　　③ 坏了我饿　　④ 我饿坏了

5. 暖暖的太阳 _____ 。
   ① 晒得我都快睡着了　　② 我晒得睡着
   ③ 晒我都快睡得着了　　④ 晒得都快我睡着了

6. 她们俩好不容易见一次面，_____ 。
   ① 聊天得很高兴　　　　② 聊天聊得很高兴
   ③ 很高兴地聊了天　　　④ 聊得很高兴天

2 아래 문장 중 틀린 부분을 찾아 바르게 고쳐 보세요.

1. 我奶奶每天起床得很早。

2. 他把那个问题处理了很好。

3. 他听了以后，非常气得乱扔东西。

4. 他在中国住过几年，所以说汉语得流利。

5. 下雨越来越大了，我们待一会儿再走吧。

6. 看到妈妈病得那么重，她很难过得都快哭了。

*문법연습 정답은 315 페이지에서 확인할 수 있습니다.

작문연습 | 정태보어

1 아침밥을 먹지 않고 바로 출근했더니 지금 배가 고파 죽겠다.

早上没吃饭就上班了, 现在饿死了。

요점 형용사 '饿' 뒤에 '死'를 보어로 써서 정도를 나타낸다. 문장 끝에 어기조사 '了'를 두는 것을 잊지 말자.

TIP '饿死了' 구조는 상황에 따라서 '굶어 죽었다'라는 뜻을 나타내는 결과보어로도 사용된다. "非洲有不少孩子因为缺少粮食, 都饿死了(아프리카에 많은 아이들이 식량이 부족해서 모두 굶어 죽었다)." 라는 문장이 중국어에서는 단독으로 문장만을 보아서는 그 정확한 용법과 의미를 알 수 없다는 사실을 다시 한 번 증명해주는 예이다.

확인 하루 종일 서 있었더니 피곤해 죽겠으니 정말 누워서 잠시 쉬고 싶다.

어휘정리
- 출근하다 上班
- 눕다 躺下
- 쉬다 歇

---

2 그가 중국어를 유창하게 해서 나는 그가 중국에 가 본 적이 있는 줄 알았잖아.

他说汉语说得很流利, 我以为他去过中国呢。

요점 술어동사가 목적어를 수반하면 동사를 반복해서 사용해야 한다. 즉 '중국어를 유창하게 한다'는 '说汉语说得很流利'라고 해야 한다.

TIP '说汉语说得很流利'에서 첫 번째 동사 '说'를 생략해서 '汉语说得很流利'라고도 할 수 있지만, 절대로 '说汉语得很流利'라고 해서는 안 된다. 특히 '중국어를 유창하게 한다'라고 해서 '流利地说汉语'라고 해서도 안 되는데, '流利'는 중국어를 하는 정도를 나타내는 말이지 동작을 묘사하는 것이 아니기 때문이다. '형용사+地' 구조는 주로 동작을 묘사할 때 사용되는 묘사성이 강한 부사어이기 때문이다.

확인 그는 헤엄을 아주 빨리 쳐서 이번 운동회에서 금메달을 받았다.

어휘정리
- 유창하다 流利
- ~줄 알다 以为
- 수영하다, 헤엄치다 游泳
- 금메달 金牌

*작문연습 정답은 315 페이지에서 확인할 수 있습니다.

어휘정리

- 비록 ~하지만 ~
  虽然~ 但是~
- 생기다 长
- 능력이 많다 很有能力

3 그녀는 비록 예쁘게 생기지는 않았지만 능력이 아주 많다.

虽然她长得不漂亮, 但她很有能力。

> **요점** 정태보어의 부정형식은 '不'를 정태보어 앞에 놓아야 한다. 그러므로 '예쁘게 생기지 않았다'라는 말은 '长得不漂亮'이라고 해야지 '不长得漂亮'이라고 하면 안 된다.
>
> **TIP** '很有能力'는 '很+有能力'의 결합구조로서 '有能力'가 의미와 형식상 이미 하나의 형용사처럼 사용되고 있기 때문에 '很'이라는 정도부사의 수식을 받을 수 있는 것이다. 이와 같은 종류에 '有意义, 有头脑, 有才能, 有理想, 有学问, 有礼貌' 등이 있다.

- 골프 高尔夫球
- 지도하다 指导

> **확인** 나는 골프를 잘 못 치는데, 시간이 되면 좀 지도해 주세요.

- 화가 나다 生气
- 말이 나오다 说出来

4 그는 화가 나서 말 한마디도 나오지 않는다.

他气得一句话也说不出来。

> **요점** '말 한마디도 나오지 않는다'는 '一~也(都)~'의 강조 형식을 써서 표현하고, 이 부분은 화가 난 정도를 묘사하고 있으므로 정태보어로 처리한다.
>
> **TIP** '화가 나다'라는 말에는 '生气'라는 단어가 있는데, 그렇다고 이것을 사용하여 "他生气得一句话也说不出来."라고 할 수는 없다. 이는 '生气'가 离合词이기 때문에 뒤에 바로 보어가 올 수 없기 때문이다.

- 장사, 사업 生意
- 번창하다 红火
- ~조차도 ~하다
  连~也~

> **확인** 그는 사업이 매우 번창해서 늘 바빠서 밥 먹을 시간조차도 없다.

＊작문연습 정답은 315 페이지에서 확인할 수 있습니다.

5

자신이 수능시험에 떨어졌다는 소식을 들었을 때 그는 속상해서 울었다.

当他听到自己高考落榜的消息时,他难过得哭了。

요점 '속상해서 울었다'는 표현은 정태보어를 사용하여 '难过得哭了'라고 하면 된다. 또한 '그가 ~소식을 들었을 때'는 '当他听到~的消息时'라고 표현한다.

TIP '속상해서 울었다'라는 말은 '울 정도로 속상했다'라는 말이다. 사실 후자가 정태보어의 의미를 더욱 살려주는 해석이라고 할 수 있다. 만약 '속상해서 울기까지 했다'는 표현을 하고 싶다면 부사어 '都'를 '哭'앞에 넣어 '难过得都哭了'라고 표현하면 된다.

확인 요 며칠 계속해서 삼십 몇 도 고온으로 밤에 잠을 잘 수 없을 정도로 더웠다.

어휘정리
- 수능시험에 떨어지다 高考落榜
- 속상하다 难过

- 고온 高温
- 잠을 못 자다 睡不着觉
- 덥다, 뜨겁다 热

6

나는 머리가 너무 아파서 일찍 집에 가서 쉬고 싶다.

我头疼得要命,想早点儿回家休息。

요점 '머리가 무척 아프다'는 동사 '头疼' 뒤에 정태보어 구조조사 '得'를 붙이고 정도를 나타내는 '厉害, 要命, 不行' 등을 쓰면 된다.

TIP '머리가 무척 아프다'는 '头非常疼'이라고 할 수도 있다. 다만 '头疼得要命'은 '头非常疼'보다 아픈 정도가 더욱 심하다고 할 수 있다.

확인 그의 여권이 분실되어서, 무척이나 초조해하니 너도 도와서 좀 찾아 줘.

어휘정리
- 머리가 아프다 头疼
- 좀 일찍 早一点儿

- 분실하다, 잃다 丢
- 초조해하다 急

*작문연습 정답은 315 페이지에서 확인할 수 있습니다.

어휘정리

- 잘 안 보이다 看不清

7
당신이 글씨를 좀 작게 써서 나는 분명하게 알아볼 수가 없다.

你的字写得小了一点儿，我看不清。

요점 '좀 작게 쓰다'는 '写得小了一点儿'라고 하면 된다.

TIP '小了一点儿'은 '형용사+了+一点儿'구조로서 '了' 앞에 나온 형용사가 나타내는 성질이나 상태가 어떤 기준에 적합하지 않음을 나타내는 것이다. 예를 들어 '这个菜甜了一点儿'하면 '이 음식은 좀 다네요'라는 뜻으로, 음식이 다소 달아서 이상적인 맛에 도달하지 못함을 말해 주고 있는 것이다. 이 작문 연습에서는 바로 이 구문이 정태보어로 사용되고 있다.

- 출발하다 出发
- 미처 하지 못하다, 늦다 来不及

확인 우리가 좀 늦게 출발해서 빨리 걷지 않으면 늦을 것이다.

8
기사님, 제가 급한 일이 있는데, 운전을 좀 빨리 해줄 수 있나요?

师傅，我有急事，你能不能开得快一点儿？

- 급한 일 急事

요점 청유나 명령을 할 때는 '动词+得+형용사+一点儿'라는 형식을 사용한다. 여기에 '能不能'이라는 긍정부정의문문을 써서 어투를 더욱 부드럽게 한다.

TIP '기사'는 중국어로 '司机'이다. 그러나 일반적으로 어떤 기능이나 기술을 지닌 사람을 호칭할 때 '师傅'라고 부른다. 일부 외국인들이 '司机先生'이라고 부르는데 아부성 발언처럼 느껴진다는 사실을 그들이 아는지 모르겠다

- 알아듣다 听懂
- 느리다 慢

확인 선생님, 중국어를 너무 빨리 말씀하셔서 저는 알아들을 수가 없습니다. 조금 느리게 말씀해 주실 수 있나요?

＊작문연습 정답은 315 페이지에서 확인할 수 있습니다.

중국 광고 속 정태보어 이야기

⭐ 중국 현지 광고를 통해 현장감 넘치는 중국어 정태보어 표현을 배워 봅시다.

➡ 맛이 아주 좋습니다!

➡ 신비(新飞)가 광고를 아무리 잘 만들어도 신비 가전제품만 못합니다.

➡ 옷을 대충 입으면 신발과 가방은 반드시 돋보여야 한다.

빛, 시적 정취가 더욱 가득하게 만들 수 있을까요? ➡

핵심문법

02 가능보어(可能补语)

1. 가능보어의 정의

술어동사 뒤에서 그 동작의 달성 가능성이나 어떤 상황에 대한 도달 가능성을 나타내는 보충어를 가능보어라고 한다.

2. 가능보어의 의미

가능보어는 술어동사의 가능과 불가능을 나타내는 것이므로, 각각 우리말로 '~할 수 있다', '~할 수 없다'라고 해석할 수 있다.

3. 가능보어의 3가지 형식

1) V + 得/不 + 결과보어/방향보어

이것은 가능보어를 나타내는 주요 형식이다. 술어동사가 나타내는 동작의 결과나 방향이 실현 가능하다면 '得'를 붙이고 실현 불가능하다면 술어동사와 보어사이에 '不'를 넣는다.

· 我说的话你听得懂吗?

내가 하는 말을 당신은 이해할 수 있어요?

→ '听得懂'은 '听'의 동작이 '懂'이란 결과에 도달할 수 있는지에 관한 가능성을 나타내고 있다. 이런 의미에서 '听懂'이란 결과보어의 '가능형'이라고도 할 수 있다.

· 没有钥匙, 我进不去。

열쇠가 없어서 나는 들어갈 수가 없다.

→ '进不去'는 '进去(들어가다)'가 불가능함을 나타내는 말로 '进去'라는 방향보어의 '불가능형'이라고도 할 수 있다.

주의

우리말로는 '进不去'나 '不能进去'가 동일하게 모두 '들어갈 수 없다'라고 해석되지만, 실은 '进不去'와 '不能进去'는 다른 것!

- 门锁着, 我忘了带钥匙了, 进不去。 (没办法进去)

  ⋯▶ 문이 잠겨 있는데 내가 열쇠를 가져오는 것을 깜박해서 들어갈 수 없는 상황을 말한다. 즉 어떤 원인과 조건에 의해 들어갈 방법이 없는 불가능한 상황을 '进不去'를 통해 설명해 주고 있다.

- 对不起, 你没票, 不能进去。 (不可以进去)

  ⋯▶ 이 예문은 '죄송한데 당신은 표가 없기 때문에 들어갈 수 없다'는 말로 어떤 원인과 조건에 의해 들어가는 것이 허락되지 않는다는 것을 나타내고 있다. 즉 '不能进去'는 들어가서는 안 된다는 의미로 해석된다.

  ⋯▶ '~하면 안 된다, ~를 허락할 수 없다'라는 의미를 나타낼 때는 '不能'을 써야지 불가능을 나타내는 가능보어 형식 '동사+不+결과보어/방향보어'를 쓸 수 없다.

참고

'V+得/不+결과보어/방향보어' 구조의 가능보어형식은 주로 부정형식으로 많이 사용된다. 긍정형식으로는 극히 적게 사용되는데, 아래의 몇 가지 상황에서 주로 사용되고 있다.

① 의문문에서 묻고 답할 때 사용된다.

  A: 你看得见吗? 너 보이니?
  B: 看得见。 보여요.

② 동사 앞에 긍정하거나 확신이 없는 의미를 나타내는 부사가 있을 때 사용된다.

- 别着急, 还有一个星期呢, 你肯定做得完。
  조급해 하지 말아요. 아직 일주일이 더 있으니까 당신은 틀림없이 다 할 수 있어요.

  ⋯▶ 긍정형 '做得完'이 긍정의 의미를 나타내는 부사 '肯定'과 함께 사용되고 있다.

- 你去百货商店看看吧, 也许还买得到。
  당신 백화점에 가서 보세요. 아마 아직 살 수 있을 거예요.

  ⋯▶ 긍정형 '买得到'가 '也许'와 더불어 확신이 없이 긍정하는 의미를 나타내고 있다.

③ 완곡하게 부정할 때 사용된다.

- 这个问题不是一句话能说得清楚的。
  이 문제는 한 마디로 확실히 말할 수 있는 것이 아니다.

2) V + 得/不+ 了[liǎo]

어떤 동작을 실현할 수 있는지 여부를 나타내기도 하고, 어떤 변화나 상태 정도에 대한 추측을 나타내기도 하는 형식이다. 긍정형은 '得了[liǎo]'로 '~할 수 있다'는 뜻이고, 부정형식 은 '不了[liǎo]'로 '~할 수 없다'는 뜻으로 주로 구어에서 사용된다.

- 这么多的内容一个学期学得了吗?
  이렇게 많은 내용을 한 학기에 다 배울 수 있겠니?

- 这么多的菜, 我一个人吃不了。
  이렇게 많은 음식은 나 혼자서 다 먹을 수 없다.
  → '一个' 와 같은 수량사가 함께 사용되면 '모두(다)~할 수 있다(없다)'는 뜻으로 해석된다.

- 他病了, 今天的会议参加不了了。
  그는 병이 나서 오늘 회의에 참석할 수 없게 되었다.
  → 문장 끝에 사용된 '了'는 새로운 상황의 출현을 나타내는 어기조사 '了'이다.

- 这个菜太辣, 我吃不了。
  이 음식은 너무 매워서 나는 먹을 수가 없다.

- 我看, 你比我大不了几岁。
  보기에 네가 나보다 몇 살 많지 않을 것이다.

3) V + 得/不得

긍정형은 동사 뒤에 '得'만 붙여서 '할 수 있다'는 가능을 나타내고, 부정형은 동사 뒤에 '不得'만을 붙여서 '할 수 없다'는 불가능의 의미를 나타낸다.

- 这东西你舍得给她吗?
  이 물건 너는 그녀에게 기꺼이 줄 수 있니?

- 那个地方很危险, 去不得。
  그곳은 매우 위험해서 갈 수 없다.

- 我舍不得离开我的家人和朋友们。
  나는 식구와 친구들을 떠나기가 아쉽다.

| 주의 | 일부 형식은 '舍不得'처럼 자주 함께 사용되어서 이미 고정된 하나의 숙어처럼 상용된다. 일반적으로 부정형식이 많다. |

怪不得　　　恨不得　　　巴不得　　　顾不得
舍得　　　　舍不得　　　记得　　　　记不得

4. 가능보어의 문법 특징

1) 목적어의 위치

① 일반적으로 동사와 가능보어 사이에는 목적어를 쓸 수 없다. 목적어는 가능 보어 뒤에 두거나 아니면 문장 맨 앞에 놓는다.

- 你看得懂这本中文小说吗?

  너는 이 중국어 소설을 읽고 이해할 수 있니?

  → 부정형인 '看不懂'도 목적어를 가질 때 그 뒤에 놓는다. 즉 '看不懂这本中文小说'이라고 한다.

- 这么多的作业我一个晚上做不完。

  이렇게 많은 숙제를 나는 하루저녁에 다 할 수 없다.

  → 목적어 '这么多的作业'를 표현상의 화제로 문장 제일 앞에 놓아도 된다.

- 这个问题我们解决不了。

  이 문제는 우리가 해결할 수 없다.

- 孩子身体不好, 吹不得风。

  아이 몸이 안 좋아서 바람을 쐬면 안 된다.

② 복합방향보어로 구성된 가능보어 형식에서는 목적어를 '来', '去' 앞에 놓는다. 만약 목적어가 수식어가 붙은 비교적 긴 것이라면 문장 제일 앞에 놓거나 제일 뒤에 둘 수 있다.

- 我猜不出答案来。

  나는 답을 알아 맞힐 수 없다.

- 两幅画有什么不同我看不出来。
  두 그림이 어디가 다른지 나는 알아볼 수 없다.

2) 동태조사 '了'를 붙일 수 없다.

가능보어는 주관적인 조건이나 객관적인 조건이 어떤 동작을 실현할 수 있는지의 가능성을 나타내는 것이므로, 일반적으로 아직 이루어지지 않은 동작이나 임시로 변화하는 상황에서 사용된다. 그러므로 동작의 완료를 나타내는 동태조사 '了'를 동사나 가능보어 뒤에 사용할 수 없다. 그러나 문장 끝에 변화를 나타낼 때에는 어기조사 '了'는 사용할 수 있다.

(×) 刚到中国的时候, 我听不懂了中国人的话。
　→ '听不懂了'를 '没听懂'이라고 고치면 맞는 문장이 된다.

- 以前听不懂, 现在听得懂了。
  예전에는 듣고 이해할 수 없었는데 지금은 듣고서 이해할 수 있게 되었다.
  → '听得懂了'의 '了'는 새로운 변화를 나타내는 어기조사이다.

3) 긍정부정의문문

가능보어는 긍정형과 부정형을 나란히 사용하여 긍정부정의문문을 만들 수 있다.

- 十点以前你回得来回不来?
  10시 이전에 너는 돌아올 수 있니 없니?

- 黑板上的字你看得见看不见?
  칠판의 글자를 너는 볼 수 있니 없니?

- 你看韩国队赢得了赢不了?
  네가 보기에 한국팀이 이길 수 있겠니 없겠니?

- 这部爱情片孩子看得看不得?
  이 멜로 영화는 어린이가 볼 수 있니 없니?

4) 가능보어의 긍정형은 조동사 '能'과 함께 쓸 수 있다.

　　가능보어의 긍정형의 경우 그 자체로써 충분히 가능의 의미를 나타낼 수 있지만 동사 앞에 가능을 나타내는 조동사 '能'을 더 첨가하여 긍정과 인정의 의미를 강화할 수 있다.

・能看得出来你们俩是好朋友。
너희 둘이 좋은 친구라는 것을 능히 알아볼 수 있다.

・外边这么吵, 你能听得清楚吗?
밖이 이렇게 시끄러운데 너는 분명하게 들을 수 있겠니?

5) 가능보어를 사용할 수 없는 네 가지 상황

① '把' 구문, '被' 구문에서는 가능보어를 쓸 수 없다.

(×) 吃饭前, 我把功课复习得完。

(×) 这个杯子被他打不碎。

② 연동문에서 첫 번째 동사 뒤에 가능보어를 쓸 수 없다.

(×) 图书馆没开门, 我们进不去图书馆借书。

③ 동사 앞에 '不能'이 있을 때 가능보어를 쓸 수 없다.

(×) 老师说的话我不能全听得懂。

④ 문장 안에 묘사성 부사어가 있을 때 가능보어를 쓸 수 없다.

(×) 他认真地写得完这篇报告。

→ '认真地'는 주어인 '他'의 쓰는 태도를 묘사해 주는 부사어로 사용되고 있다.

5. 자주 사용되는 몇 가지 가능보어

1) V (买, 吃, 喝, 坐, 赔, 住) + 得/不 + 起

'起'는 그만큼을 부담할 수 있거나 자격 조건이 되는지의 가능 여부를 나타낼 때 사용한다.

- 他有的是钱, 再贵的酒店也住得起。
  그는 돈이 얼마든지 있어서 더 비싼 호텔에도 묵을 수 있다.

- 皮大衣太贵了, 我买不起。
  가죽 코트가 너무 비싸서 나는 살 수 없다.

2) V (坐, 放, 装, 住, 睡) + 得/不 + 下

'下'는 어떤 장소나 공간에 동사가 나타내는 동작을 행할 만한 공간이 있는지의 여부를 나타낼 때 사용한다.

- 这个会议室很大, 坐得下一百个人。
  이 회의실은 매우 커서 100명이 앉을 수 있다.

3) 吃得下 & 吃不下

여기서 '下'는 먹어서 위장으로 내려 보내어 소화해 낼 수 있는지의 여부를 나타낼 때 사용한다.

- 剩下的这几个饺子你吃得下吗?
  남은 이 만두 몇 개를 다 먹을 수 있겠니?

- 我已经吃得很饱了, 实在吃不下了。
  나는 이미 배불리 먹어서 정말로 더 이상 먹을 수가 없어요.

4) 吃得完 & 吃不完

'完'은 동작을 끝낼 수 있는지 여부를 나타내는 것이다.

- 这么多菜，我一个人吃不完。
  이렇게 많은 요리는 나 혼자 다 못 먹어요.

5) 吃得惯 & 吃不惯

'惯'은 동작이 반복되어 익숙해져서 습관이 됐는지의 여부를 나타낼 때 사용한다.

- 中国菜很油腻，开始的时候我吃不惯。
  중국요리는 매우 기름져서 처음에 나는 입에 맞지 않았다.

6) V (拿, 走, 搬) + 得/不 + 动

'动'은 동사가 나타내는 동작이 목적어인 사람이나 사물의 위치를 이동시킬 수 있는 힘이 있는지의 여부를 나타낼 때 사용한다. 즉 사람이나 사물이 동작에 의해 위치가 옮겨질 수 있으면 'V得动', 옮겨질 수 없으면 'V不动'이라고 한다.

- 这件行李重得要命，我实在拿不动。
  이 짐은 너무 무거워서 나는 정말 들 수 없다.

문법연습

1 주어진 동사 뒤에 적합한 가능보어를 붙여서 빈칸을 채워 보세요.

1. 看上去特别面熟, 可是名字 _____ 了。　　　　　　　　(想)

2. 书柜很重, 你们两个人 _____ 吗?　　　　　　　　　　(搬)

3. 包太小了, _____ 这么多东西。　　　　　　　　　　　(放)

4. 他英语说得很地道, 谁都 _____ 他是中国人。　　　　　(听)

5. 队排得这么长, 恐怕 _____ 票了。　　　　　　　　　　(买)

6. 下雨了, 看样子今天的郊游 _____ 了。　　　　　　　　(去)

2 아래 문장 중 틀린 부분을 찾아 바르게 고쳐 보세요.

1. 我喝了咖啡就睡觉不着。

2. 这是秘密, 你可千万说不出去啊。

3. 我决不了定那样做好不好?

4. 你喝了那么多酒, 还吃得起饭吗?

5. 晚上天很黑, 路上一个人也不看见。

6. 他翻来覆去讲了好几遍, 我才听得懂。

*문법연습 정답은 315 페이지에서 확인할 수 있습니다.

작문연습 | 가능보어

1 이런 호텔에서는 하룻밤 묵는 데 20만원이 든다. 나는 돈이 없어서 묵을 수 없다.

在这样的宾馆里住一夜要20万块钱, 我住不起。

요점 '20만 원이 필요하다'는 '要20万块钱'으로 표현하고, '돈이 없어서 묵을 수 없다' 는 말은 결국 비싸서 머무를 수 없다는 뜻이므로 '住不起'라고 하면 된다.
TIP '나는 돈이 없어서 묵을 수 없다.'라고만 하면 "我没有钱, 不能住."라고 직역하기 쉽다. 그런데 이 말은 묵을 돈이 한 푼 없다는 의미로도 해석될 수 있는 문장이므로 주의해서 사용하자.

확인 여기서 파는 것은 모두 명품으로 일반인들은 살 수 없다.

어휘정리
- 호텔 宾馆, 酒店
- 하룻밤 一夜

- 유명 브랜드, 명품 名牌
- 일반인 一般人

2 지금 실업률이 매우 높아서, 많은 대학 졸업생들이 일을 찾지 못 하고 있다.

现在失业率很高, 很多大学毕业生找不到工作。

요점 '찾지 못하고 있다'는 동사 '找'와 결과보어 '到' 사이에 '不'을 넣은 '找不到'라고 표현한다.
TIP '找不到'는 '找不着(zháo)'라고 해도 된다. '찾을 수 없다'라는 뜻이라고 해서 '不能找'라고 중작하면, '不能找'는 '不可以找'라는 뜻으로 '허락을 해 주지 않았다'는 뜻을 나타내기 때문에 적합하지 않다.

확인 설에 고향에 가는 사람들이 너무 많아서 많은 사람들이 기차표를 살 수가 없다.

- 실업률 失业率
- 졸업생 毕业生

- 설 春节
- 고향(집) 老家

＊작문연습 정답은 315 페이지에서 확인할 수 있습니다.

| 어휘정리 |

- 우리 사이 我们之间
- 비밀 秘密

3 이것은 우리 사이의 비밀이니까 다른 사람에게 말하면 안 된다.

这是我们之间的秘密，对别人可说不得。

요점 'V+得/不得'는 특수한 가능보어 형식으로 '~해도 되는지 안 되는지'를 나타낸다. 그러므로 '말하면 안 된다'는 말은 '说不得'라고 표현할 수 있다. 그리고 그 앞에 '可'를 사용하여 강조된 어기를 나타낸다.

TIP 사실 가능보어 형식인 '동사+得/不得'는 가능의 의미보다 허가의 의미를 나타내는 경향이 있다. 또한 '对别人可说不得'에서 만약 '可'를 생략한다면 절대로 말해서는 안 된다는 강한 어감이 사라진다.

- 장염 肠炎
- 걸리다 得

확인 당신은 장염에 걸렸으니까 요 며칠 동안은 매운 음식을 먹어선 안 된다.

4 이 여행 가방이 너무 작아서 내가 가져가야 할 물건들을 다 넣을 수 없다.

这旅行包太小，我要带的东西都装(放)不下。

- 여행 가방 旅行包
- 넣다 放, 装

요점 어떤 공간에 동사가 나타내는 동작을 행할 만한 공간이 있는지의 여부를 나타낼 때 'V+得/不+下'를 사용한다. 그러므로 여기서는 '装(放)不下'라고 하면 된다.

TIP '装(放)不下'에 '都'가 없어도 '다 넣을 수 없다'는 의미로 해석된다. 역으로 '다 넣을 수 없다'를 중작할 때 '都'를 반드시 쓸 필요는 없다.

- 방 屋子, 房间
- 넓다 宽敞

확인 이 방은 넓어서 같이 놀러 온 다섯 명이 다 머물 수 있다.

*작문연습 정답은 315 페이지에서 확인할 수 있습니다.

5

걱정하지 마라, 너의 성적으로 반드시 명문대학에 붙을 수 있다.

别担心, 凭你的成绩, 肯定(一定)考得上名牌大学。

요점 '대학에 붙다'는 '考上'이라고 하는데 그 사이에 '得'나 '不'를 사용하여 가능을 나타낼 수 있다. 여기서는 가능보어의 긍정형 '考得上'을 사용하고 그 앞에 부사 '一定'이나 '肯定'을 쓴다.

TIP 'V+ 得 +결과보어/방향보어' 구조의 가능보어 형식은 주로 부정형식에 다용되지만, 위의 예문에서처럼 一定, 肯定과 같은 긍정의 의미를 나타내는 부사어가 나올 때 긍정형식으로 사용되기도 한다. 특히 '肯定'은 원래 '긍정하다'라는 형용사가 부사어로 사용된 것이기 때문에 그것이 긍정하는 어투는 비교적 강하다.

확인 서둘지 말고, 지금 공항으로 가면 틀림없이 그녀를 만날 수 있을 것이다.

어휘정리
- 걱정하다 担心
- 반드시, 틀림없이 一定, 肯定
- 명문대학 名牌大学

- 서두르다 急

6

이 지역은 매우 많이 변해서, 몇 년 동안 오지 않았더니 나는 거의 알아볼 수가 없었다.

这个地方变化很大, 几年没来, 我都认不出来了。

요점 '못 알아보다, 알아볼 수 없다'는 '认不出来'라고 하고, '거의, 이미'는 부사 '都'를 사용해서 나타낸다. 문장 끝에 새로운 상황의 출현을 나타내는 어기조사 '了'를 사용한다.

TIP '매우 많이 변하다, 변화가 많다'라는 말은 '变化很大'라고 해야지 '많다' 라고 해서 '变化很多'라고 하지 않는다는 점에 유의하자. '变化很多'는 '변화가 자주 일어나다'는 뜻이다. 예를 들면 "天气一会儿阴, 一会儿晴, 变化很多(날씨가 흐렸다가 개었다가 변화가 많다)."에서와 같다.

확인 그는 말하는 목소리가 너무 작아서 나는 한 마디도 분명하게 들을 수 없었다.

- 지역 地方
- 변화 变化

- (목)소리 声音

＊작문연습 정답은 315 페이지에서 확인할 수 있습니다.

어휘정리

- 짐 行李
- 꺼내 내려오다 拿下来

7 짐이 너무 무거워서 내가 혼자서 꺼내 내려올 수가 없다.

行李太重了, 我一个人拿不下来。

요점 '너무 무겁다'는 '太重了'라고 표현하고, '꺼내 내려올 수 없다'는 동사 '拿'와 방향보어 '下来' 사이에 '不'를 삽입한 가능보어 형식으로 표현한다.

TIP '太~了'는 '너무~하다'라는 뜻인데, 중간에 사용되는 형용사의 의미상의 특징에 따라서 위의 예문에서처럼 불만족스런 어투를 표현하는 구문으로 사용되기도 한다. '太重了'는 결국 '너무 무거워서 불만이다'라는 의미이다.

- 좁다 窄

확인 이 길은 너무 좁아서 차를 몰고 들어갈 수가 없다.

- 공포 恐怖
- 자극적이다 刺激

8 그 공포 영화가 매우 자극적이어서 나는 놀라서 밤에 잠을 잘 수가 없었다.

那部恐怖电影很刺激, 吓得我晚上睡不着觉。

요점 '잠을 잘 수 없다'는 '睡不着觉'라고 표현하고, '놀라서~하다'라는 부분은 동사 '吓'로 구성된 정태보어 구문을 사용해서 표현하면 된다.

TIP 단순히 '잠을 잘 수 없다'라고 하면 '睡不着觉'와 '不能睡觉'를 연상하게 한다. 그런데 이 둘은 의미상 차이가 있다. '不能睡觉'는 어떤 객관적인 원인 때문에, 예를 들면 잘 시간이 없거나 잘 수 있는 설비가 없어서 잘 수 없다는 의미를 나타낸다. "没有床, 不能睡觉(침대가 없어서 잠을 잘 수 없다)."에서처럼 말이다. 그런데 '睡不着觉'의 의미는 잘 수 있는 객관적 조건과 환경은 갖추어졌지만 잠이 안 든다는 뜻을 나타내는 말이다.

- 장사 生意
- 하루 종일 整天
- 근심하다 愁

확인 최근 장사가 잘 안돼서 그는 하루 종일 걱정되어 밥도 못 먹는 정도이다.

---

*작문연습 정답은 315 페이지에서 확인할 수 있습니다.

중국 광고 속 가능보어 이야기

⭐ 중국 현지 광고를 통해 현장감 넘치는 중국어 가능보어 표현을 배워 봅시다.

➡ 코끼리 왕(象王)은 잘 세탁할 수 있습니다.

신선함을 눈으로 볼 수 있습니다. ⬆

끊을 수 없는 베이커리 디저트 ⬇
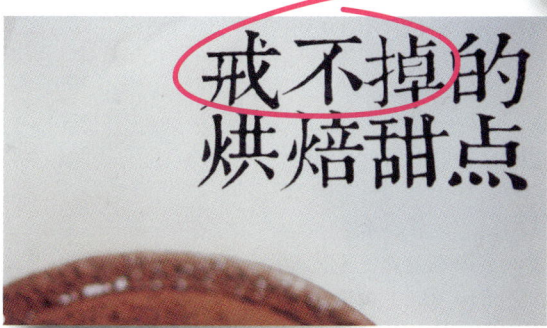

호랑이 엉덩이는 건드리면 안돼요. ➡

핵심문법

03 수량보어(数量补语)

1. 수량보어의 정의

술어동사 뒤에서 **그 동작의 횟수나 동작이 진행되는 시간을 보충**해 주는 것을 수량보어라고 한다. 특히 동작의 횟수를 나타내는 것을 **동량보어(动量补语)**라고 하고, 동작의 지속시간을 나타내는 것을 **시량보어(时量补语)**라고 한다.

동량보어 我去过两次中国。
→ '去过两次(두 번 간 적이 있다)'의 '两次'는 '去'라는 동작의 횟수를 보충해 주고 있다.

시량보어 他在这儿工作三年了。
→ '工作三年了(삼 년 동안 일했다)'의 '三年'은 '工作'가 진행된 시간을 보충해 주고 있다.

2. 수량보어의 위치

수량보어는 언제나 동사 뒤에 위치해야 한다.

- 我去过三次北京。 나는 중국에 세 번 간 적이 있다.
- 我在北京呆了一个星期。 나는 북경에서 일주일간 머물렀다.

> **주의**
> 시량보어를 한국어로 번역하면 모두 동사 앞으로 간다.
> ex) 세 번 가다 / 일주일간 머물다
> ⋯ 그러므로 수량보어의 의미를 중작할 때 주의해야 하는 점은 부사어처럼 중작하지 말고 반드시 동사 뒤의 보어의 위치에 두어야 한다는 것이다. 예를 들어 '나는 북경에서 일주일간 머물렀다.'를 중작할 때 "我在北京一个星期呆了。"라고 하면 안 된다!

> **주의**
> 동량과 시량이 동시에 나오는 경우가 있는데, 주로 어떤 시간 동안 무엇을 몇 번 하는지를 표현한다. 이때에는 시량을 나타내는 말을 동사 앞에 두고 동량을 나타내는 것을 동사 뒤에 두어 보어로 처리한다.
> - 一个星期辅导两次汉语。 일주일 동안 중국어를 두 번 과외 받는다.
> - 他去年一年去了四、五趟中国。 그는 작년 일 년 동안 4, 5차례 중국에 갔다.

3. 수량보어의 두 가지 형식: 동량보어 & 시량보어

1) 동량보어

'수사+동량사' 구조로 동사 뒤에 사용되어서 동작이나 행위가 진행된 횟수를 나타낸다. 몇 가지 상용 동량사를 예로 들어보면 아래와 같다.

※ 상용동량사의 의미상의 특징

① 次: 동작의 횟수를 나타낸다. 구어에서는 '回'를 다용한다.
- 这个餐厅我来过两次。 이 식당은 두 번 온 적이 있다.

② 遍: 같은 내용을 처음부터 끝까지 반복한 횟수를 말한다.
- 我没听清楚, 请再说一遍。 분명하게 못 들었는데 다시 한 번 말씀해 주세요.

③ 趟: 왔다갔다 반복하는 동작의 횟수를 말한다.
- 上星期我去了趟北京。 지난주에 나는 북경에 갔다 왔다.

④ 下: 시간이 짧고, 가벼운 동작의 횟수를 말한다. '한번 좀 ~해보다'의 뜻으로 이해할 수 있다.
- 你让我看一下儿。 나에게 좀 보여 줄래.

⑤ 顿: 식사, 질책, 구타 등의 횟수를 말한다.

- 老师严厉地批评了他一顿。
  선생님이 그를 심하게 한차례 꾸짖으셨다.

⑥ 场: 비, 바람, 전쟁, 공연 등의 횟수를 말한다.

- 昨晚我跟朋友一起看了一场歌剧。
  어젯밤에 나는 친구와 함께 오페라를 하나 보았다.

※ 동량보어의 문법 특징

① 동태조사 '了'와 '过'는 동사 뒤, 보어 앞에 놓는다.

- 我给他打了三次电话，都没打通。
  나는 그에게 세 차례 전화를 했는데, 모두 연결이 되지 않았다.

- 这部电影很有意思，我看过两遍。
  이 영화는 매우 재미있어서 나는 두 번 봤다.

② 목적어의 위치

목적어	어순	예문
보통명사	동량보어 뒤에 둔다 V + 동량사 + O	· 你帮我排一下队，我马上就回来。 너 내 대신 줄 좀 서 있을래, 내가 금방 갔다 올게. · 他听了三遍录音才听懂。 그는 녹음을 세 번 다 듣고서야 이해했다.
대명사	동량보어 앞에 둔다 V + O + 동량사	· 我以前在哪儿见过他一次。 나는 예전에 어디선가 그를 한 번 본 적이 있다. · 你等我一下，我马上就好。 너 조금만 기다려, 내가 곧 다 된다.
인명, 지명	동량보어 앞이나 뒤에 둔다 V + O + 동량사 V + 동량사 + O	· 我找过一次小李。 我找过小李一次。 나는 小李를 한 번 찾은 적이 있다. · 上高中的时候，我去过中国一次。 上高中的时候，我去过一次中国。 고등학교 다닐 때 나는 중국에 한 번 간 적이 있다.

③ 부정형: 일반적으로 부정형을 사용하지 않는다.

a. 자기 자신을 변호하거나 변명할 때 동사 앞에 '没'를 사용할 수 있다.

· 哪儿啊, 我只听了一遍, 没听两遍。
　　어디, 나는 한 번만 들었지, 두 번 듣지 않았어.

b. 강조할 때, '一 + 동량사 + 也(都) + 没' 라는 부정형식을 사용할 수 있다.

· 那个地方我一次也(都)没去过。
　　그곳을 나는 한 번도 간 적이 없다.

2) 시량보어

时段(시간의 길이)을 나타내는 말로서 동사 뒤에 사용되어 동작이나 행위가 진행된 시간의 양, 길이를 나타낸다.

※ 时段表示法

一年	일 년	一天	하루
一个月	한 달	一分钟	일 분 동안
一个小时 一个钟头	한 시간	一周 一个星期	일 주 동안

※ 시량보어의 의미상의 특징

시량보어는 동사 자체가 지니고 있는 의미상의 특징, 즉 동사가 지속할 수 있는 동작인지 아니면 순간적으로 끝나버리는 것인지에 따라서 각각 나타내는 의미가 다르다.

① 지속성을 지닌 동사 뒤의 시량보어는 이 동작이 지속하는 시간을 나타낸다. 즉 일정 시간 동안에 이 동작이나 행위가 지속되고 있음을 나타낸다.

· 他游戏已经玩了两个小时了。
　　그는 이미 2시간째 게임하고 있다.

- 走累了, 我们休息**十分钟**吧。
  걸어서 피곤하니 우리 10분간 쉽시다.

  → '住, 工作, 生活' 등과 같은 동사들이 이에 속한다.

② 순간적으로 완성되는 동사 뒤의 시량보어는 이 동작이 끝나고부터 말할 때까지 경과된 시간을 나타낸다.

- 他大学毕业**两年**了, 还没找到工作。
  그는 대학 졸업한 지 2년 되었는데, 아직 일을 찾지 못했다.

- 他父亲已经去世**十年**了。
  그의 아버지는 세상을 떠난 지 이미 10년이 지났다.

  → '死, 病, 毕业, 结婚, 离婚, 离开' 등과 같은 동사들이 이에 속한다.

※ 시량보어의 문법 특징

① 목적어의 위치

목적어	어순	예문
일반명사	V + O + V + 시량보어	· 我学英语学了**十年**。 나는 영어를 10년 배웠다. · 我每天晚上看书看**一个小时**。 나는 매일 밤 책을 1시간 본다.
	V + 시량보어 + O 시량보어와 목적어 사이에 '的'를 넣어도 된다	· 我学了**十年**(的)英语。 나는 10년간 영어를 배웠다. · 我每天晚上看**一个小时**(的)书。 나는 매일 밤 1시간씩 책을 본다.
인칭대명사 장소	V + O + 시량보어	· 老师等了你**半个小时**了。 선생님께서는 너를 30분 동안 기다리고 계신다. · 我来中国**一年多**了。 나는 중국에 온 지 1년 넘었다.

② 어기조사 '了'의 유무에 따른 의미상의 차이

　a. 문장 끝에 어기조사 '了'가 없는 경우 단순 서술식의 의미를 나타낸다.

- 我学汉语学了两年。　or　我学了两年(的)汉语。
  → '과거의 어느 시기에 중국어를 2년 동안 배웠다'라는 의미를 나타내는 말이다.

b. 문장 끝에 어기조사 '了'가 있는 경우는 동사가 나타내는 동작이 일단 완결되었지만 계속 지속되고 있음을 나타낸다.

- 我学汉语学了两年了。　or　我学了两年(的)汉语了。
  → 중국어를 배우기 시작해서 현재까지 2년이 경과되었고 지금도 아직 배우고 있다는 뜻을 나타낸다. 우리말로 해석하면 '나는 중국어를 2년째 배우고 있다'에 해당한다.

③ 부정형: 별로 사용하지 않는다. 변명할 때 동사 앞에 '没'를 둔 부정형을 사용할 수 있다.

- 我没玩一个小时电脑, 我只玩了三十分钟。
  나는 한 시간 동안 컴퓨터를 가지고 놀지 않고, 삼십 분 동안만 놀았어.

3) 수량보어의 기타 용법

수량보어는 일반적으로 동사술어문에서 사용된다. 그런데 때로는 형용사 뒤에 놓여 길이, 높이, 넓이, 깊이 등의 수량을 나타내거나 정도가 소량인 것을 나타내기도 한다. 주로 비교문에 사용되어 수량상의 차이를 나타낸다.

- 她男朋友高一米八。　그녀의 남자친구는 키가 1미터 80이다.
- 他比爱人大四岁。　그는 그의 아내보다 네 살 많다.
- 这本书比那本难一点儿。　이 책은 그 책보다 조금 어렵다.

> **주의**
> 비교하는 수량은 형용사 앞에 놓으면 안 된다. 반드시 형용사 뒤에 두어야 한다.
> - 언니가 동생보다 다섯 살 많다.
>   (×) 姐姐比妹妹五岁大。　→　(O) 姐姐比妹妹大五岁。
> - 그의 키는 나보다 약간 크다.
>   (×) 他的个子比我一点儿高。　→　(O) 他的个子比我高一点儿。

문법연습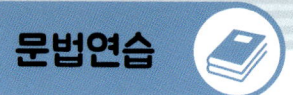

1 밑줄 친 부분을 가장 알맞은 동량보어로 채워 보세요.

1. 他今天又被老师批评了一 _____ 。

2. 我们商量了几 _____ ，可还是没有结论。

3. 这首歌我听了两 _____ 就学会唱了。

4. 突然下了一 _____ 大雪，路上车堵得厉害。

5. 上周我有个学术会议，去了一 _____ 上海。

6. 昨天我跟男朋友一起去看了一 _____ 棒球比赛。

2 아래 문장 중 틀린 부분을 찾아 바르게 고쳐 보세요.

1. 我昨天在他宿舍等了两个时间。

2. 那部电影很有意思，我两遍看过了。

3. 我去他家找过两次他，他都不在。

4. 现在是梅雨季节，一个星期都下雨了。

5. 我自己只学了网球学了几天，还不能教你。

6. 为了学好英语，他每天听英语广播一个多小时。

*문법연습 정답은 315 페이지에서 확인할 수 있습니다.

작문연습 | 수량보어

1 **나는 중국에 온 이후에 고궁에 두 번 간 적이 있다.**

我来中国以后, 去过两次故宫(去过故宫两次)。

요점 '~한 적이 있다'는 동사 뒤에 조사 '过'를 사용하고, 두 번은 동량사 '两次'로 나타낸다. 目的가 지명이기 때문에 동량사 '两次'는 '故宫'의 앞이나 뒤에 놓을 수 있다.

TIP 양사 앞의 '둘'은 '二'이 아니고 '两'으로 쓴다. 무게를 나타내는 단위 '两' 앞에서는 수사 '二'을 사용하여 '二两'이라고 표현한다.

확인 이 중국 식당은 나와 친구가 꽤 여러 번 왔었다.

2 **문제를 다 풀면 처음부터 끝까지 다시 한 번 검사를 해라.**

答完题, 从头到尾再检查一遍。

요점 '문제를 다 풀다'는 동사 '答'뒤에 결과보어 '完'을 붙여서 표현한다. 내용을 처음부터 끝까지 한 번 검사하는 것이므로 동량사 '遍'을 사용한다.

TIP 우리말로 '한 번'에 해당하는 동량사는 '一次', '一回', '一遍', '一趟' 등 하나둘이 아니다. 이들은 각각 의미와 용법에서 차이가 있는데, 우리말로 해석할 때는 동일하기 때문에 각각의 의미와 용법을 잘 파악하여 각각 정확하게 사용할 필요가 있다. 즉 '一次'는 동작의 횟수만을 말하는 것이고, '一回'는 구어에서 다용하며, '一遍'는 처음부터 끝까지의 완전한 일회를 말하며, '一趟'은 오고 가는 왕복의 '일 회'를 말한다.

확인 이 한국 노래는 매우 듣기 좋아서, 나는 꽤 여러 번이나 들었다.

어휘정리

- 고궁 故宫

- 식당 餐厅
- 꽤 여러 번 好几次

- 문제를 풀다 答题
- 처음부터 끝까지 从头到尾
- 검사하다 检查

- 듣기 좋다 好听

*작문연습 정답은 316 페이지에서 확인할 수 있습니다.

어휘정리

- 훔치다 偷
- 호되게, 세게 狠狠地

3 그가 남의 물건을 훔쳤는데 아버지가 아시고 그를 호되게 한차례 때렸다.

他偷了别人的东西，爸爸知道后，狠狠地打了他一顿。

요점 구타에 대한 횟수를 말하므로 동량사 '顿'을 사용한다. 그리고 목적어는 대명사 '他'이므로 '顿'을 목적어 '他' 뒤에 두어야 한다.

TIP 동량사 '顿'이 사용되는 동사는 구체적이든 추상적이든 의미상 모두 '먹다'라는 뜻을 공통적으로 내포하고 있다. '욕을 먹다(骂了一顿)' '밥을 먹다(吃了一顿)' '펀치를 먹다(打了一顿)' 정말 재미있는 표현들이 아닌가?

- 제때에 按时
- 비평하다, 꾸짖다 批评

확인 그가 제때에 숙제를 내지 않아서 선생님은 그를 한번 꾸짖으셨다.

- 내년 明年
- 퇴직하다 退休

4 그는 이 회사에서 삼십 년 동안 일했는데 내년이면 곧 퇴직할 겁니다.

他在这个公司工作了三十年，明年就要退休了。

요점 시량보어 '三十年'을 동사 '工作' 뒤에 둔다. '곧~할 것이다'는 '就要~了'로 표현한다.

TIP '삼십 년 동안 일했다'를 중작할 때 우리말 순서처럼 '三十年工作了'라고 하면 안 된다. 또한 '곧~할 것이다'에는 '快要~了'라는 표현도 있는데, 앞에 구체적인 시간을 나타내는 부사어가 오면 '快要~了'는 쓸 수 없음을 유의하자.

- 연애하다 谈恋爱
- 끝에 最后
- 헤어지다 分手

확인 그들은 대학 때 4년 간 연애를 했지만 끝에는 헤어졌다.

*작문연습 정답은 316 페이지에서 확인할 수 있습니다.

5 어제 우리는 한 시간 동안 컴퓨터로 채팅을 했다.

昨天我们上网聊天儿聊了一个小时。
or 昨天我们上网聊了一个小时(的)天儿。

- 한 시간 一个小时
- 채팅하다 上网聊天儿

요점 '聊天儿'은 술목구조이기 때문에 뒤에 시량보어가 나오면 동사 '聊'를 중첩해서 사용하거나 '동사+시량보어+(的)+목적어' 구조를 사용해야 한다.

TIP 만약에 '한 시간째 채팅을 하고 있다'라는 말을 하고 싶으면 문장 제일 끝에 어기조사 '了'를 넣으면 된다. 즉 "我们上网聊天儿聊了一个小时了." 나 "我们上网聊了一个小时(的)天儿了."로 중작하면 된다.

확인 그는 어제 하루 종일 회의를 해서 무척 피곤하다.

- 하루 종일 一整天
- 피곤 疲惫

---

6 스키를 배운 지 한 달밖에 안 되어서 아직 잘 탈 줄 모른다.

我学滑雪只学了一个月, 还不怎么会滑。

- 스키(타다) 滑雪
- 잘 할 줄 모른다 不怎么会

요점 '学滑雪'는 술목구조이기 때문에 뒤에 시량보어가 나오면 동사 '学'를 중첩해서 사용하거나 '동사+시량보어+(的)+목적어' 구조를 사용해야 한다. 또한 부사 '只'는 중첩한 동사 앞에 놓거나, '只+동사+시량보어+목적어' 방식을 취해 사용한다.

TIP '学滑雪'는 좀 복잡한 구조에 해당한다. '学滑雪'는 술어 '学'와 목적어 '滑雪'가 결합된 술목구조이면서 동시에 목적어 '滑雪' 역시 술어 '滑'와 목적어 '雪'가 결합된 술목구조로 이루어져 있다. 이처럼 중국어에는 여러 개의 구들이 결합하여 구성된 구들이 많이 존재한다.

확인 나는 중국요리를 배운 지 보름 밖에 안 되어서 아직 잘 할 줄 모른다.

- 중국요리를 하다 做中国菜

*작문연습 정답은 316 페이지에서 확인할 수 있습니다.

어휘정리

- 한참 동안 老半天
- PC방 网吧

7 나는 그를 한참 동안 찾았는데 결국 PC방에서 그를 찾아냈다.

我找了他老半天，最后在网吧里找到了他。

요점 목적어 '他'가 인칭 대명사이기 때문에 동사 바로 뒤에 와야 하고, 시량보어 '老半天'은 '他' 뒤에 위치한다. '찾아내다'는 목적 달성을 나타내는 결과보어 '到'를 사용하여 '找到'로 표현한다.

TIP '老'에는 여러 가지 의미가 있는데, 여기서는 '매우, 대단히'라는 뜻을 나타내는 부사어로 사용되고 있다. 예를 들면 '老早(매우 일찍), 老远(아주 먼)' 등과 같은 예가 이에 속한다. 만약 '老'의 '나이 들다, 늙다'라는 의미만 알고 이 문장을 중작하거나 한국어로 해석한다면 우스운 일이 벌어질 것이다.

- 사무실 办公室
- 만나게 되었다 见到

확인 나는 사무실에서 그를 두 시간 넘게 기다렸는데 끝내는 그를 만나게 되었다.

- 여름방학 동안 暑假期间
- 토플 托福

8 여름방학 동안 나는 학원에서 두 달 동안 토플을 배웠다.

暑假期间我在补习班学了两个月托福。
or 暑假期间我在补习班学托福学了两个月。

요점 동사 '学' 뒤에 목적어 '托福'가 있기 때문에, 동사 '学'를 중첩하거나 아니면 목적어 '托福'를 시량보어 뒤에 놓아야 한다.

TIP 정확히 말해 이 문장에서는 시량에 해당하는 말이 두 개가 나오고 있다. '暑假期间'과 '两个月'가 그것이다. 이처럼 둘이 나올 때는 보통 둘 중에 큰 범위에 해당하는 것을 동사 앞에 두고 구체적인 시간의 양을 나타내는 말을 동사 뒤에 두어 보어로 처리한다. "暑假期间我在补习班学了两个月托福."처럼 말이다.

- 중국어 방송 中文广播

확인 나는 매일 아침 삼십 분 동안 중국어 방송을 듣는다.

＊작문연습 정답은 316 페이지에서 확인할 수 있습니다.

중국 광고 속 수량보어 이야기

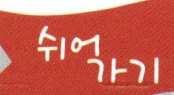 쉬어가기

⭐ 중국 현지 광고를 통해 현장감 넘치는 중국어 수량보어 표현을 배워 봅시다.

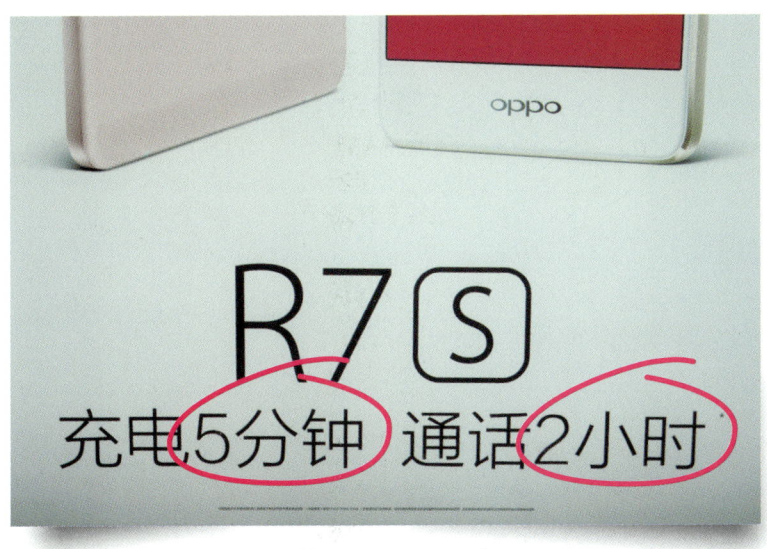

➡ 5분 충전으로 2시간 통화

➡ 무료 주차 1시간

10
비교문

정의

비교문의 4가지 유형과 용법
1. '比' 字句
2. 동일함을 나타내는 'A 跟 B 一样'
3. '有' 字句
4. '不如'를 사용한 비교문

핵심문법

01 정의

사람이나 사물의 성질, 상태, 정도의 차이를 설명하는 구문

02 비교문의 4가지 유형과 용법

1. '比' 字句

'比'를 사용한 비교 구문을 말한다.

1) 기본의미: A가 B보다 ~하다.

2) 기본구조: A + 比 B (비교대상) + 서술어

> 他 + 比我 + 高 = 他比我高

- 他比我高。
  그는 키가 나보다 크다.

- 我姐姐比我爱学习。
  우리 언니는 나보다 공부하기를 좋아한다.
  → 주로 형용사나 동사가 서술어로 사용된다.

 만약 '동사+목적어' 구조를 사용한다면 다음과 같은 어순을 가진다.

- 그는 나보다 중국어를 잘한다.

  他说汉语说得比我好。 / 他说汉语比我说得好。

  ⋯→ 이 문장의 우리말인 '그는 나보다 중국어를 잘한다'를 중작하면 '他比我说汉语说得好'라고 하기 쉬운데, 중국어에는 이런 어순의 표현법이 없다는 사실에 유념하자.

> **주의** 만약 일반 동사가 서술어에 나온다면 동사 앞에 '早, 晚, 先, 后, 难, 好, 多, 少' 등의 부사어를 사용하거나 정도보어를 갖는다.
>
> - 汉语比日语难学。 중국어는 일본어보다 배우기 어렵다.
> - 他比我来得晚。 그는 나보다 늦게 왔다.
>   ⋯▶ 이 문장은 "他来得比我晚。"이라고도 표현할 수 있다.
>
> 일반적으로 '早, 晚, 多, 少' 등을 동사 앞에 놓을 때 동사 뒤에 수량사가 따라온다.
> 즉 A + 比 + B + 早/晚/多/少 + 동사 + 수량이다.
>
> - 他四号来的, 我二号来的, 他比我晚来两天。
>   그는 4일에 왔고, 나는 2일에 왔으니 그가 나보다 이틀 늦게 왔다.
> - 昨天我喝了七杯水, 他喝了五杯, 我比他多喝了两杯水。
>   어제 나는 물 일곱 잔을 마셨고, 그는 다섯 잔을 마셨으니 내가 그보다 두 잔 더 마셨다.

3) 기본용법

※ '比'를 사용해서 차이를 나타내는 방법

① 구체적인 차이

구체적인 차이를 나타내는 수치를 형용사나 동사 뒤에 둔다.

> A + 比 + B + 형용사/동사 + 구체적인 수치

- 我姐姐比我大三岁。 언니는 나보다 3살이 많다.
- 他比我多买了两本书。 그는 나보다 책 두 권을 더 샀다.

② 약간의 차이

차이가 조금 날 때는 형용사나 동사 뒤에 '一点儿', '一些'를 붙인다.

> A + 比 + B + 형용사/동사 + 一点儿/一些

- 这件衣服比那件便宜一点儿。 이 옷은 저 옷보다 조금 싸다.
- 我比他跑得快一点儿。 나는 그보다 좀 빨리 뛴다.

③ 큰 차이

차이가 현격하게 많이 날 때는 '多了'나 '得多'를 사용한다.

A + 比 + B + 형용사/동사 + 得多/多了

- 今天比昨天冷多了。 오늘은 어제보다 훨씬 춥다.
- 韩国的春天比这儿暖和得多。 한국의 봄은 여기보다 훨씬 따뜻하다.
- 她网球打得比我好得多。 그녀는 테니스를 나보다 훨씬 잘 친다.
→ 만약 '网球' 앞에 '打'를 넣는다면 '比我'를 앞으로 보내 "她打网球比我打得好得多."라고도 할 수 있다.

※ 비교문에서 '更, 还' 등의 부사를 제외하고는 정도를 나타내는 부사 '很, 非常, 特别, 十分, 有点儿' 등을 쓸 수 없다.

- 她比电影明星还漂亮。 그녀는 영화배우보다 더 예쁘다.
- (×) 她看上去比她姐姐很苗条。 그녀는 보기에 그의 언니보다 훨씬 날씬하다.
  (○) 她看上去比她姐姐苗条得多。
- (×) 这件衣服的颜色比那件有点儿深。 이 옷의 색깔이 저 옷보다 좀 짙다.
  (○) 这件衣服的颜色比那件深一点儿。

※ 부정할 때는 주로 '没有'를 사용한다.

- 我的成绩没有他好。 나의 성적은 그만큼 좋지 않다.

주의 부정할 때 형용사 앞에 '不'를 쓰면 안 된다.

- 기말고사는 중간고사만큼 쉽지 않다.
  (×) 期末考试比期中考试不容易。 → (○) 期末考试没有期中考试容易。
- 나는 그녀만큼 잘 부르지 못했다.
  (×) 我唱得比她不好听。 → (○) 我唱得没有她好听。

주의 '比' 字句를 부정할 때 '不比'를 쓸 수도 있는데, '不比'에는 두 가지 의미가 내포되어 있어 구체적으로 사용할 때 이 점을 고려해야 한다.

- 他不比我高。 → 他跟我一样高。 그는 나와 키가 똑같다.
  → 我比他高。 내가 그보다 크다.
  ⋯→ '나나 그나 키가 같든지 내가 크다'는 의미를 나타낸다. 'A不比B~'는 'A나 B나 ~하다'는 의미, 즉 'A나 B나 도토리 키재기'라는 의미를 나타낸다. 여기서 '不比'의 반박하는 용법이 파생되는 것이다.

참고 '不比' 부정문은 때로 반박하는 뜻을 나타내기도 한다.

- 我的成绩不比他差, 为什么我就没有资格参加?
  ⋯→ '나의 성적이 그 사람보다 떨어지지 않는데, 왜 내가 참가할 자격이 없는지?'에 대해 반박하는 의미를 표현하고 있다.

2. 동일함을 나타내는 'A 跟 B 一样'

1) 기본의미: A는 B와 같다.

2) 기본구조: A + 跟 + B + 一样

- 我的手提包跟她的一样。
  내 핸드백은 그녀의 것과 같다.

  → '一样' 뒤에 서술어가 나올 수도 있는데, 이 때 '跟~一样'은 문장 속에서 부사어가 된다.
  ex) 他的儿子跟我的儿子一样大。 그의 아들은 내 아들과 나이가 같다.
  　　她跟我一样, 都喜欢吃辣的。 그녀도 나처럼 매운 음식 먹는 것을 좋아한다.

  → '跟~一样'은 문장 속에서 다른 성분을 수식하는 관형어로 사용될 수도 있다.
  ex) 我想买一副跟你一样的太阳镜。 나는 너와 같은 선글라스를 하나 사고 싶다.

3) 기본용법

※ A와 B에는 명사뿐만 아니라 동사나 동사구 심지어 주술구(主谓结构)까지 사용될 수 있다.

- 我的手机跟你的一样贵。
  내 휴대폰은 네 것과 같이 비싸다.

- 学滑雪跟学滑冰一样容易。
  스키를 배우는 것은 스케이트를 배우는 것과 같이 쉽다.

- 你去跟我去一样。
  네가 가는 것은 내가 가는 것과 같다.

※ 부정은 '不'를 '一样' 앞에 놓아야지 '跟' 앞에 놓아서는 안 된다.

- 내 의견은 그의 의견과 같지 않다.

  (×) 我的意见不跟他一样。 → (○) 我的意见跟他不一样。

※ '一样' 앞에 '差不多, 几乎, 不太, 完全' 등과 같은 부사어는 사용할 수 있지만, '很, 非常, 最' 등과 같은 정도부사는 올 수 없다.

- 我跟他的想法差不多一样。
  나는 그의 생각과 거의 같다.

- 我和姐姐的性格不太一样。
  나는 언니의 성격과 그다지 같지 않다.

- 他们俩是双胞胎，长得完全一样。
  그들은 쌍둥이로 생긴 것이 완전히 같다.

- (×) 这本书的内容跟那本非常一样。
- (×) 她们俩穿的衣服很一样。

3. '有' 字句: '有'를 사용한 비교 구문

1) 기본의미: A는 B만큼 ~하다.

   성질과 수량 면에서 A가 B의 수준과 정도에 달하고 있다.

2) 기본구조: A + 有 + B + 这么/那么 + 서술어

   - 他女朋友有你这么年轻漂亮吗？
     그의 여자친구는 너만큼 젊고 예쁘니?

   - 今天有昨天那么暖和吗？
     오늘 어제만큼 따뜻하니?

3) 기본용법

   ※ 부정은 '没' 혹은 '没有'를 사용한다.

   - 哥哥没有弟弟那么聪明。
     형은 동생만큼 그렇게 총명하지 않다.

   - 我没有她那么会说。
     나는 그녀만큼 그렇게 말을 잘 하지 못한다.

※ '有'字句나 부정형인 '没有'字句 안의 서술어는 일반적으로 적극적이고 좋은 뜻을 갖고 있는 형용사를 사용한다.

- 这孩子已经有他哥哥那么懂事了。
  이 아이는 이미 그의 형만큼 철이 들었다.

- 她吉他弹得有你这么好吗?
  그녀가 너만큼 기타를 잘 치니?

- 这张照片照得没有那张清楚。
  이 사진은 저 사진만큼 분명하게 찍히지 않았다.

- 我的生活没有小时候那么轻松快乐。
  나의 생활은 어릴 적만큼 가뿐하고 즐겁지 않다.

  → 이와 같은 유형의 형용사로는 '高, 快, 舒服, 便宜, 容易, 热闹, 清楚, 暖和, 干净, 方便, 漂亮, 流利' 등이 있다.

  · 나는 당신만큼 빨리 수영하지 못한다.

  (X) 我游得没有你慢。 → (O) 我游得没有你快。

4. '不如'를 사용한 비교 구문

1) 기본의미: A는 B만 못하다.

2) 기본구조: A + 不如 + B + 서술어

- 那本书不如这本有意思。
  저 책은 이 책만큼 재미가 없다.

- 我跑得不如他快。
  나는 달리기가 그만큼 빠르지 않다.

  → 서술어는 일반적으로 적극적, 긍정적인 의미를 가지고 있다.

비교문		
유형	기본의미	기본구조
'比'字句	A가 B보다 ~하다	A + 比 + B + 서술어
A跟B一样	A는 B와 같다	A + 跟 + B + 一样
'有'字句	A는 B만큼 ~하다	A + 有 + B + 这么/那么 + 서술어
'不如'句	A는 B만 못하다	A + 不如 + B + 서술어

문법연습

1 밑줄 친 부분을 가장 알맞은 비교와 관련된 단어로 채워 보세요.

1. 我学汉语的时间 _____ 他长，可是 _____ 他说得好。

2. 我 _____ 我妹妹那么漂亮，可是 _____ 她聪明。

3. 看电影 _____ 听音乐会更有意思，我们还是去听音乐会吧。

4. 我 _____ 他差，他能参加这次活动，我为什么不能参加?

5. 我的想法基本上 _____ 他的 _____ ，这事儿就按他说的办吧。

6. 现在养宠物的人 _____ 多了，有钱的话我也想养。

2 아래 문장 중 틀린 부분을 찾아 바르게 고쳐 보세요.

1. 我新交的男朋友比我两岁多。

2. 我比别人来得早半个小时。

3. 我喜欢看历史书比小说。

4. 你再好好儿看看，我比他不胖。

5. 我说英语说得比他有点儿流利。

6. 我觉得济州岛的风景比别的地方特别美。

＊문법연습 정답은 316 페이지에서 확인할 수 있습니다.

작문연습

1 **그의 성격은 그의 아내와 같지 않다.**

他的性格跟他妻子不一样(不同)。

요점 '~과 같지 않다'는 '跟(和)~不一样(不同)'이라고 표현한다.

TIP 만약에 '不'를 '一样' 앞에 놓지 않고 '跟' 앞에 놓는다면 완전히 다른 의미의 부정이 된다. 즉 "他的性格不跟他妻子一样。"이라고 하면 '그의 성격은 그의 아내와 같은 것이 아니고'라고 해석되며 뒤에 보충되어야 하는 말이 반드시 있는데, 예컨대 '跟他儿子一样(그의 아들과 같다)'과 같은 말이 나와야 한다. 즉 여기서의 '不'는 '跟他妻子一样' 전체를 부정하고 있는 것이다.

확인 한국인의 생활 습속은 중국인과 다르다.

✎ _____

2 **그녀는 노래를 가수처럼 그렇게 잘 부른다.**

她唱歌唱得有歌手那么好听。

요점 '~처럼 그렇게'는 '~만큼 그렇게'에 해당하는 표현이므로 '有' 字句 비교문을 사용한다.

TIP 서술어가 '동사+목적어' 구조일 때는 정도보어의 형식을 사용하여 비교의 의미를 나타낸다. 즉 정도보어 부분에 '有' 字句 비교문을 쓰면 된다. 또한 '노래를 잘 부른다'라고 하면 '唱得好'라고도 중작할 수 있는데, 여기서 특별히 '唱得好听'이란 표현을 쓴 것은 이 표현은 같은 의미의 표현이지만 주의를 기울이지 않으면 중작해 내기 쉽지 않기 때문이다.

확인 그는 중국어를 중국인처럼 그렇게 정통하게 잘 한다.

✎ _____

*작문연습 정답은 316 페이지에서 확인할 수 있습니다.

어휘정리

- 성격 性格
- 아내 妻子

- 생활 습속 生活习俗

- 가수 歌手
- 잘 부르다 唱得好听

- 정통의, 진짜의 地道

어휘정리

- 문법 语法
- 내용 内容

3 이 중국어 문법책의 내용은 저 책보다 조금 어렵다.

这本汉语语法书的内容比那本难一点儿。

요점 '조금 어렵다'를 표현할 때 '형용사+一点儿' 형식을 써야 한다.

TIP '조금 어렵다'를 표현할 때 직역된 '一点儿难'이나 '有点儿难'을 쓸 수 없다. '一点儿难'이란 표현은 아예 없기 때문이고, '有点儿难'을 쓸 수 없는 것은 '有点儿+형용사' 구조가 종종 불만족스런 감정 색채를 표현하기 때문에 객관적 상황을 비교하는 비교문에 사용하기에는 적합하지 않다.

- 예년 往年
- 따뜻하다 暖和

확인 한국의 올해 겨울은 예년보다 좀 따뜻하다.

4 그는 평소보다 반 시간 더 일찍 일어나서 밥을 먹고 학교에 갔다.

他比平时早起半个小时，吃了饭就去学校了。

- 평소 平时
- 반 시간 半个小时

요점 만약 단지 '평소보다 일찍 일어나다'는 것을 표현하려면 "他比平时起得早。"라고 하면 된다. 그렇지만 동작과 관련된 구체적인 양을 나타낼 때는 '早起'를 사용해서 "他比平时早起半小时。"라고 해야 된다.

TIP '밥을 먹고 학교에 갔다'라는 문장은 선행된 동작이 완료된 이후에 연이어서 두 번째 동작이 진행된 것으로 이해되기 때문에, "吃饭以后去学校了。"라고 중작될 수도 있다. 그러나 이 문장을 통해서는 "吃了饭就去学校了。"에서 볼 수 있는 앞 동작이 완료되자마자 다음 동작이 진행되는 의미를 나타낼 수 없다. 상황에 따른 적절한 중작이 요구되는 또 하나의 실례이다.

- (쌀)밥 米饭

확인 그는 매우 배가 고파서 저녁 식사를 평소보다 밥을 한 공기 더 먹었다.

＊작문연습 정답은 316 페이지에서 확인할 수 있습니다.

5 버스를 타고 가느니 차라리 자전거를 타는 것이 더 편리하겠다.

坐公共汽车去不如骑自行车去更方便。

요점 '차라리'는 '不如'를 사용하면 되고, '더욱'을 나타내는 '更'은 '方便' 앞에 놓는다.
TIP "坐公共汽车去不如骑自行车去更方便。"을 직역하면 '버스를 타고 가는 것은 자전거를 타고 가는 것보다 더 편리하지 못하다'라고도 할 수 있는데, 이 말은 "坐公共汽车去不比骑自行车去更方便。"처럼 중작하기 쉽다. '不比'句가 나타내는 의미는 단순하지 않으므로 사용상 주의하여야 한다.

확인 지금은 통근 러시아워여서 차를 몰고 가느니 차라리 지하철을 타고 가는 것이 더욱 편리하다.

6 그의 학력은 나보다 높지 않지만, 월급은 나보다 많다.

他的学历没有我高，可工资比我高。

요점 비교문에서 부정은 '没有'를 사용한다.
TIP '그의 학력은 나보다 높지 않다'를 직역하면 "他的学历不比我高。"라고 할 수 있는데, 이 문장의 의미는 그의 학력이 나보다 같거나 높지 않다는 뜻이다. 즉 '나나 그나 학력 수준이 비슷비슷하다'는 것이다. 그러므로 여기서는 이렇게 중작하는 것이 적합하지 않다.

확인 그는 태극권을 배운 시간이 나보다 길지만 나보다 태극권을 잘하지 못한다.

어휘정리

- 버스 公共汽车
- 편리하다 方便

- 출근시간대, 통근러시아워
  上班高峰, 早高峰

- 학력 学历
- 월급 工资, 薪水

- 태극권 太极拳

＊작문연습 정답은 316 페이지에서 확인할 수 있습니다.

어휘정리

- 예전 以前
- 유창하다 流利

7 중국에서 일 년 동안 중국어를 배운 후에 나의 중국어는 예전보다 훨씬 유창해졌다.

在中国学了一年的汉语以后，我的汉语说得比以前流利多了/得多。

요점 '일 년 동안 중국어를 배우다'는 '学了一年(的)汉语'라고 하고 '훨씬 유창해졌다'는 '流利多了/得多'이다.

TIP '일 년 동안 중국어를 배우다'라는 말은 '学了一年(的)汉语' 이외에도 '学汉语学了一年' 혹은 '汉语学了一年'이라고도 할 수 있다.

TIP '나의 중국어는 예전보다 훨씬 유창해졌다'를 중작하면 "我的汉语比以前流利多了."라고도 할 수 있는데, 위에서 굳이 "我的汉语说得比以前流利多了."라고 한 점은 동일한 의미이지만, '说得'를 사용하여 중작하는 것이 한국 학생들에게는 쉽지 않기 때문이다.

- 힘든 연습 苦练
- 탁구 乒乓球

확인 몇 년 동안 힘든 연습을 통해서 그는 예전보다 탁구를 훨씬 잘 치게 되었다.

- 떨어지다, 나쁘다 差
- 승진하다 晋升

8 내 실력이 그 사람보다 떨어지지 않는데, 그 사람은 승진했는데 나는 왜 승진하지 못했는가?

我的能力不比他差，他晋升了，为什么我没能晋升？

요점 반박하는 뜻이 있는 부정문이므로 '不比'를 사용한다.

TIP 앞에 반박의 '不比'句를 사용하였기 때문에 뒤의 문장은 자연스럽게 '반문'을 나타내는 의문문으로 연결되고 있음에 주의하자. '나는 왜 승진하지 못했는가?'라는 질문은 실제적인 답을 원하는 의문문이 아닌 반어문이다. 또한 여기서 말하는 '실력'을 직역하면 '实力'라고도 할 수 있는데, '实力'는 군사나 경제 방면의 실제적인 능력을 의미하는 뜻이므로, 여기서는 '能力'로 번역하는 것이 더 적합하다고 생각한다.

- 기회 机会

확인 내 조건이 그녀보다 나쁘지 않은데, 왜 나에게 기회를 주지 않습니까?

＊작문연습 정답은 316 페이지에서 확인할 수 있습니다.

중국 광고 속 비교문 이야기

★ 중국 현지 광고를 통해 현장감 넘치는 중국어 비교문 표현을 배워 봅시다.

➡ 세상에는 항상 당신보다 더 바쁜 누군가가 헬스를 하고 있다.

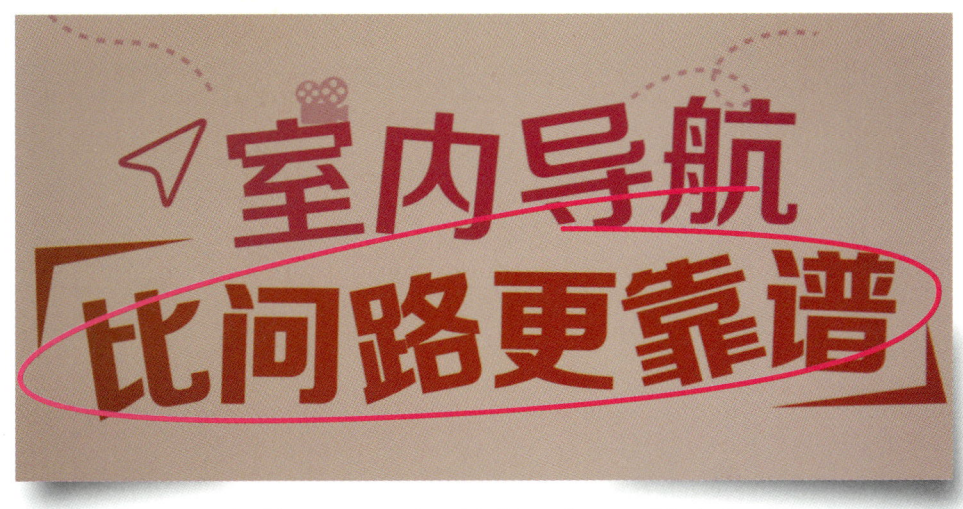

➡ 실내 내비게이션이 길을 묻는 것보다 더 믿음직스럽다.

11 강조구문 '是~的' 구문

정의

'是~的' 구문에서 주로 강조하는 5가지
1. 시간
2. 장소
3. 방식
4. 목적
5. 동작의 행위자

'是~的' 구문의 용법
1. 이미 발생한 일 강조
2. 부정은 '是' 앞에 '不'를 넣음
3. 긍정문에서 '是'는 생략 가능
4. '是~的' 구문 안의 동사가 목적어를 갖는 경우
5. 동사가 목적어 수반 시 목적어 뒤에 동사 중복 출현

강조구문 '是~的'의 유사문형
1. 말하는 사람의 의견, 견해, 태도 등을 단정적으로 나타낼 때
2. 사람, 사물의 소유, 재질을 나타내거나 유형별로 분류, 귀납할 때

핵심문법

01 정의

이미 발생하거나 실행된 일이나 행위와 관련된 시간, 장소, 방식, 목적, 동작의 행위자 등을 강조하고자 할 때 사용하는 구문이다.

- 我是昨天到韩国的。
  나는 어제 한국에 도착했다.

- 这张照片是在长城照的。
  이 사진은 만리장성에서 찍은 것이다.

위 예문에서 시간을 나타내는 '昨天'과 장소를 말하는 '长城'은 화자가 강조하고자 하는 부분이다. 화자가 '언제' 도착했는지 '어디에서' 찍었는지를 말하고자 하는 것이다. 이 때 바로 '是~的' 문을 사용하는데, '是'는 강조하고자 하는 부분 앞에 놓고 '的'는 문장 끝에 놓는다.

02 '是~的' 구문에서 주로 강조하는 5가지

1. 시간

- 你们俩是什么时候认识的?
  너희 둘은 언제 알게 되었니?

  我们是上大学的时候认识的。
  우리들은 대학 다닐 때 알게 되었어.

2. 장소

- 这本书是在哪儿买的?
  이 책은 어디서 샀니?

  是在中国书店买的。
  중국서점에서 샀어.

3. 방식

· 你们是**怎么**去乐天世界的?
  너희들은 어떻게 롯데월드에 갔니?

  我们是**坐地铁**去的。
  우리들은 지하철을 타고 갔어.

4. 목적

· 你是来**做什么**的?
  너 무엇을 하러 왔니?

  我是来**探亲**的。
  나는 친척 방문하러 왔어.

5. 동작의 행위자

· 这本小说是**谁**翻译成韩文的?
  이 소설은 누가 한국어로 번역했니?

  是**我的一个朋友**翻译成韩文的。
  내 친구 한 명이 한국어로 번역했어.

  → 이런 경우 '是~的' 중간에는 구가 들어가며 이 구의 술어동사는 일반적으로 목적어를 수반하지 않는다. 전체 주어가 의미상 이 술어동사의 행위 대상자가 된다. 즉 '翻译'의 대상인 '这本小说'가 주어의 위치에 나온다는 것이다.

03 '是~的' 구문의 용법

1. 이미 발생한 일 강조

'是~的' 구문이 강조하는 부분은 모두 이미 발생한 일로, 아직 실현되지 않은 동작의 발생시간을 강조하기 위해서 '是~的' 구문을 사용할 수는 없다.

· 내 남동생은 내년에 고등학교를 졸업할 것이다.

  (×) 我弟弟是明年高中毕业的。 → (O) 我弟弟明年高中毕业。

> 그렇다면 과거의 일을 나타내는 '是~的' 구문과 동작의 완료를 나타내는 '了' 구문과는 어떤 차이가 있는가?
>
> - 他昨天来了。 그는 어제 왔다.
> - 他是昨天来的。 그는 어제 왔다.
>
> … 우리말로 번역하면 모두 '그가 어제 왔다'라고 동일해 보이지만, 그 의미상의 강조점이 다르다. 즉 '了' 구문은 '누가 ~했다'라는 사실을 알려주는 단순 서술형이지만, '是~的' 구문을 통해서는 누가 '언제' 왔는지를 강조하며 알려주고 있다.

2. 부정은 '是' 앞에 '不'를 넣음

- 我不是坐飞机来的, 我是坐火车来的。
  나는 비행기를 타고 오지 않고 기차를 타고 왔다.

- 我不是一个人去的, 我是跟家人一起去的。
  나는 혼자서 가지 않고 식구들하고 함께 갔다.

→ '是~的' 구문의 부정은 동작 행위 그 자체에 대한 부정이 아니고 '是~的' 구문이 강조하는 부분에 대한 부정이므로, '是~的' 앞에 '不'를 놓는 것이다.

3. 긍정문에서 '是'는 생략 가능

- 这双鞋(是)在东大门市场买的。
  이 신발은 동대문시장에서 샀다.

- 我(是)2018年大学毕业的。
  나는 2018년에 대학을 졸업했다.

→ 만약 주어가 단순히 '这'나 '那'일 때는 '是'를 생략할 수 없다.
  - 이것은 친구한테서 빌려온 것이다.
    (×) 这我从朋友那儿借来的。 → (O) 这是我从朋友那儿借来的。

| 주의 | 부정문에서는 생략할 수 없다. |

- 이 옷은 인터넷에서 산 것이 아니다.
    (×) 这件衣服不在网上买的。 → (O) 这件衣服不是在网上买的。

4. '是~的' 구문 안의 동사가 목적어를 갖는 경우

'是~的' 구문 안의 동사가 목적어를 갖는 경우 목적어가 '的' 뒤로 나올 수 있으며, 의미상의 차이는 없다.

1) 목적어가 일반명사인 경우

   목적어는 '的'의 앞뒤에 모두 올 수 있다.

   - 나는 작년부터 중국어를 배우기 시작했다.
       我是去年开始学汉语的。 or 我是去年开始学的汉语。

   - 그는 지난주에 서울에 도착했다.
       他是上个星期到首尔的。 or 他是上个星期到的首尔。

2) 목적어가 대명사인 경우

   목적어는 '的'의 앞에 와야 한다.

   - 나는 방금 거리에서 우연히 그를 만났다.
       (×) 我是刚才在街上遇见的他。
       (O) 我是刚才在街上遇见他的。

   - 나는 동창모임에서 그녀를 알게 되었다.
       (×) 我是在同学聚会上认识的她。
       (O) 我是在同学聚会上认识她的。

5. 동사가 목적어 수반 시 목적어 뒤에 동사 중복 출현

'是~的' 구문 안의 동작이나 행위가 어떤 결과의 원인을 나타낼 때, '是~的' 구문 안의 동사가 만일 목적어를 수반하면 목적어 뒤에 동사를 한 번 더 사용한다.

- 他睡不着觉, 是想女朋友想的。
  그가 잠 못 이루는 것은 여자친구를 그리워하기 때문이다.

- 他口渴, 是说话说的。
  그가 목이 마른 것은 말을 했기 때문이다.

04 강조구문 '是~的' 의 유사문형

형식상 '是~的' 구문과 동일하지만 의미와 용법이 다른 경우가 있는데 크게 다음 두 가지 경우가 있다.

1. 말하는 사람의 의견, 견해, 태도 등을 단정적으로 나타낼 때

말하는 사람의 의견, 견해, 태도 등을 단정적으로 나타낼 때 '是~的' 구문을 사용할 수 있다. 여기서의 '是~的'는 긍정하는 어기를 나타낸다.

- 我是很赞成你的意见的。
  나는 너의 의견에 매우 찬성한다.

- 按大夫的要求打针吃药, 你的病是会好的。
  의사의 요구에 따라 주사 맞고 약을 먹으면 네 병은 좋아질 것이다.

→ 부정은 '不'를 '是'의 뒤에 놓는다.
  ex) 你的病是不会好的。 네 병이 좋아질 리 없다.
      他是不会来的。 그는 올 리가 없다.

2. 사람, 사물의 소유, 재질을 나타내거나 유형별로 분류, 귀납할 때

'是~的'의 구조로 사람이나 사물의 소유나 재질을 나타내거나 유형별로 분류, 귀납하는 용법이 있는데, 우리말로는 '~의 사람(것)/~하는 사람(것)'이라는 뜻으로 해석된다.

- 这本书是我的。
  이 책은 내 것이다.
  → '我的'는 '我的书'를 말하는 것으로 소유를 말해주고 있다.

- 那房子是木头的。
  그 방은 나무로 만들어진 것이다.
  → '木头的'는 '房子'를 만든 재료를 말해주고 있다.

- 我是学中文的。
  나는 중문을 공부하는 사람이다.
  → '学中文的'란 말은 내 전공은 중문학이란 소리다. 이런 표현으로는 다음과 같은 것들이 있다.

  - 教书的   가르치는 사람 = 선생님
  - 修鞋的   신발을 고치는 사람 = 신발 수선공
  - 开车的   차를 운전하는 사람 = 운전기사
  - 做生意的   장사를 하는 사람 = 장사꾼

- 这条毛巾是擦脸的, 那条毛巾是擦手的。
  이 수건은 얼굴 닦는 것이고 저 수건은 손을 닦는 것이다.
  → 이 수건과 저 수건의 기능을 '是~的'로써 분류 설명하고 있다.
  → 부정은 '是~的' 구문의 부정형과 똑같이 '是' 앞에 '不'를 놓는다.
  ex) 我不是搞语言的, 我是搞文学的。 나는 언어를 연구하는 사람이 아니라 문학을 연구하는 사람이다.

> **주의**
> 만약 '不'를 '是' 뒤에 두면 의미가 완전히 달라진다.
> - 我是不搞政治的。
>   ⋯→ 정치를 하지 않겠다는 강경한 태도를 표명하고 있는 문장이다.

문법연습

1 '了'나 '的'를 사용하여 빈칸을 채워 보세요.

1. A: 他未婚妻来中国了。
   B: 哦, 是吗? 什么时候来 ___ ?
   A: 前天下午。

2. A: 我前几天买 ___ 一双凉鞋。 你看, 怎么样?
   B: 嗯, 式样挺时髦。
   A: 在哪儿买 ___ ?
   B: 在现代百货商店。

3. 快说说你的恋爱史, 你跟你的爱人是什么时候认识 ___ , 是在哪儿认识 ___ , 你们是怎么认识 ___ ?

4. 最近他很忙, 上个星期去济州岛 ___ , 昨天刚回来, 后天又要去中国出差了。

2 아래 문장 중 틀린 부분을 찾아 바르게 고쳐 보세요.

1. 我是在回家的路上碰到老朋友了。

2. 这照片照得真不错, 是在哪儿照了?

3. 我不跟男朋友一起去, 是跟我表弟一起去的。

4. 明天开会的事儿是谁通知你了?

5. 是上周韩中文化交流活动举行的。

6. 我昨天去动物园的, 在那儿看到了熊猫。

*문법연습 정답은 316 페이지에서 확인할 수 있습니다.

작문연습

1 듣자니까 당신 벌써 대학을 졸업했다고 하던데 언제 졸업했어요?

听说你已经大学毕业了, 是什么时候毕业的?

요점 화자의 의도는 언제 졸업했는지 알고 싶기 때문에 시간을 강조하는 '是~的'라는 문형을 사용한다. 그리고 대학 졸업은 '毕业大学'라고 하지 말고 '从大学毕业'나 '大学毕业' 혹은 '毕业于大学'라고 해야 한다.

TIP 단순히 "너 언제 졸업했니?"라는 문장만 보면 "你什么时候毕业了?"라고도 중작해 낼 수 있다. 그러나 이 문장은 단순 서술형으로 화자가 강조하고 싶은 '언제'라는 부분이 두드러지지 않고 있기 때문에 적절한 중작이라 할 수 없다.

확인 듣자니 당신 학교 중문과의 역사가 오래됐다고 하던데. 언제 창립했어요?

어휘정리
- 듣기로 听说
- 역사가 오래되다 历史悠久
- 창립하다 创建

2 나는 반드시 조사를 통해서 이 사고가 어떻게 일어났는지 밝히겠다.

我一定要通过调查弄清这次事故是怎么发生的。

요점 이미 일어난 일이고 문장은 어떻게 일어났는지를 강조하고 있기 때문에 '是~的' 문형을 사용한다.

TIP '밝히다', '알아내다'라는 뜻을 중국어로 '弄清'이라고 했는데, '弄清'은 '동사+결과보어' 구조로서 '어떤 식으로든 분명하게 하다'라는 의미를 나타내고 있음을 알 수 있다. 이것은 하나의 어휘가 내포하는 의미를 그 어휘의 구조를 통해 본 실례이다. 또한 '弄清'은 '弄清楚'라 해도 된다.

확인 네가 가서 회사의 기밀이 어떻게 누설되었는지 조사해 봐라.

어휘정리
- 조사 调查
- 밝히다 弄清
- 기밀 机密
- 누설하다 泄露

*작문연습 정답은 316 페이지에서 확인할 수 있습니다.

어휘정리

- 디지털 카메라 数码相机
- 구입하다 购买

3 당신이 쓰고 있는 디지털 카메라는 어디서 구입했나요?

你用的数码相机是在哪儿购买的?

요점 '你用的数码相机'는 주어가 되어 문장 앞에 위치하며, '어디서'라는 장소를 강조하기 때문에 '在哪儿'을 '是~的' 구문 안에 놓는다.

TIP 디지털 카메라를 수식하고 있는 '你用的'는 '你所用的'라고도 표현할 수 있다. 다만 '你所用的'는 서면어이므로 구어에서 잘 쓰지 않는다.

- 여권 护照
- 찾았다 找到

확인 여권은 어디에서 찾았나요? 난 방금 한참 동안 찾았는데도 찾지 못했어요.

- 걸어서 오다 走着来
- 쓰다 花

4 우리는 모두 걸어서 왔어요. 그래서 길에서 많은 시간을 썼습니다.

我们都是走着来的,所以路上花了很长时间。

요점 '걸어서 왔다'라는 행동 방식을 강조하기 때문에 '是~的'를 사용한다. '시간을 많이 쓰다, 시간이 많이 걸린다'는 '花很长时间'이라고 하는데, 이미 일어난 일을 말하는 데다 '很长时间'과 같은 목적어가 나오므로 '了'를 동사 '花' 뒤에 놓는다.

TIP '걸어서 오다'를 '走着来'라고 표현하는데, 이는 '동사₁+着+동사₂'의 격식에 속하는 예이다. '동사₁+着+동사₂'으로 표현할 수 있는 것은 '走着来', '哭着说', '趴着睡觉' 등과 같이 동사₁이 동사₂의 방식을 나타내는 것도 있지만, '急着上班', '忙着准备出发' 등과 같이 목적관계 를 나타내기도 한다.

- 고속철도 高铁

확인 나는 이번에 고속철도를 타고 상해에 갔는데, 길에서 다섯 시간 남짓 밖에 소모하지 않았다.

*작문연습 정답은 316 페이지에서 확인할 수 있습니다.

5 우리 집의 청소기는 내가 망가뜨린 것이 아니라 내 남동생이 망가뜨렸다.

我们家的吸尘器不是我弄坏的, 是我弟弟弄坏的。

어휘정리
- 청소기 吸尘器
- 망가뜨리다 弄坏

요점 내가 한 것이 아니라고 강조하고 있기 때문에 '是~的'의 부정형을 사용한다. 긍정문에서는 종종 '是'를 생략할 수 있지만, 부정문에서는 '是'를 생략할 수 없다.

TIP 일반적으로 구체적인 동작을 말할 필요가 없거나 말하기 불편할 때 그 동사를 대신해서 쓰는 동사들이 있는데 마치 대동사와 같은 뜻과 기능을 가진다. 중국어에는 이런 동사에 '弄', '搞'가 있다. 이 둘의 차이를 간략히 설명하면, '搞'에는 어떤 일이나 연구에 종사한다는 뜻이 있다. 그래서 '搞研究(연구하다)', '搞开发(개발하다)', '搞创作(창작하다)' 등과 같은 예로 사용된다. '弄'은 주로 뒤에 형용사가 나와서 사동의 의미를 나타내는데, '弄脏(더럽히다)', '弄醒(깨우다)', '弄乱(어지럽히다)', '弄清(분명히 하다)' 등이 그 예들이다.

확인 나는 일의 진상을 알고 있는데, 그 돈은 정말 그가 훔친 것이 아니다.

- 진상 真相
- 훔치다 偷

✏️ _____

6 나의 자동차는 지난달에 산 것으로 운전한 지 아직 한 달도 안 되었다.

我的汽车是上个月买的, 开了还不到一个月。

- 자동차 汽车
- 운전하다 开车

요점 화자가 시간을 강조하고 있기 때문에 '上个月买了'라고 하면 안 되고, '是上个月买的'라고 해야 한다. 그리고 '한 달 동안'은 시간의 양을 말하므로 '一月'가 아니라 '一个月'라고 표현한다.

TIP '운전한 지 아직 한 달도 안 되었다.'는 부분만 보면, "开车开了还不到一个月。"라고도 중작할 수 있다. 그런데 위 예문에서는 '汽车'에 관해 앞 문장에 이미 언급되고 있기 때문에 "开了还不到一个月。"처럼 동사만으로 충분히 이 의미를 나타내고 있다. 만약 '운전한 지 한 달 정도 되었다'를 중작하면 "开了只有一个月了。"나 "只开了一个月了。"라고 표현해야지 "开了还不到一个月。"에서 '不'를 제거한 "开了只到一个月。"라고 하는 것은 아주 어색하다.

확인 그는 지난주에 중국어를 연수하러 북경에 갔는데, 간 지 일 주도 안 되었다.

- 중국어를 연수하다
  进修汉语

✏️ _____

*작문연습 정답은 316 페이지에서 확인할 수 있습니다.

어휘정리

- 연극 话剧

7 당신은 어제 누구와 함께 연극을 보러 갔나요?

昨天你是跟谁一起去看话剧的?
or 昨天你是跟谁一起去看的话剧?

요점 '누구와 같이'를 강조하고 있어서 '谁' 앞에 '是'를 놓는다. 그런데 '是~的' 구문 안의 동사가 목적어를 갖는 경우 목적어 앞에 '的'를 놓아도 의미상의 차이가 없으므로, '的'를 '话剧' 앞이나 뒤에 두면 된다.

TIP '~하러~에 가다'라는 말은 목적관계를 나타내는 '去~做什么' 구조로 표현하면 된다. 그러므로 '연극을 보러 가다'라는 말은 '去看话剧'라고 하면 된다.

- 휴가 때 休假的时候
- 유럽 欧洲

확인 작년 휴가 때 당신은 누구랑 같이 유럽으로 여행 갔나요?

✎ _____

8 그녀가 이가 아픈 것은 초콜릿을 먹었기 때문이다.

她牙疼, 是吃巧克力吃的。

- 이가 아프다 牙疼
- 초콜릿 巧克力

요점 동작이나 행위가 어떤 결과의 원인을 나타낼 때 '是~的' 구문을 사용한다. 구문 안의 동사 '吃'가 목적어 '巧克力'를 수반하기 때문에 동사를 한 번 더 중첩한다.

TIP 이유나 원인을 강조할 때 '是~的' 구문 안에 '因为'를 삽입하여 "她牙疼, 是因为吃巧克力吃的."라고 하면 원인의 의미가 더더욱 강화된다. 초콜릿을 말하는 어휘로 '巧克力'말고도 '朱古力'라는 것도 있는데, '巧克力'가 순수 음역된 단어임에 비해 '朱古力'는 의역과 음역이 절묘하게 결합된 어휘에 속한다. 즉 '붉은(朱)' 초콜릿이란 말이다.

- 폐암 肺癌
- 담배를 피우다 抽烟

확인 그가 폐암에 걸린 것은 매일 담배를 피우기 때문이다.

✎ _____

*작문연습 정답은 316 페이지에서 확인할 수 있습니다.

중국 광고 속 강조구문 이야기

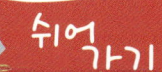

★ 중국 현지 광고를 통해 현장감 넘치는 중국어 강조 표현을 배워 봅시다.

『강철은 어떻게 단련되었는가』의 중국어 제목을 '방식을 강조하는 구문'을 사용하여 번역했습니다.

➡ 『강철은 어떻게 단련되었는가』 니꼴라이 오스뜨로프스끼의 소설

그것들은 어떻게 온 것일까 ➡

'是'가 생략된 강조구문으로, '它们是怎么来的'라고도 할 수 있습니다.

➡ 손님 배가 저희 식당 때문에 그렇게 됐다는 사실을 다른 사람에게는 알려주지 마세요!

12 중국어의 특수구문 I

'把' 자문(把字句)
1. 정의
2. 주요 형식
3. 의미
4. 문법 특징
5. 꼭 '把'자문으로 써야 하는 경우

피동문(被字句)
1. 정의
2. 피동문의 두 가지 유형
3. 피동문의 문법 특징

핵심문법

01 '把' 자문(把字句)

1. 정의

전치사 '把'로 목적어를 동사 앞에 두어 동사에 대한 부사어의 역할을 하는 구조를 '把' 자문(把字句)이라 한다.

2. 주요 형식

> 동작 행위의 주체 + 把 + 동작 행위의 대상 + 동사 + 기타성분

3. 의미

'把'자문은 목적어인 사람이나 사물에 외부로부터 어떤 '행위'나 '처치'를 가하고 영향을 일으켜서 생긴 '변화'나 '초래된 결과'를 강조하는 구문이다.

- 我把那本小说看完了。
  나는 그 소설을 다 봤다.
  → 목적어인 '그 소설'에 '看'이란 행위를 가하여 '看完'이란 결과로 처치됨을 말해 주고 있다.

4. 문법 특징

1) '把'자문의 술어동사는 주로 행위동사이며, 일반적으로 '처치'의 의미를 가지고 있다. 따라서 판단, 감각, 인지, 심리, 방향을 나타내는 동사들은 '把'자문에서 쓸 수 없다.

- (×) 我把他认识了。
- (×) 他最后把这个计划同意了。
  → '把'자문에서 쓸 수 없는 동사들은 다음과 같다.
  · 판단동사: 是, 有, 像, 姓, 属于, 好像 등
  · 감각, 인지동사: 懂, 看见, 知道, 觉得, 感到, 听见, 认识 등
  · 심리동사: 怕, 同意, 生气, 关心, 喜欢 등
  · 방향동사: 来, 去, 上, 下, 进, 出 등

2) '把'의 목적어는 반드시 말하는 사람이나 듣는 사람이 그 존재를 확실히 그것이라고 다 알 수 있는 '특정한 것'이다. 목적어 앞에는 일반적으로 수량사를 쓰지 않는다.

- 把那本词典递给我。
  그 사전을 나에게 건네줘.

(×) 把一本词典递给我。

→ 지시 대명사와 양사는 구체적으로 대상을 지적해 줄 수 있는 말이므로 사용될 수 있지만, 불확실한 지칭을 말하는 '수량사'는 목적어의 위치에 쓰일 수 없다.

- 그는 컴퓨터를 다 고쳤다.
  (×) 他把一台电脑修好了。 → (O) 他把电脑修好了。
  → 말하는 사람이나 듣는 사람이 모두 어떤 컴퓨터인지 알고 있다.

3) '把'자문의 술어는 동사 뒤에 반드시 '처치'의 결과를 말해주는, 보조하는 기타 성분이 따라와야 한다. 그 성분은 예를 들면 '목적어, 보어, 동사중첩, 부사어, 동태조사(了, 着)' 등이 있다.

- 别忘了把这件事告诉他。
  이 일을 그에게 알려주는 것을 잊지 마라.

- 我把今天要办的事都办完了。
  나는 오늘 처리해야 할 일을 다 처리했다.

- 他把房间整理了一遍。
  그는 방을 싹 정리했다.

- 快把照片拿出来。
  빨리 사진을 꺼내라.

- 你把桌子擦擦。
  탁자를 좀 닦아라.

- 他回到家就把书包往床上一扔。
  그는 집에 돌아가자마자 책가방을 침대 위로 던졌다.

> 단 동사 자체가 결과나 완성의 의미를 포함한 것은 단독으로도 사용될 수 있음을 유의하자.
> - 我一拳就能把他打倒。 내 주먹 한 방이면 그를 때려눕힐 수 있다.

- 他把那杯茶都喝了。
  그는 그 차를 모두 마셨다.

- 你把身份证带着。
  신분증을 가지고 있어라.

4) '把'자문은 결과를 강조하기 때문에 술어 부분에 가능보어를 사용할 수 없다.

- 나는 이 책을 이해할 수 없다.

  (×) 我把这本书看不懂。 → (O) 我看不懂这本书。

5) 조동사나 부사는 반드시 '把' 앞에 놓아야 한다.

- 只要有决心, 就能把汉语学好。
  마음을 먹기만 하면 중국어를 잘 배울 수 있다.

- 妈妈已经把晚饭准备好了。
  어머니는 이미 저녁을 다 준비해 놓으셨다.

6) 부정형식

没(有) + 把 + 목적어 + 술어부분

> **주의**
>
> '没(有)'는 술어동사 앞이 아니고 '把' 앞에 위치한다
> - 我没把作业带来。 나는 숙제를 가져오지 않았다.
> - 我还没把钱还给他呢。 나는 아직 그에게 돈을 돌려주지 않았다.
>
> 가정의 뜻을 나타낼 경우와 반어문에서는 '不'로 부정할 수도 있다. 위치는 역시 '把' 자 앞!
> - 不把报告写完，我就不睡觉。 레포트를 다 쓰지 않는다면 난 잠을 자지 않겠다.
> - 你不把书拿走, 不行吗? 너 책 가져가지 않으면 안 되니?
>
> 숙어성이 강한 고정된 표현법에서도 부정은 '不'로 하며, 그 위치는 '把' 뒤에 올 때도 있다.
> - 不把它当一回事。 or 把它不当一回事。
> - 把谁都不放在眼里。
> - 把那件事也不放在心上。

5. 꼭 '把'자문으로 써야 하는 경우

일반적으로 '把'자문은 일반 동사술어문으로 전환할 수 있다.

- 他把手机丢了。 → 他丢了手机。

그러나 반드시 '把'자문으로 써야 하는 경우가 있는데, 바로 아래와 같은 상황이다.

1) 把 + O + V + 在/到

- 我把衣服放在柜子里了。
  나는 옷을 옷장에 넣었다.
  → "我把衣服放在了柜子里。"라고도 할 수 있는데, 이 두 문장의 차이는 사용된 '了'의 차이에서 기인한다. "我把衣服放在柜子里了。"의 '了'는 화자가 새로운 정보를 전달하는 변화를 나타내는 어기조사 '了$_2$'이고, "我把衣服放在了柜子里。"의 '了'는 동작의 완료를 나타내는 '了$_1$'이다.

- 你把他送到机场吧。
  당신이 그를 공항까지 데려다 주세요.
  → '在'나 '到' 뒤에는 주로 '柜子里', '机场'처럼 장소를 나타내는 말이 나온다.

2) 把 + O + V + 成/做

- 他把这本中文小说翻译成了韩文。
  그는 이 중국어 소설을 한국어로 번역했다.

- 我把她当做我的姐姐。
  나는 그녀를 우리 언니로 삼았다.
  → 이런 구조로 자주 사용되는 것에 '写成, 换成, 扮成, 做成, 围成, 建成, 看做, 算做, 当做' 등이 있다.

3) 把 + O + V + 给

- 我把我们一起拍的照片用邮件发给你。
  내가 우리가 함께 찍은 사진을 메일로 네게 보낼게.
  → 이 구조에 주로 사용되는 동사는 '送, 递, 租, 借, 卖, 还, 汇, 交, 寄, 发, 输, 付, 转交, 赠, 传染' 등이 있다.

02 피동문(被字句)

1. 정의

'~에 의해 ~되다'라는 '피동'의 의미를 나타내는 구문을 말한다.

2. 피동문의 두 가지 유형

1) 의미상의 피동문
   피동을 표시하는 형식표지가 없는 피동문을 말한다.

- 演唱会的票已经卖光了。
  콘서트 표는 이미 다 팔렸다.

- 我的信收到了没有?
  내 편지는 받으셨어요?

2) 피동문
   전치사 '被'(혹은 叫, 让, 给 등)로 동작 행위의 주체를 이끌어 내어 부사어로 삼는 문장 형식을 말한다.

> 동작 행위를 받는 대상 + 被 + 동작 행위의 주체 + 동사 + 기타 성분

- 他被学校开除了。
  그는 학교에서 제적당했다.

- 钱包被人偷走了。
  지갑을 누군가에게 소매치기 당했다.

주의

피동을 나타내는 형식표지에 '被'를 제외하고도 '叫, 让, 给' 등이 있다. 이들의 용법과 의미는 거의 같다. 다만 '被'는 서면어에서 자주 사용되고, 구어에서는 주로 '叫, 让'이 사용된다.

- 我的照相机叫弟弟弄坏了。 내 카메라는 동생이 망가뜨렸다.
- 我买的饼干都让她吃完了。 내가 산 과자는 그녀가 다 먹어버렸다.

① '被' 뒤에는 동작의 주체가 생략될 수 있지만, '叫, 让' 뒤에는 동작의 주체를 나타내는 명사가 반드시 있어야 한다.

- 犯人最后被警察抓住了。 범인이 결국 경찰에게 잡혔다.
  (○) 犯人最后被抓住了。 범인이 결국 잡혔다.
- 他昨天叫(让)老师批评了一顿。 그는 어제 선생님에게 한바탕 꾸중을 들었다.
  (×) 他昨天叫(让)批评了一顿。

② '给'는 술어동사 앞에 바로 사용하거나 아니면 뒤에 주체를 나타내는 명사가 따라와도 된다. 북경어의 구어에서는 '被'보다 '给'를 많이 사용한다.

- 孩子给吓哭了。 아이가 놀라서 울었다.
- 门给风吹开了。 문이 바람에 열렸다.

③ '给'는 '被, 叫, 让'과 함께 사용되어 '유쾌하지 않거나 뜻하지 않은 일이 발생한' 결과를 강조하는 어투를 나타낸다. '给'를 사용하지 않아도 되지만, 특히 구어에서는 '叫, 让'과 함께 자주 사용되고 있다.

- 我的裤子被他给弄脏了。 내 바지는 그가 더럽혔다.
- 花瓶叫孩子给打碎了。 꽃병은 아이가 깨뜨렸다.
- 眼镜让孩子给弄坏了。 안경을 아이가 망가뜨렸다.

3. 피동문의 문법 특징

1) '被'자문의 주어는 반드시 특정한 것이어야 한다.

- 그 표는 리밍이 잃어버렸다.

  (×) 一张票被李明弄丢了。 → (O) 那张票被李明弄丢了。

2) 술어는 주로 행위동사이지만, '看见, 听见, 感觉, 知道, 认识'와 같은 사유나 심리 활동을 나타내는 동사도 '被'자문에 쓸 수 있다.

- 他辞职的事最后被父母知道了。
  그가 사직한 일은 결국 부모가 알게 되었다.

- 他被那个女孩子迷住了。
  그는 그 여자에 푹 빠졌다.

- 他们俩说的话被老师听见了。
  그들이 하는 말이 선생님께 들려졌다.

> **주의** '被'자문에서 쓸 수 없는 동사
> - 판단동사: 是, 有, 像, 姓, 属于, 好像 등
> - 감각, 인지동사: 觉得, 感到, 懂 등
> - 심리동사: 同意, 生气, 害怕, 怕 등
> - 방향동사: 来, 去, 上, 下, 进, 出 등
> - 신체부위동작을 나타내는 동사: 举(手), 抬(头), 踢(腿), 睁(眼) 등

3) 동사 뒤에는 반드시 '피동'의 결과를 말해 주는, 보조하는 기타 성분이 따라와야 한다. 기타성분에는 '了, 목적어, 보어' 등과 같은 것들이 속한다.

- 不用的东西都被妈妈扔了。
  안 쓰는 물건은 엄마가 다 버렸다.

- 手被刀拉了一个口子。

  손이 칼에 찢겼다.

- 今天忘带伞了, 衣服都被雨淋湿了。

  오늘 우산을 챙기는 것을 깜박해서 옷이 다 비에 흠뻑 젖었다.

> **주의** '被'자문에 가능보어를 사용할 수 없다.
>
> - (×) 帽子被风刮得走。

4) '被'자문의 부정형식은 '没(有)'를 '被'자 앞에 두면 된다.

- 이번 선거에서 그는 당선되지 못했다.

  (×) 这次选举他被没选上。 → (O) 这次选举他没被选上。

5) 부사나 조동사는 '被'자의 앞에 놓는다.

- 他又被女朋友甩了。

  그는 또 여자친구에게 차였다.

- 你可能会被别人误解。

  당신은 아마도 다른 사람한테 오해를 받을 거예요.

문법연습

1 아래 제시된 표현 중 가장 알맞은 것을 선택하여 빈칸을 채워 보세요.

挂在墙上　　选为　　偷了　　扔了　　递给　　打扫干净

1. 我要把房间 _____ ，下午有客人要来。

2. 这些面包已经坏了，不能吃了，把它 _____ 吧。

3. 请你把那份报纸 _____ 我，我想看看。

4. 你把这张照片 _____ 吧，这样可以每天看到。

5. 经过大家投票，最后他被 _____ 学生会会长。

6. 她住酒店，发现自己的包被人 _____ ，只好报警。

2 아래 문장 중 틀린 부분을 찾아 바르게 고쳐 보세요.

1. 一个孩子被妈妈打哭了。

2. 我新买的手表叫摔坏了。

3. 图书馆今天关门，把书借不了。

4. 我很快把这里的生活习惯了。

5. 我寄在中国照的照片给我朋友了。

6. 这孩子不好好听课，下课后被老师批评。

7. 她非常漂亮，那些男孩子们都对她迷住了。

*문법연습 정답은 316 페이지에서 확인할 수 있습니다.

작문연습 | 把字句

1 중국에 여행 갔을 때 나는 여권을 잃어버렸다.

去中国旅行的时候, 我把护照弄丢了。

요점 把字句를 사용하여 여권을 잃어버린 결과를 강조한다.

TIP '여권을 잃어버렸다'라고 하면 "我弄丢护照了。"라고 할 수도 있지만, 이 문장은 사실을 단순하게 서술하고 있는 반면 '把'자문을 사용하면 여권을 잃어 버린 결과를 강조하여 묘사해 준다. 전후 문맥에 맞게 각각 적절한 문구를 사용할 줄 알아야겠다.

확인 나는 어제 백화점에서 쇼핑할 때 신용카드를 잃어버렸다.

2 이 방안의 공기가 그다지 좋지 않으니 어서 창문을 열어라.

这屋里空气不太好, 快把窗户打开。

요점 '그다지~하지 않다'는 '不太~'라고 표현하고, '창문을 열어라'는 '把'자문을 사용하여 나타낸다. 이때 부사 '快'는 '把'字 앞에 놓아야 한다.

TIP '어서 창문을 열어라'를 중작하면 "快打开窗户吧。"라고도 할 수 있는데, 이 문장의 초점은 '窗户'에 있는 반면, "快把窗户打开。"는 창문을 처치하여 연 결과에 초점을 두고 있다.

확인 매일 나갈 때 방문을 잘 잠그는 것을 잊지 마세요.

어휘정리

- 여행하다 旅行
- 여권 护照
- 잃어버리다 弄丢

- 백화점 구경하다, 쇼핑하다 逛商场
- 신용카드 信用卡

- 공기 空气
- 열다 打开
- 창문 窗户

- 방문 房门
- 잠그다 锁

*작문연습 정답은 317 페이지에서 확인할 수 있습니다.

어휘정리

- 사오다 买来
- 냉장고 冰箱

3 나는 사온 과일을 냉장고에 두었다.

我把买来的水果放在冰箱里了。

요점 '水果'를 동사 앞으로 끌어내어 '把水果+동사+在~'라는 형식으로 표현해야 한다.
TIP '과일을 냉장고에 두다.'라는 말을 중작할 때 "放水果在冰箱里。"라고 하는 학생들이 있을 수 있다. 안타깝지만 이것은 틀린 표현이다. 이 말은 '把' 자문을 이용하여 "把水果放在冰箱里。"라고 함으로써 '放'이란 동작을 통해 과일을 냉장고 안에 부착시킨 것을 표현하는 것이 맞다.

- 외투 大衣
- 옷걸이 衣架
- 걸다 挂

확인 나에게 주세요, 제가 당신을 도와 외투를 옷걸이에 걸어 둘게요.

- 증명사진 证件照
- 찾아오다 取来

4 그는 사진관에 가서 증명사진을 찾아왔다.

他去照相馆把证件照取来了。

요점 방향보어로 동작의 결과를 나타내고, '把'자문을 사용하여 사진을 찾아온 결과를 강조한다.
TIP '把'의 목적어는 반드시 특정한 것이어야 하므로 여기서의 '证件照'는 말하는 사람이나 듣는 사람이나 다 알고 있는 사진을 말한다. 이처럼 수량사의 수식 없이 명사만 직접적으로 사용되어 특정 목적어를 나타내는 예가 많다. 또한 이 문장을 만약 일반 동사술어문으로 전환시킨다면 보통 "取回来了一张照片。"이라는 형식을 취하는데, 복합방향보어도 결과를 나타내는 것이기 때문에 이 역시 '把'자문에 많이 사용된다.

- 아름다운 경치 美景
- 찍어 두다 拍下来

확인 그는 본 아름다운 경치를 모두 휴대 전화로 찍어 두었다.

---

*작문연습 정답은 317 페이지에서 확인할 수 있습니다.

5 저에게 노트북을 빌려줘서 좀 쓸 수 있을까요?

你能把笔记本电脑借给我用一下吗?

요점 동사 뒤에 '给'가 나오면 주로 '把'자문을 사용한다. 그리고 조동사 '能'은 '把' 字 앞에 놓아야 한다.

TIP 동사 '借'는 수여의 의미를 자체적으로 가지고 있어서 뒤에 '给'를 생략해도 된다. 즉 "你能把笔记本电脑借我用一下吗?"라고 해도 된다. 이 밖에도 '送'이나 '还'과 같은 동사 역시 뒤에 '给'를 생략할 수 있는데, "你能把这本书送我吗(너 이 책을 나에게 줄 수 있니)?"나 "快把钱还我(빨리 나에게 돈을 돌려줘)."와 같은 예를 들 수 있다.

확인 이 집이 난 매우 맘에 드는데, 그 집을 나에게 세줄 수 있나요?

어휘정리
- 노트북 笔记本电脑
- 빌려주다 借给
- 집 房子
- 세주다 租给

6 그는 그 소설을 한국어로 번역해서 독자들의 호평을 받았다.

他把那本小说翻译成了韩文, 受到读者的好评。

요점 '어떤 것을 ~로 변화시켰다'는 것을 표현할 때 '把'자문을 사용한다.

TIP '독자들의 호평을 받았다'라고 하면 보통 '受了读者的好评'이라고 할 수 있는데, 전후 문맥의 흐름상 목적 달성과 획득의 의미를 지닌 결과 보어 '到'를 사용하여 '受到读者的好评'이라고 하는 것이 더욱 정확하다. 그런데 이때 결과보어 자체에 완료의 뜻이 있기 때문에 '받았다'라고 해서 굳이 '受到了读者的好评'이라 하지 않고, '受到读者的好评'만 해도 된다. '了'를 첨가해도 되지만, 의미상 별 차이는 없다.

확인 중국 여행 가기 전에 나는 한국 돈을 인민폐로 바꾸어야만 한다.

어휘정리
- 번역하다 翻译
- 받다 受到
- 인민폐 人民币
- ~해야 한다 得

*작문연습 정답은 317 페이지에서 확인할 수 있습니다.

어휘정리

- 연습문제 练习题
- 다 하다 做完

7 너 한 시간 안에 이 연습문제를 다 할 수 있니?

你一个小时以内能把这些练习题都做完吗?

요점 '把'자문을 사용하여 결과를 강조하고, 조동사 '能'을 '把'字 앞에 사용하여 가능을 나타낸다.

TIP '把'자문에서는 가능보어를 사용할 수 없어서 "把这些练习题做得完吗?"라고 할 수 없다. '把'자문에서 가능의 의미를 표현하고자 할 때는 정답에서처럼 조동사 '能'을 사용하거나 아니면 '把'자문을 사용하지 않고 목적어를 동사 뒤에 둔 일반 동사서술문을 사용한다. 즉 "你一个小时以内做得完这些练习题吗?" 그런데 조동사 '能'을 모든 경우에 다 사용할 수 있는 것이 아니다. 예를 들어 '看懂'은 '把'자문에서 사용할 수 없기 때문에 "我不能把这本书看懂."이라고 할 수 없고, "我看不懂这本书."로 사용할 수 밖에 없다.

- 혼자서 一个人
- 시키다, 주문하다 点

확인 혼자서 이 시킨 요리들을 다 먹을 수 있어요?

✏️ _____

8 여기가 이렇게 재미있는데, 너는 어째서 아이를 데려오지 않았니?

这里这么好玩, 你怎么不把孩子带来?

- 재있다 好玩
- 데려오다 带来

요점 부정부사는 '把'字 앞에 둔다.

TIP '너는 어째서 아이를 데려오지 않았니?'만을 중작한다면 "你怎么没把孩子带来?"라고 할 수도 있다. 그렇지만 전후 문맥 속에서 이 문장은 반어문으로 "你怎么不把孩子带来?"라고 하는 것이 더 적합하다. '不'로 부정하여 '의지'를 나타내는 의미를 강화시키는 것이 좋겠다.

- 헤어지다 分手
- 잊어버리다 忘掉

확인 헤어진 지 꽤 여러 해가 되었는데도 나는 아직도 그를 잊어버리지 못했다.

✏️ _____

＊작문연습 정답은 317 페이지에서 확인할 수 있습니다.

작문연습 | 被字句

9 **쇼핑할 때 누군가가 내 신용카드를 훔쳐 갔다.**

购物的时候, 我的信用卡被(让/叫)人给偷走了。

요점 '내 신용카드를 누군가가 훔쳐 갔다'는 피동문을 사용하여 표현하는데, 누구인지 모르기 때문에 '被(让/叫)人+동사'라는 형식을 취한다. 그리고 뜻하지 않은 일이 발생한 어투를 강조하기 위해 동사 앞에 '给'를 놓는 것이 좋다.

TIP "我的信用卡被人给偷走了。"에서 '给'를 생략하여 "我的信用卡被人偷走了。"라고 해도 된다. 이 예문은 '被'자체가 본래 가지고 있는 '피해를 당하다'라는 의미가 두드러지게 나타나고 있다. '被'는 피동을 나타낸다기보다는 원래는 '피해를 입다', '당하다'라는 뜻을 내포하고 있어 '被'자문으로 사용된 문장들은 보편적으로 부정적인 의미를 나타내는 것들이 많았는데, 근래에 와서 이런 '被'자문의 제한이 많이 완화되어 긍정적인 의미에서도 '被'자문이 자주 사용되고 있다. 상용되는 "他被选为班长了。", "孩子被逗乐了。" 등을 예로 들 수 있다.

확인 그가 몸에 지니고 있는 돈은 모두 누군가에게 빼앗겼다.

어휘정리

- 쇼핑하다 购物

- 지니다 带
- 빼앗아 가다 抢走

---

10 **그는 일할 때 실수를 해서 회사에서 해고 당했다.**

他工作的时候出了差错, 所以被公司解雇了。

요점 '해고를 당하다'는 피동의 의미가 있으므로 '被'자문을 사용한다.

TIP '회사에서'라고 해서 '在公司'라고 하면 안된다! 또한 '그는 일할 때 실수를 했기 때문에 그래서 회사에서 해고당했다'라고 구구절절하게 설명하지 않아도 된다. 전후 문맥의 의미에 따라 '所以'와 같은 원인과 결과를 나타내는 접속사를 적절하게 사용할 줄 알아야겠다.

확인 그는 반의 학우를 때려 다치게 해서 결국 학교에서 제적당했다.

- 실수하다 出差错
- 해고하다 解雇, 炒鱿鱼

- 때려서 상처를 입히다 打伤
- 제적하다 开除

---

*작문연습 정답은 317 페이지에서 확인할 수 있습니다.

어휘정리

- 잡다 抓

11 그는 매우 빨리 달려서 경찰에게 잡히지 않았다.

他跑得很快，没被警察抓住。

요점 '누구에게 잡혔다'는 '被+누구+抓住'라고 한다. 그리고 부정부사 '没'는 '被' 앞에 놓는다.

TIP 2의 TIP에서 언급한 내용과는 반대로 중국어에서는 접속사를 종종 생략한다. 중국인들은 접속사가 없어도 전후 문맥에 따라 문장을 이해할 수 있기 때문이다. "他跑得很快, 没被警察抓住."에서도 의미상으로는 중간에 '所以'가 들어가 "他跑得很快, 所以没被警察抓住."처럼 말해야 할 것 같지만, '所以'를 생략해도 전혀 무리가 없을 뿐만 아니라 자연스럽다.

- (노정의)중간 半路
- 우산 伞
- 젖었다 淋湿

확인 가는 중간에 나는 상점에 들어가 우산을 샀기 때문에 비에 젖지 않았다.

✎ _____

- 지도층 领导
- 채택되다 采纳

12 당신의 의견은 이미 학교 지도층에게 채택되었다.

你的意见已经被学校领导采纳。

요점 '被'자문에서 부사 '已经'은 '被'字 앞에 놓는다.

TIP 만약 '당신의 의견은 이미 채택되었다'라고 한다면 동작의 주체가 일반 사람들인 경우이므로 '被' 뒤에 아무것도 쓰지 않고 동사와 직접 연결시켜 "你的意见已经被采纳。"라고 한다.

- 믿다 相信
- 하마터면 差点儿
- 사기치다 骗

확인 그는 매우 쉽게 다른 사람을 믿는데, 이번에 하마터면 또 사기를 당할 뻔했다.

✎ _____

*작문연습 정답은 317 페이지에서 확인할 수 있습니다.

중국 광고 속 '把'자문 이야기

⭐ 중국 현지 광고를 통해 현장감 넘치는 중국어 '把'자문 표현을 배워 봅시다

➡ 마음을 집으로 가지고 돌아갑니다.

➡ 사랑을 집으로 가지고 돌아갑니다.

돈을 안전계좌에 송금합시다.

13 중국어의 특수구문 II

연동문(连动句)
1. 정의
2. 연동문의 4가지 유형
3. 연동문의 문법 특징

겸어문(兼语句)
1. 정의
2. 겸어문의 3가지 유형
3. 겸어문의 문법 특징

존현문(存现句)
1. 정의
2. 존현문의 3가지 유형
3. 존현문의 문법 특징

핵심문법

01 연동문(连动句)

1. 정의

연동문은 동일한 하나의 주어에 대해 두 개나 두 개 이상의 동사 및 동사구가 술어가 되어 서술하고 묘사하는 구문이다.

> 주어 + VP1 + VP2 + VP3 + ……

- 上个周末我们去爱宝乐园玩了一天。
  지난 주말에 우리는 에버랜드에 가서 하루 놀았다.
  → 동일 주어 '我们'에 대해 '去爱宝乐园'과 '玩了一天'이란 두 개의 동사구가 동작이 행해진 시간 순서에 따라 이어서 나타나고 있다.

- 他走过来拍拍我的肩膀说:"忍着点儿。"
  그는 걸어와서 내 어깨를 토닥거리며 말하기를 '좀 참아라'라고 했다.
  → 동일 주어 '他'에 대해 '走过来', '拍拍我的肩膀', '说'와 같은 세 개의 동사가 연속적으로 사용되고 있다.

2. 연동문의 4가지 주요 유형

연동문에서 두 개의 동사구 VP1, VP2 사이에는 목적, 수단, 동작의 선후관계, 조건 등의 서로 다른 의미상의 관계가 있다. 가장 상용되는 네 가지 주요 유형을 살펴보자.

1) VP2가 VP1의 목적을 나타낸다. 주로 去/来 + 장소목적어 + 동사구 와 같은 문형이 사용된다.

- 我去医院看病。
  나는 진찰하러 병원에 간다.
  → VP2 '看病'은 VP1 '去医院'의 목적을 나타내고 있다.

- 他每个星期都来这个餐厅吃饭。
  그는 매주 이 음식점에 와서 식사를 한다.
  → '식사를 하러 이 음식점에 온다'라고 번역하면 '来这个餐厅'과 '吃饭' 사이의 목적관계가 더 두드러지게 나타난다.

> **주의** '이 음식점에 와서 식사를 한다'라는 번역에서 보듯이 사실 모든 연동문의 VP1과 VP2 사이에는 기본적으로 **동작의 선후관계**가 내포되어 있다. 즉 VP1가 먼저 일어난 후에 연이어서 다음 동작인 VP2가 일어나고 있음을 말해주고 있는 것이다. 다만 이 둘 사이의 목적관계가 더욱 두드러지기 때문에 주요한 의미상의 관계로 '목적'의 의미를 들 수 있는 것이라는 사실을 알아 두자.

2) VP1이 VP2의 수단이나 방식을 나타낸다.

- 我每天坐公交车上学。
  나는 날마다 버스를 타고 학교를 다닌다.
  → VP1 '坐公交车'는 VP2 '上学'의 방식을 나타낸다.

- 最近不少韩国人骑自行车锻炼身体。
  최근 적지 않은 한국인들이 자전거를 타고 신체를 단련한다.
  → VP1 '骑自行车'는 VP2 '锻炼身体'의 방식을 나타낸다.

- 他笑着向我跑了过来。
  그는 웃으면서 나를 향해 달려왔다.
  → VP1 '笑着'가 VP2 '向我跑了过来'의 방식을 나타낸다.

- 你用手机给我打电话吧。
  휴대 전화로 나에게 전화를 걸어 줘요.
  → VP1 '用手机'가 VP2 '给我打电话'의 방식을 나타낸다.

3) VP1과 VP2는 동작의 선후관계를 나타낸다. 즉 VP1이 일어난 뒤에 VP2동작이 시작되는 일련의 동작을 나타낸다.

- 她进厨房从冰箱里拿出一瓶啤酒。
  그녀는 부엌에 들어가서 냉장고에서 맥주 한 병을 꺼냈다.

- 他穿上衣服拉开门跑了出去。
  그는 옷을 입고 문을 당겨서 열고 달려 나갔다.
  → 이처럼 세 동작이 연속적으로 일어나는 경우도 있다.

4) 어떤 조건을 구비하거나 존재하는 것을 나타낸다. 주로 　有 + 목적어 + VP　 와 같은 문형이 사용된다.

- 每个人都有权利发表意见。
  사람마다 모두 의견을 발표할 권리가 있다.

- 我没有时间玩儿网络游戏。
  나는 온라인게임을 할 시간이 없다.
  → 의미상 'VP'는 주로 '有'의 목적어를 수식하는 말이 된다.

3. 연동문의 문법 특징

1) 동태조사 '了'나 '过'는 맨 끝의 동사 뒤에 놓아야 한다.

- 이번 여름 방학에 나는 관광하러 상해에 갔다.

  (×) 这次暑假, 我去了上海旅游。
  (○) 这次暑假, 我去上海旅游了。

- 我来这个咖啡馆喝过咖啡。
  나는 이 커피숍에 와서 커피를 마셔 본 적이 있다.

2) 부정부사나 부사는 일반적으로 첫 번째 동사 앞에 놓는다.

- 别躺着看书。
  누워서 책을 보지 마라.

- 小时候, 我们常常去河里捉鱼。
  어렸을 때 우리는 자주 물고기를 잡으러 강에 갔다.

3) 연동문에서도 동사의 중첩형을 사용할 수 있는데, 일반적으로 뒤에 나오는 동사가 중첩된다.

- 我们找个时间商量商量这次旅行的事儿。
  우리 시간을 내서 이번 여행에 관한 일을 좀 상의해 봅시다.

02 겸어문(兼语句)

1. 정의

한 문장 안에 두 개의 동사가 나오는데 앞에 나오는 동사의 목적어가 뒤에 나오는 동사의 주어의 역할을 겸하는 문장을 겸어문이라 한다.

· 领导让他负责这件事。 상사가 그에게 이 일을 책임지도록 했다.

→ 'S V1 O (领导让他)' + 'S V2 (他负责)'

2. 겸어문의 3가지 유형

V1 동사의 의미상의 특징에 따라 겸어문을 크게 세 가지 유형으로 분류할 수 있다.

1) 사역의 의미를 갖는 동사로 구성된 겸어문

> S + V1 + O/S + V2

※ 자주 쓰이는 동사에 '让, 叫, 使, 派, 要求, 命令, 逼迫, 吩咐' 등이 있다.

· 我想请你来家里吃顿便饭。
나는 당신에게 집에 와서 식사 한 끼 하자고 청하고 싶어요.

· 老师让他回答问题, 可他回答不上来。
선생님께서 그에게 질문에 답하라고 하셨지만 그는 대답하지 못했다.

※ 비슷한 의미와 용법의 '让, 叫, 使'

① 의미: 모두 '~에게 ~을 시키다'라는 뜻을 나타내는 동사이다.

让: 원래 동사 자체의 의미인 '양보하다'라는 뜻에서 파생된 사역의 의미 '~하게 하다' 혹은 더 과장적으로 '~하게 시켜드리다'라는 의미를 가지고 있다.

· 老师让同学们谈谈自己的理想。
선생님은 학생들더러 자신의 이상을 말하도록 하셨다.

叫: 본래 동사의 의미를 지닌 '불러서 ~하라고 하다', '누구에게 말해서 ~하라고 시키다'라는 의미를 가지고 있다.

- 妻子**叫**他下班以后马上回家。
  아내가 그보고 퇴근하고 바로 집에 오라고 말했다.

使: '누구로 하여금 ~하게 하다'라는 의미를 가지고 있는 비교적 딱딱한 문어체의 어투라고 할 수 있다.

- 他的事迹**使**我非常感动。
  그의 사적은 나를 매우 감동시켰다.

② 용법

让 / 叫: 이 둘은 거의 통용되는 비슷한 용법으로 사용된다. 다만 '让'은 일인칭 대명사인 '我'나 '我们'을 목적어 겸 다음 동작 행위의 주체로 사용할 수 있지만, '叫'에는 이런 용법이 없다.

- 对不起, **让**我过去一下。
  죄송하지만, 좀 비켜 주세요.
  → (×) 叫我过去一下。
  직역하면 '나에게 한 번 지나가게 해 주세요'로 결국 '좀 비켜 달라'는 뜻이다.

- **让**我们为我们的友谊干杯!
  우리의 우정을 위해 건배합시다!
  → (×) 叫我们为我们的友谊干杯!
  '让我们~'는 '우리들에게 ~하게 하다'라고 해석하는 것보다 '자, ~합시다'라고 해석하는 것이 좋다.

使: '동작 행위를 시킨다'라는 뜻보다는 '~로 하여금 ~하게 하다'라는 비동작성의 말들과 연결되어 사용된다.

- 他的话**使**我感到意外。
  그의 말은 의외로 느껴졌다.

- 他的技术**使**我佩服。
  그의 능력은 나를 탄복하게 했다.

- 谦虚**使**人进步, 骄傲**使**人落后。
  겸손은 사람을 진보하게 하고, 교만은 사람을 낙후하게 한다.

2) 호칭이나 인정의 의미를 나타내는 동사로 구성된 겸어문

※ 자주 쓰이는 동사에 '叫, 称, 选, 认' 등이 있다.

- 他怕老婆, 所以大家都称他为"气管炎(妻管严)"。
  그는 마누라를 무서워해서, 모두들 그를 '공처가'라고 부른다.

- 同学们一致选他当班长。
  학우들은 일제히 그를 반장으로 뽑았다.

  → 이런 겸어문에는 V2에 '为, 当, 做'와 같은 동사들이 자주 사용된다.

3) '有, 是'가 V1에 사용된 겸어문

- 我有个朋友在中国留学。
  나에게는 중국에서 유학하는 친구가 있다.

  → '有'의 목적어는 '(一)个', '人' 등과 같이 특정하지 않은 것들이 쓰인다.

- 没有人会相信你的。
  너를 믿을 사람은 없을 것이다.

  → 이처럼 '没有'로 겸어문을 구성하기도 한다.

- 是他帮我办好了手续。
  그가 내게 수속을 마치도록 도와준 것이다.

3. 겸어문의 문법 특징

1) 일반적으로 첫 번째 동사 뒤에 '了, 着, 过'와 같은 동태조사가 올 수 없다.

- 선생님은 학생들에게 각자의 생각을 얘기하라고 하셨다.

  (×) 老师让了学生们谈各自的想法。

  (○) 老师让学生们谈了各自的想法。

  → '了, 着, 过'와 같은 동태조사는 두 번째 동사 뒤에 올 수 있다.

- 회사에서 나를 파견하여 중국에 와서 일하도록 했다.

  (×) 公司派了我来中国工作。

(O) 公司派我来中国工作。

→ 이 문장은 화자가 이미 중국에 있으면서 하는 말이므로, 동작의 완료나 변화를 나타내는 '了'를 특별히 사용할 필요가 없다.

2) 조동사는 일반적으로 첫 번째 동사 V1 앞에 놓는다.

- 这件事**会**让他感到十分为难的。
  이 일은 그를 매우 난감하게 할 수 있다.

- 我**想**请你把这封信转交给他。
  나는 당신에게 이 편지를 그에게 전해 주라고 할 생각이다.

03 존현문(存现句)

1. 정의

어떤 장소에 어떤 사람이나 사물이 존재하거나 출현 또는 소실됨을 나타내는 문장을 존현문이라 한다.

존재	桌子上**放着**一台笔记本电脑。 탁자 위에 노트북이 한 대 놓여 있다.
출현	前边**跑过来**一只可爱的小狗。 앞쪽에서 귀여운 강아지 한 마리가 달려왔다.
소실	我们楼里**搬走了**一户人家。 우리 건물에서 한 가구가 이사 갔다.

2. 존현문의 3가지 유형

1) 존재를 나타내는 존현문

이 유형에 속하는 존현문을 다시 다음의 두 가지 형식으로 세분할 수 있다.

```
① S (장소) + 有 + O (존재하는 사람이나 사물)
② S (장소) + V着 + O (존재하는 사람이나 사물)
```

→ 주어는 특정 장소를 나타내는 말이 오고, 목적어는 이 장소에 존재하는 사람이나 사물이 온다. 일반적으로 목적어에는 '수사+양사+명사' 형태의 명사구가 자주 사용된다.

① S + 有 + O

· 学校附近有一家便利店。
학교 근처에 편의점이 하나 있다.

② S + V着 + O

'~에 어떤 사람이나 사물이 어떻게 존재하고 있음'을 나타낼 때 사용된다. V의 의미상의 특징에 따라 크게 두 종류로 다시 나눌 수 있다.

A	존재방식을 나타내는 동사 ex) 坐, 停, 站, 躺, 蹲, 跪, 挤 등	ex) 商店门口站着一群人。 상점 입구에 한 무리의 사람들이 서 있다.
B	안치 혹은 처치를 나타내는 동사 ex) 放, 挂, 摆, 贴, 架, 排, 刻, 画, 晒, 穿 등	ex) 墙上挂着一张全家福。 벽에 가족사진 한 장이 걸려 있다.

2) 출현을 나타내는 존현문

이 유형에 속하는 존현문을 다시 아래의 두 가지 형식으로 세분할 수 있다.

```
① S (장소) + V + 了 + O (존재하는 사람이나 사물)
② S (장소) + V + 방향보어 + O (존재하는 사람이나 사물)
```

① S + V + 了 + O

- 我们学校新来了一位汉语老师。
  우리 학교에 중국어선생님 한 분이 새로 오셨다.

- 昨天小区里发生了一件奇怪的事。
  어제 주택단지 안에서 이상한 일이 하나 발생했다.

② S + V + 방향보어 + O

동사 뒤에 자주 사용되는 방향보어로는 '来, 上来, 进来, 出来, 过来'처럼 '来'가 들어간 보어가 주를 이룬다.

- 前边开来一辆黑色的进口小汽车。
  앞쪽에서 검은색 수입차 한 대가 다가왔다.

- 商场里走出来一个戴帽子的女孩。
  상점 안에서 모자를 쓴 여자아이가 걸어 나왔다.
  → 이 유형에는 '走, 跑, 开' 등과 같은 동사가 자주 사용된다.

3) 소실을 나타내는 존현문

이 유형에 속하는 존현문을 다시 아래 두 가지 형식으로 세분할 수 있다.

> ① S(장소) + V + 了 + O (존재하는 사람이나 사물)
> ② S(장소) + V + 결과보어 + O (존재하는 사람이나 사물)

 ②의 결과보어는 소실을 나타내는 것이 제한적으로 사용된다.

① S + V + 了 + O

이 유형에 자주 사용되는 동사에 '走, 跑, 死, 丢, 少, 没有' 등이 있다.

- 邻居家**死了**一只小猫。
  이웃집에 새끼 고양이 한 마리가 죽었다.

② S + V + 결과보어 + O

'掉, 走, 下'등과 같은 소실을 나타내는 결과보어가 동사 뒤에 자주 사용된다.

- 我们部门调**走了**一个职员。
  우리 부서에서 직원 한 명이 전근 갔다.

3. 존현문의 문법 특징

1) 주어는 일반적으로 장소를 나타내는 말이 나온다. 소수의 '有'를 사용한 존현문을 제외하고는 주어자리에 '在', '从'과 같은 전치사를 사용할 수 없다.

- 벽 위에 광고포스터가 한 장 붙어 있다.
    (×) 在墙上贴着一张海报。
    (○) **墙上**贴着一张海报。
    ⟶ '在墙上'처럼 주어의 자리에 전치사를 사용할 수 없다.

2) 출현이나 소실을 나타낼 때 동사 뒤에는 '了'를 자주 사용한다.

- 我家里来**了**几个客人。
  우리 집에 손님이 몇 명 오셨다.

- 昨天出**了**一起车祸。
  어제 교통사고가 하나 났다.

3) 목적어는 일반적으로 불확실한 것으로 목적어 앞에는 대부분 '수사+양사'나 묘사성 관형어가 함께 자주 사용된다.

- 她身后走来了**一个帅气的**小伙子。
  그녀 뒤에서 멋진 청년 하나가 걸어왔다.

- 地铁里挤满了**去公司上班的**工薪族。
  지하철 안은 회사로 출근하는 샐러리맨으로 붐볐다.

1 제시된 단어를 ABCD 중 가장 적당한 위치에 넣어 보세요.

1. 小兰 A 买一件礼物 B 寄给 C 她的朋友 D。　　　　　　　　(要)

2. 我还 A 有几个 B 关于 C 中国历史的问题 D 请教你。　　　　(想)

3. 公司 A 他马上 B 回国 C 处理 D 合同上的问题。　　　　　　(让)

4. 放心吧，我 A 叫他 B 来 C 向你 D 详细解释的。　　　　　　(会)

5. 这次研讨会 A 我们 B 请李教授 C 来 D 做报告。　　　　　　(没)

6. 我昨天陪 A 中国朋友去 B 明洞买 C 不少韩国化妆品 D。　　(了)

2 아래 문장 중 틀린 부분을 찾아 바르게 고쳐 보세요.

1. 我下决心明年一定要留学中国。

2. 我一个星期内就让你能学会电脑。

3. 我姐姐以前一个人去过加拿大旅行。

4. 前边走过来那个戴帽子的漂亮女孩。

5. 这件事办成这样，当然不能我满意。

6. 在昨天我们学校附近发生了一起事故。

＊문법연습 정답은 317 페이지에서 확인할 수 있습니다.

작문연습 | 연동문

1 **여름이 되면 많은 한국인들이 차를 몰고 해수욕장에 수영하러 간다.**

一到夏天, 很多韩国人开车去海滨浴场游泳。

요점 목적을 나타내는 연동문 형식 '去+장소목적어+동사구(干什么)'를 사용한다.

TIP 목적을 나타내는 연동문 형식으로 이것 말고도 'V1+목적어+V2'가 있다. 이 문형의 특징은 의미상 '목적어'를 'V1'과 'V2'가 겸용한다는 것, 그래서 'V2'는 뒤에 목적어를 가져오지 않는다는 점이다. 예를 들면 "我想买苹果吃(나는 사과를 사 먹고 싶다).", "他跟妈妈要钱花(그는 엄마더러 쓸 돈을 달라고 한다)." 등이 있다.

확인 시간 있으면, 나와 함께 공항에 손님 마중하러 가는 게 어때요?

---

2 **나는 나중에 중국에 다시 올 기회가 반드시 있으리라 믿는다.**

我相信以后一定会有机会再来中国。

요점 '~할 기회가 있다'는 연동문은 '有机会+干什么'라는 형식을 사용하여 표현한다.

TIP 만약 '有机会再来中国' 부분을 연동문의 특성을 살려 순차적으로 해석한다면 '기회가 있어 중국에 다시 오다'라고 이해될 수 있다. 그렇지만 '有+목적어+VP'문형은 의미상 'VP'가 주로 '有'의 목적어를 수식하는 말이 되므로, '有机会再来中国'가 '중국에 다시 올 기회'라고 해석되는 것이다. 긍정이나 부정에 상관없이 모든 '(没)有+목적어+VP'문형은 VP가 목적어를 수식하는 식으로 해석하는 것이 좋다.

확인 나의 업무 능력이 아직 부족해서 부서장이 될 자격이 없다.

어휘정리

- 차를 몰다 开车
- 해수욕장 海滨浴场

- 공항 机场
- 손님을 마중하다 接客人

- 믿다 相信

- 부족하다 不够
- 부서장, 팀장 部门经理

---

*작문연습 정답은 317 페이지에서 확인할 수 있습니다.

어휘정리

- 인터넷 因特网
- 물건을 구입하다 购物

3 사람들은 항상 인터넷을 이용해서 자료를 찾거나 아니면 물건을 구매한다.

人们常常用因特网查找资料或者购物。

요점 '~을 이용해서 ~하다'라는 방식을 표현할 때는 '用~干什么'라는 문형을 사용하여 표현한다.

TIP 방식이나 수단을 나타내지만 '用~干什么'라는 형식을 사용하지 않는 예도 있다. 예를 들어 "我打电话通知他了(나는 전화로 그에게 통지했다)."는 전화라는 '방식'을 이용해서 통지했다는 내용이지만, 굳이 '用打电话的方式通知他'라고 할 필요 없이 바로 연동문을 이용하여 '打电话'가 '通知'의 방식임을 나타낼 수 있다.

- 인터넷 쇼핑하다
  上网购物

확인 현재 많은 젊은이들이 모두 휴대 전화로 인터넷 쇼핑을 하는 것을 좋아한다.

4 작년 여름에 중국 곡예단이 한국에 와서 공연을 했다.

去年夏天中国杂技团来韩国演出了。

- 공연하다 演出

요점 연동문에서는 일반적으로 뒤에 나오는 동사 뒤에 동태조사 '了'를 붙인다. 그러므로 '来了韩国演出'라고 하면 안 된다.

TIP '来韩国演出了' 역시 목적을 나타내는 연동문이므로, '공연하러 한국에 왔다'라고 해석해도 된다. 그렇지만 모든 연동문은 동작이 행해진 순서대로 연결되어 있기 때문에 '한국에 와서 공연을 했다'처럼 순차적으로 해석될 수 있다. 하나의 주어에 대해 순차적으로 해석될 수 있다는 점이 연동문인지 아닌지 구분하는 포인트가 되기도 한다.

- 여름 방학 暑假
- 두루 돌아다니다 周游

확인 작년 여름 방학 때 나는 혼자서 자전거를 타고 한국 각지를 두루 돌아다녔다.

＊작문연습 정답은 317 페이지에서 확인할 수 있습니다.

중국 광고 속 연동문 이야기

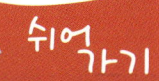

★ 중국 현지 광고를 통해 현장감 넘치는 중국어 연동문 표현을 배워 봅시다.

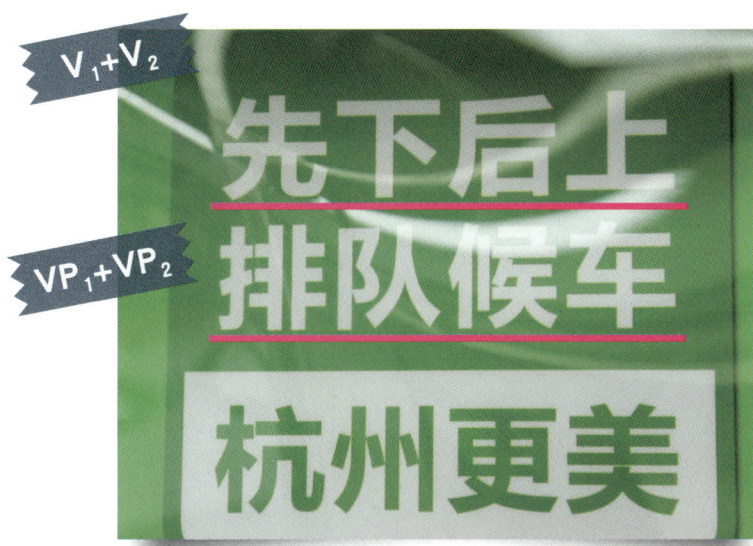

➡ 먼저 내리고 나중에 타세요.

➡ 줄 서서 차를 기다리세요.

➡ 빨리 나와서 모여 봅시다!

➡ 포인트를 현금처럼 사용해 보세요

작문연습 | 겸어문

어휘정리

- 정확하다 准确
- 녹음 录音

5 인호의 발음이 그다지 정확하지 않아서 선생님께서 그에게 녹음을 많이 듣고 많이 연습하라고 하셨다.

仁浩的发音不太准确, 老师让(叫)他多听录音, 多练习。

요점 누구에게 ~하라고 시킬 때는 '让(叫)+누구+做什么'라는 형식을 사용한다.
TIP 만약 조동사 '打算'을 더 첨가한다면 '让(叫)' 앞에 놓아서 "老师打算让(叫)他多听录音, 多练习。"라고 한다.

- (넘어져서) 다치다 摔坏
- 요양하다 养伤

확인 小李는 다리가 다쳐서 의사 선생님께서 그더러 집에서 잘 요양하라고 하셨다.

- 이때, 이 순간 此时此刻
- 심정 心情

6 바로 이 순간 나의 심정을 이해할 수 있는 사람은 없다.

没有人能理解我此时此刻的心情。

요점 '~할 사람이 없다'는 '没有人+做什么事'라는 형식으로 표현한다.
TIP 이 구조도 '有+목적어+VP'문형이지만 여기서의 목적어는 반드시 생명이 있는 사람이나 생물이어야 한다. 목적어가 생명이 없는 사물일 경우에는 겸어문이 아닌 연동문 '有+목적어+VP'문형이 된다.

- 엄친아 高富帅
- 주위 周围
- 시집가다 嫁给

확인 그는 엄친아로 주위에 그에게 시집가고 싶어하는 적지 않은 여자들이 있다.

*작문연습 정답은 317 페이지에서 확인할 수 있습니다.

7 **회사는 직원들에게 사무실에서 담배를 피우지 못하게 한다.**

公司不让职员在办公室里抽烟。

요점 겸어문에서 부정부사는 일반적으로 술어동사 '让' 앞에 놓는다.

TIP 이론적으로 말하면 여기서 '让' 대신에 '叫'를 사용하여 "公司不叫职员在办公室里抽烟."라고 할 수도 있다. 그런데 '让'을 쓰는 것이 훨씬 좋다. '让'은 사역의 의미를 제외하고도 허락하고 용인한다는 의미가 있어서 이 예문의 경우 '叫'보다 의미상 훨씬 적합하다. '叫'는 허락의 의미가 전혀 없고 오히려 무슨 일을 시킨다는 의미가 강하기 때문이다.

확인 그는 직장에서 일반적으로 다른 사람에게 함부로 자신의 의견을 발표하지 못하게 한다.

8 **제주도 아름다운 풍경이 관광객들로 하여금 그리워서 떠나는 것을 잊게 한다.**

济州岛美丽的风景使游客流连忘返。

요점 '그리워서 떠나는 것을 잊다'는 비동작성의 말로 '使'를 사용하는 것이 적합하다.

TIP 이 문장에서 '使' 대신에 '让'이나 '叫'를 써도 된다. 이 셋 다 어떤 원인으로 인해서 어떠한 결과를 일으키게 된다는 뜻으로 사용되는데, '叫'와 '让'은 주로 구어에서 사용되고, '使'는 주로 서면어에서 사용된다. 또한 '叫'와 '让'은 '~에게 ~을 시키다'라는 명령의 의미로도 사용된다. 이 점이 '使'와 다른 것이다.

확인 이 음식점의 친절하고 꼼꼼한 서비스가 고객들로 하여금 매우 만족감을 느끼게 한다.

어휘정리

- 사무실 办公室
- 담배를 피우다 抽烟, 吸烟

- 직장, 기관, 부서 单位
- 의견 意见
- 발표하다 发表

- 관광객 游客
- 그리워서 떠나는 것을 잊다 流连忘返

- 친절하다 热情
- 꼼꼼하다 周到
- 서비스 服务

＊작문연습 정답은 317 페이지에서 확인할 수 있습니다.

중국 광고 속 겸어문 이야기

⭐ 중국 현지 광고를 통해 현장감 넘치는 중국어 겸어문 표현을 배워 봅시다.

➡ 성장의 행복을 추억하며, 사랑을 영원하게 만든다.

Q 사역의 의미를 갖는 '让'동사로 구성된 겸어문. 그 겸어문의 특징을 살려 다음 문장을 해석해 봅시다.
A 당신을 오래 기다리게 했습니다!

➡ 초고속 인터넷 전화 설치 비용이 단돈 580위안, 2M의 인터넷 속도를 누려 보세요.

작문연습 | 존현문

9 테이블 위에 한 쌍의 예쁜 화병이 놓여 있다.

桌子上摆着一对漂亮的花瓶。

요점 어느 장소에 어떤 사물이 존재하고 있음을 나타낼 때는 주로 '장소를 나타내는 말+V着+존재하는 사물'이란 형식을 사용한다.

TIP '(어디에 무엇이) 놓여 있다'라는 말을 중국어로 표현할 때 흔히 '放' 동사를 떠올리기 쉽다. 그러나 전후 문맥의 의미상 놓여 있는 사물이 진열이나 배치 이후 놓여진 상태를 나타낸다면 동사'摆'를 사용하는 것이 더 적합하다.

확인 꽃병에 장미꽃 몇 송이가 꽂혀져 있다.

어휘정리
- 한 쌍 一对
- 화병 花瓶
- 놓다, 진열하다 摆

- 장미꽃 玫瑰花
- 꽂다 插

10 호텔 맞은편에 검은색 고급 세단이 몇 대 세워져 있다.

酒店对面停着几辆黑色的高级轿车。

요점 이것 역시 '장소를 나타내는 말+V着+존재하는 사물'이란 형식을 사용한다.
TIP '호텔 맞은편에'라고 해서 '在酒店对面'처럼 전치사'在'를 사용하지 않음을 유의하자.

확인 길가에 구경하는 사람들이 에워싸고 있다.

- 맞은 편 对面
- 세단 轿车

- (번화한 것, 시끌벅적한 것을) 구경하다 看热闹
- 둘러싸다, 에워싸다 围

*작문연습 정답은 317 페이지에서 확인할 수 있습니다.

어휘정리

- 금발에 파란 눈 **金发碧眼**

11 교실 안으로 금발에 파란 눈의 외국 학생이 한 명 걸어 들어온다.

教室里走进来一个金发碧眼的外国学生。

> **요점** 출현을 나타내는 존현문의 일종으로 'S(장소)+V+방향보어+O(존재하는 사람이나 사물)' 형식을 사용하여 표현한다.
>
> **TIP** 외부에서 교실 안으로 걸어 들어오는 것을 표현하므로, 주어에는 안쪽을 나타내는 방위사 '里'를 사용해야 한다. 만약 화자가 외부에 있다고 한다면 외국 학생 한 명이 교실로 걸어들어 가는 것이므로 '走进去'라고 표현해야 한다.

- 한 무리 **一群**
- 활달하다 **活泼**

> **확인** 앞쪽에서 한 무리의 활달하고 귀여운 어린 아이들이 뛰어온다.

- 교정, 캠퍼스 **校园**
- 각양각색 **各种各样**
- 생화, 꽃 **鲜花**

12 봄이 되어서 교정에는 각양각색의 꽃들이 가득 피었다.

春天到了，校园里开满了各种各样的鲜花。

> **요점** 출현을 나타내는 'S(장소)+V+了+O(존재하는 사람이나 사물)' 문형을 사용하면 되고, 동사 뒤에 '了'를 함께 사용한다.
>
> **TIP** '(꽃이) 만발하다, 가득 피다'라는 표현을 할 때는 결과보어 '满'을 사용하여 '开满'이라고 표현하면 된다.

- 대강당 **大礼堂**
- 강연, 연설 **演讲**

> **확인** 대강당에는 강연을 듣기 위해 앉아 있는 젊은이들로 꽉 찼다.

＊작문연습 정답은 317 페이지에서 확인할 수 있습니다.

중국 광고 속 존현문 이야기

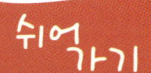

⭐ 중국 현지 광고를 통해 현장감 넘치는 중국어 존현문 표현을 배워 봅시다.

| 존재를 나타내는 존현문 |

陶罐里盛着雨水，钟楼上挂着阳光

➡ 도기 항아리 안에는 빗물이 담겨 있고, 시계탑 위에는 태양빛이 걸려 있다.

| 존현문 구조의 성어 |

天外有天 ● 'S(장소)+有+O(존재하는 사물)' 형식의 존현문

➡ 뛰는 놈 위에 나는 놈 있다

| 출현을 나타내는 존현문 |

除了您的笑脸，什么都别留下
您的呵护将换来一片翠绿

➡ 웃는 얼굴 말고는 아무것도 남기지 마세요.
당신의 보살핌이 이곳을 온통 푸르게 만들어 줄 거예요.

14 중국어의 복문

복문(复句)의 정의

복문의 2가지 유형
1. 관련사어를 쓰지 않는 복문
2. 관련사어를 사용하는 복문

복문의 종류
1. 연합복문(联合复句)
2. 편정복문(偏正复句)

핵심문법

01 복문(复句)의 정의

의미상 관계가 깊은 두 개 혹은 두 개 이상의 단문으로 구성되어 하나의 완정한 의미를 나타내는 문장을 복문(复句)이라고 한다. 복문을 구성하는 각 절(分句)은 다른 절의 성분이 될 수 없는 상대적으로 독립된 특징을 가지고 있다.

- 他**因为**身体不舒服，**所以**今天没去上课。
  그는 몸이 안 좋아서 오늘 수업에 가지 못했다.

- 网上购物**不但**方便，**而且**东西也很便宜。
  인터넷 구매는 편리할 뿐만 아니라 물건 또한 매우 싸다.

  → 복문에는 '因为~所以~', '不但~而且~'와 같은 관련사어(关联词语)가 자주 사용된다.

- **虽然**我并不愿意，**但是**我还是答应了。
  비록 나는 원하지 않았지만 그래도 승낙했다.

- 外边下着大雪，房间里**却**温暖如春。
  밖에 큰 눈이 내리는데 방안은 오히려 봄처럼 따뜻하다.

  → 관련사어(关联词语)에는 주로 절과 절을 이어주는 접속사(连词)와 접속 작용을 하는 부사가 있다.

02 복문의 2가지 유형

복문은 형태상으로 다음과 같은 두 가지 유형으로 분류될 수 있다.

1. 관련사어를 쓰지 않는 복문

굳이 관련사어를 사용하지 않아도 어순에 의한 배열 방식을 통해 의미상의 연관관계를 나타내는 복문 유형이다.

- 受寒流影响，天气突然变冷了。
  한파의 영향을 받아 날씨가 갑자기 추워졌다.

- 你不刻苦学习，就不能取得好成绩。
  네가 고생을 참아내며 공부하지 않는다면 좋은 성적을 얻을 수 없다.

  → 구어에서는 관련사어가 자주 생략되어 사용되는데, 전후 문맥을 통해 정확한 의미상의 연계를 파악할 수 있다.

2. 관련사어를 사용하는 복문

앞절과 뒷절 사이의 의미상의 상관관계를 분명하게 보여주는 관련사어가 출현하는 복문의 유형이다. 이 유형은 주로 관련사어를 사용하여야 절과 절 사이의 의미상의 상관관계를 명확하게 표시할 수 있고, 관련사어를 제거하면 절과 절이 연결될 수 없으며 문맥상의 의미도 잘 표현되지 않는 경우에 쓰인다.

- **不管**是谁，**都**应该遵守法律。
  누구를 막론하고 모두 법을 준수해야만 한다.

- **与其**老麻烦别人，**不如**自己动手做。
  다른 사람을 늘 귀찮게 하느니 차라리 스스로 직접 하는 것이 낫겠다.

  → 만약 관련사어를 생략하면 전후 문맥상의 의미가 연결되지 않을 뿐만 아니라 명확하지 않다.

03 복문의 종류

복문을 구성하는 절과 절 사이의 문법관계에 따라 크게 연합복문(联合复句)과 편정복문(偏正复句)으로 분류할 수 있다.

연합복문(联合复句)	복문을 구성하는 앞, 뒤 두 개의 절이 대등하거나 병렬관계인 복문
병렬관계(并列关系)	既~也~；又~又~；既~又~；一边~一边~；不是~而是~
연접관계(承接关系)	一~就~；(先)~再~；~然后~；~于是~
점층관계(递进关系)	不但/不仅/不光~而且/并且/还/也~；不但/不仅/不光~反而~；(先)~再~；~甚至~
선택관계(选择关系)	或(者)~或(者)~；要么~要么~；(是)~还是~；不是~就是~

편정복문(偏正复句)	복문을 구성하는 앞, 뒤 두개의 절이 주요한 부분과 부차적인 부분으로 구성된 복문
인과관계(因果关系)	(因为)~所以/因此~；由于~(所以)~；既然~就~；~因而~
전환관계(转折关系)	虽然~但是/可是~；~不过~；~只是~；~却~；尽管~但是/也~
조건관계(条件关系)	只要~就~；只有~才~；不管~都/也~；无论~都/也~；除非~否则/要不~
가설관계(假设关系)	如果~就~；要是~就~；假如~就~
목적관계(目的关系)	为了~；~为的是~
양보관계(让步关系)	即使~也~；就是~也~；哪怕~也~

1. 연합복문(联合复句)

복문을 구성하는 앞 뒤 두 개의 절이 대등하거나 병렬관계인 복문을 말한다. 앞절과 뒷절의 문법 의미상의 내부관계에 따라 다시 4가지 유형으로 분류할 수 있는데 아래 표와 같다.

의미관계	앞절	뒷절	뜻
1-1 병렬관계 (并列关系)	~	~	~하고, ~하다.
	ex) 他在外工作, 我在家做家务。 그는 밖에서 일하고 나는 집에서 살림을 한다.		
	既~	也~	~할 뿐만 아니라 (또) ~하다.
	ex) 吸烟既不利于个人健康, 也不利于他人健康。 흡연은 개인 건강에 해로울 뿐만 아니라 타인의 건강에도 나쁘다.		
	又~	又~	~하기도 하고 ~하기도 하다.
	ex) 她又想学舞蹈, 又想学绘画。 그녀는 무용을 배우고 싶어 하기도 하고 그림을 배우고 싶어 하기도 한다.		
	既~	又~	~하고 (또) ~하다.
	ex) 他的秘书既聪明, 又能干。 그의 비서는 똑똑하고 유능하다.		
	一边~	一边~	~하면서 ~하다.
	ex) 妈妈一边收拾, 一边唠叨着。 엄마는 정리하면서 잔소리하고 계신다.		
	不是~	而是~	~가 아니고 ~이다.
	ex) 不是我不想去, 而是我实在抽不出时间去。 내가 가고 싶지 않은 것이 아니고 정말로 시간을 낼 수가 없다.		

의미관계	앞절	뒷절	뜻
1-2 연접관계 (承接关系)	~	~	(먼저) ~하고, (나중에) ~하다.
	ex) 他回到家, 换了件衣服又出门了。 그는 집에 돌아와서는 옷을 갈아입고 집을 나섰다.		
	一~	就~	~하자마자 ~하다.
	ex) 我一放寒假, 就和朋友去旅行。 나는 겨울방학을 하자마자 친구와 여행 간다.		

	앞절	뒷절	뜻
	(先)~	再~	(먼저) ~하고 나서 (다시) ~하다.
	ex) 我先考虑几天, 再做最后的决定。 내가 먼저 며칠 동안 생각해 보고 나서 다시 최후의 결정을 하자.		
	~	然后~	~한 연후에(그 다음에) ~하다.
	ex) 我打算去中国学一年的汉语, 然后进大学读本科。 나는 중국에 가서 일 년간 중국어를 학습한 다음에 대학에 들어가 학부과정을 이수할 계획이다.		
	~	于是~	~그래서(이에, 그리하여) ~하다.
	ex) 我们请来了专家, 于是问题马上解决了。 우리들이 전문가를 모셔 와서 (이에) 문제는 바로 해결되었다.		

의미관계	앞절	뒷절	뜻
	不但 / 不仅 / 不光~	而且 / 并且 / 还 / 也~	~뿐만 아니라 게다가(또한) ~하다.
	ex) 她不但会唱歌, 而且还会作词作曲。 그녀는 노래를 할 줄 알 뿐만 아니라 게다가 작사 작곡도 할 줄 안다.		
1-3 점층관계 (递进关系)	不但 / 不仅 / 不光~	反而~	~뿐만 아니라 도리어(오히려) ~하다.
	ex) 吃了药, 病不但没好, 反而更加严重了。 약을 먹고 나서 병이 나아지지 않았을 뿐만 아니라 도리어 더욱 심해졌다.		
	~	甚至~	~심지어 ~까지도(조차도) ~하다.
	ex) 别说其他人, 甚至父母的话他都不听。 다른 사람은 말할 것도 없고 심지어 부모의 말까지도 그는 들으려 하지 않는다.		

의미관계	앞절	뒷절	뜻
	或(者)~	或(者)~	~이든지(하거나) ~이든지(하거나)
	ex) 周末或者去郊外, 或者去逛街, 从不呆在家里。 주말에 교외에 가든지 거리로 구경 나가든지 지금까지 집에 있은 적이 없다.		
	要么~	要么~	~하든지, 아니면 ~하든지
1-4 선택관계 (选择关系)	ex) 要么去饭馆吃, 要么叫外卖, 反正我不做。 음식점에서 먹든지 아니면 배달을 부르든지 아무튼 나는 안 한다.		
	(是)~	还是~	~인지 아니면 ~인지
	ex) 我们坐公交车去还是坐地铁去? 우리는 버스를 타고 가나요? 아니면 지하철 타고 가나요?		
	不是~	就是~	~가 아니면 ~이다.
	ex) 他平时不是去打球, 就是去爬山, 过得很悠闲。 그는 평소에 구기운동을 하러 가지 않으면 등산을 가면서 매우 여유롭게 보낸다.		

2. 편정복문(偏正复句)

복문을 구성하는 앞 뒤 두 개의 절이 대등한 관계에 있지 않고, 주요한 부분과 부차적인 부분으로 구성된 복문을 말한다. 주요한 의미를 나타내는 부분을 주절(主句, 正句)이라 하고, 부차적인 의미를 나타내는 부분을 종속절(从句, 偏句)이라 한다. 일반적으로 종속절이 앞쪽에, 주절이 뒤쪽에 출현한다. 종속절과 주절의 의미상의 상관관계에 따라 주요 편정복문을 다시 아래 표와 같이 6가지 유형으로 세분할 수 있다.

의미관계	종속절	주절	뜻
2-1 인과관계 (因果关系)	~	~	~니까(때문에) ~하다.
	ex) 感冒了, 就去医院看看吧。 감기 들었으니까 병원에 진찰하러 가라.		
	(因为)~	所以/因此~	~때문에, 그래서 ~하다.
	ex) 因为天气不好, 所以飞机延误了。 날씨가 좋지 않기 때문에 비행기가 지연되었다.		
	由于~	(所以)~	~로 인하여, (그래서) ~하다.
	ex) 由于长期劳累, 所以他病倒了。 장기간 과로로 인하여 그는 병이나서 쓰러졌다.		
	既然~	就~	기왕 ~된 이상, ~하다.
	ex) 既然他不愿意, 那你就不要再为难他了。 그가 원하지 않는 이상 그럼 너는 더 이상 그를 곤란하게 하지 마라.		
	~	因而~	~그러므로(그런 까닭에, 따라서) ~하다.
	ex) 他粗心大意, 因而工作中出了错误。 그가 세심하지 못한 까닭에 일하는 중에 착오가 생겼다.		

의미관계	종속절	주절	뜻
2-2 전환관계 (转折关系)	虽然~	但是/可是~	비록 ~지만, 그러나 ~하다.
	ex) 虽然我们一再邀请他, 但是他还是拒绝了。 비록 우리들이 그를 거듭 초청했지만 그러나 그는 여전히 거절했다.		
	~	不过~	~하지만 그러나 ~하다.
	ex) 这东西看起来不错, 不过价格贵了点儿。 이 물건은 보기에 훌륭하지만 가격이 좀 비싸다.		
	~	只是~	~하긴 한데, 다만(단지) ~하다.
	ex) 这套房子环境、交通都不错, 只是小了一点儿。 이 집은 환경과 교통이 모두 좋긴 한데 다만 좀 작다.		

의미관계	종속절	주절	뜻
	~	却~	~하지만 도리어(오히려) ~하다.
	ex) 他嘴上不说, 心里却很不乐意。 그는 입으로는 말하지 않지만 마음속으로는 도리어 매우 떨떠름해한다.		
	尽管~	但是/也~	비록(설령) ~하지만(하더라도) ~하다.
	ex) 尽管困难重重, 但是我们也要坚持下去。 비록 어려움이 첩첩산중이지만, 우리들은 견지해 나가야만 한다.		

의미관계	종속절	주절	뜻
	只要…	就~	~하기만 하면 ~하다.
	ex) 只要你承认错误, 他就会原谅你。 네가 잘못을 인정하기만 하면 그는 너를 용서해 줄 것이다.		
	只有~	才~	~해야만 비로소 ~하다.
	ex) 只有父母同意, 才能报名参加这个活动。 부모님이 동의하셔야만 비로소 이 활동에 참가하는 것을 등록할 수 있다.		
2-3 조건관계 (条件关系)	不管~	都/也~	~에 관계없이(모두) ~하다.
	ex) 不管刮风下雨, 他都坚持锻炼身体。 바람이 불거나 비가 오는 것에 관계없이 그는 꾸준히 운동을 한다.		
	无论…	都/也~	~을 막론하고(상관없이) ~하다.
	ex) 无论你到哪儿, 我都会在你身边。 너가 어디를 가든지 상관없이 나는 네 곁에 있을 것이다.		
	除非~	否则/要不~	~한다면 몰라도(모를까), 그렇지 않으면 ~하다.
	ex) 除非是真的病了, 否则他不会停止工作的。 진짜로 병이 났다면 모를까 그렇지 않으면 그는 일을 멈추지 않을 것이다.		

의미관계	종속절	주절	뜻
	~	~	~하면, ~할 것이다.
	ex) 有机会, 我就去中国留学。 기회가 된다면 나는 중국 유학을 갈 것이다.		
2-4 가설관계 (假设关系)	如果~	就~	만약 ~하면, ~할 것이다.
	ex) 如果明天下雨, 运动会就取消。 만약 내일 비가 내리면 운동회는 취소될 것이다.		
	要是~	就~	만약 ~하면(이라면), ~할 것이다.
	ex) 要是有钱, 我就去世界各地旅行。 만약 돈이 있다면, 나는 세계 각지를 여행할 것이다.		

의미관계	종속절	주절	뜻
	假如~	就~	만일(가령) ~하면, ~할 것이다.
	ex) 假如我是校长, 那我就减少学生的学费。 만약 내가 교장이라면 학생들의 등록금을 인하해 줄 것이다.		

의미관계	종속절	주절	뜻
2-5 목적관계 (目的关系)	为了~	~	~(을 하기) 위하여, ~하다.
	ex) 为了方便市民购物, 商场延长了营业时间。 시민들의 구매를 편리하게 하기 위하여, 백화점은 영업시간을 연장했다.		
	~	为的是~	~하는 것은 ~를 위한 것이다(위해서이다).
	ex) 他找了个辅导老师, 为的是提高自己的汉语口语能力。 그가 과외선생님을 찾은 것은 자신의 중국어 회화 능력을 향상시키기 위한 것이다.		

의미관계	종속절	주절	뜻
2-6 양보관계 (让步关系)	即使~	也~	[문어체] 설령 ~하더라도(그래도) ~하다.
	ex) 即使是好朋友, 也会有闹矛盾的时候。 설령 좋은 친구라 하더라도 서로 갈등할 때가 있을 것이다.		
	就是~	也~	설령 ~할지라도(그래도) ~하다.
	ex) 就是父母不同意, 我也会跟他结婚的。 설령 부모님이 동의하지 않으실지라도 나는 그와 결혼할 것이다.		
	哪怕~	也~	[구어체] 설령 ~라 해도(그래도) ~하다.
	ex) 哪怕条件再差, 我也会去那儿工作的。 설령 조건이 아무리 열악할지라도 나는 그곳에 가서 일할 것이다.		

MEMO

삶의 가장 큰 영예는 한 번도 넘어지지 않음이 아니라, 넘어질 때마다 다시 일어섬에 있다. — 넬슨 만델라

人生最大的荣耀不在于从没跌倒，而在于每次跌到后都能爬起来。 — 曼德拉 (Mandela)

문법연습

1 빈칸에 가장 적합한 관련사어를 넣어 보세요.

1. 展览会 _____ 结束，他 _____ 返回北京了。

2. 你 _____ 刻苦努力，_____ 能取得优异成绩。

3. _____ 他条件不错，_____ 脾气有点暴躁。

4. _____ 能找到工作，他参加了好几个人才招聘会。

5. _____ 发生了交通事故，_____ 路上车非常拥堵。

6. _____ 春夏秋冬，他 _____ 坚持一早去公园跑步。

7. _____ 听这场演唱会，很多歌迷排了很长时间的队。

2 아래 문장 중 틀린 부분을 찾아 바르게 고쳐 보세요.

1. 老师一边站着，一边讲课。

2. 即使吃了很多药，病也没见好。

3. 先你把手洗干净，然后再吃饭。

4. 看到他有些累了，就我起身告辞了。

5. 今天不是菜不好吃，就是我没有胃口。

6. 不管困难再多，我们也有办法解决。

*문법연습 정답은 317 페이지에서 확인할 수 있습니다.

작문연습

1 그의 어머니께서 병이 나서 입원하셨기 때문에 그는 하루 휴가를 신청했다.

因为他母亲生病住院了，所以他请了一天假。

요점 '~때문에 ~하다'라는 표현은 종속절에서 원인을 제시하고, 주절에서 그 결과를 설명하는 인과관계를 나타내는 복문 중 '因为~所以~'라는 형식을 사용한다.

TIP '请假'는 이합사(离合词)로 하루 휴가를 신청한다고 했을 때 구어에서 일반적으로 '请假一天'이라고 할 수 없는 점을 기억하자.

확인 그가 열성적으로 나를 도왔기 때문에 나는 순조롭게 시험에 통과했다.

어휘정리
- 입원하다 住院
- (휴가조퇴·결근 등의 허락을) 신청하다 请假

- 열성적이다, 친절하다 热心
- 순조롭다 顺利

2 만약 당신이 나를 믿는다면 그러면 진상을 나에게 알려 주세요.

如果你相信我，那就把真相告诉我。

요점 '만약~하면, 곧~할 것이다'라는 가설관계를 나타내는 복문에는 '如果~ 就~', '要是~ 就~' 등이 있는데, '如果~ 就~'는 구어와 서면어에서 모두 사용할 수 있고, '要是~ 就~'는 구어에서 자주 사용된다.

TIP '如果~ 就~'는 '如果~的话~就~' 혹은 '~的话~就~'형식으로도 쓸 수 있다.

확인 만약 이번에 또 실패한다면 그러면 나는 바로 포기를 결정할 것이다.

- 믿다 相信
- 진상 真相

- 실패하다 失败
- 포기하다 放弃

*작문연습 정답은 317 페이지에서 확인할 수 있습니다.

어휘정리

- 어떠하냐 如何
- 평소대로 하다 照常

3 날씨가 어떠하든 상관없이 이번 축구시험은 평소대로 진행된다.

无论天气如何，这次足球比赛都照常进行。

요점 어떤 조건에 상관없이 결과는 마찬가지임을 나타내는 '~에 상관없이(막론하고),~하다' 라는 표현은 조건관계를 나타내는 복문인 '无论~, 都/也~'형식을 사용한다.

TIP '无论~, 都/也~'가 주로 서면어에서 자주 사용되고 있다면, 같은 의미로 사용되는 복문인 '不管~, 都/也~'는 구어에서 자주 사용되고 있다..

- 결정짓다, 결정을 내리다 做决定
- 존중하다 尊重

확인 무슨 결정을 내리든지 상관없이 나는 너의 의견을 존중할 것이다.

- 꾸준히 하다, 견지하다 坚持
- 살을 빼다 减肥

4 운동을 계속하기만 하면 반드시 다이어트 효과에 도달할 수 있다.

只要坚持锻炼，就一定能达到减肥的效果。

요점 어떤 조건만 충족되면 바로 어떤 결과가 나올 것임을 나타낼 때 조건관계를 나타내는 복문인 '只要~, 就~'를 사용하면 된다.

TIP '锻炼'은 직역하면 '단련하다'는 뜻이지만 한국어로 체력 단련을 포함한 '운동하다'라는 뜻에 해당하는 중국어표현이다.

- 사람됨 为人
- 책임감 责任心

확인 그가 사람됨이 훌륭하고 책임감이 있기만 하면 나는 기꺼이 그와 결혼하기를 원한다.

＊작문연습 정답은 317 페이지에서 확인할 수 있습니다.

5 그는 석사학위를 취득했을 뿐만 아니라 게다가 또한 만족스러운 일자리를 찾았다.

他不但获得了硕士学位，而且还找到了满意的工作。

요점 '~뿐만 아니라 게다가(또한)~하다.'라는 말은 '不但/不仅/不光~而且/并且/还/也~'라는 점층관계를 나타내는 복문 형식으로 표현하면 된다.

TIP '不但~'뒤에 이어서 나오는 절에 '而且'나 '还'중 하나만 사용해도 되는데, 둘 다 사용함으로써 뒷절의 내용이 앞절보다 그 정도가 더 심함을 '강조해서' 나타내고 있다.

확인 나는 중국어 수준을 향상시켰을 뿐만 아니라 또한 중국문화에 대하여 더 깊은 이해를 갖게 되었다.

어휘정리
- 얻다, 취득하다 获得
- 제고하다, 향상시키다 提高

6 사람의 생각은 한 번 형성되면 불변하는 것이 아니고 끊임없이 변화하는 것이다.

人的思想不是一成不变的，而是不断变化的。

요점 '~가 아니고 ~이다'라는 표현은 병렬관계를 나타내는 '不是~而是~'를 사용한다.

TIP '不是~而是~'와 유사하여 혼동하기 쉬운 복문 유형이 있는데 바로 '不是~就是~'이다. 이것은 '~가 아니면 ~이다'라는 선택의 의미를 나타내고 있는 것으로 오용하지 않도록 유의하자.

확인 이번 자원봉사활동은 내가 참가하고 싶지 않은 것이 아니라 내가 아직 신청조건에 부족하다.

어휘정리
- 사상, 생각 思想
- 한번 정해지면 고치지 않는다 一成不变
- 끊임없이 不断
- 자원봉사활동 志愿活动
- 신청하다, 지원하다 报名

＊작문연습 정답은 317 페이지에서 확인할 수 있습니다.

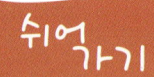

중국 광고 속 복문 이야기

 중국 현지 광고를 통해 현장감 넘치는 중국어 복문 표현을 배워 봅시다.

| 가설관계를 나타내는 편정복문 |

➡ 만약 몸이 불편하시면 다음 역에서 역무원에게 도움을 요청하시기 바랍니다.

| 전환관계를 나타내는 편정복문 |

➡ 우리 동료들도 비록 고향에 가서 설을 쇠고 싶지만 설 연휴에도 근무지를 굳게 지키고 있는 고객들에게 서비스를 제공하기 위하여 우리들은 일부 소매부에서 계속 영업을 할 것입니다.

| 관련사어를 사용하지 않은 복문 |

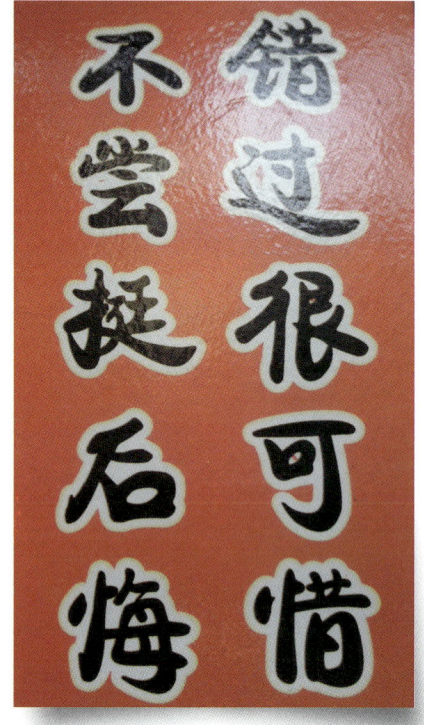

지나치면 매우 아쉽고, 맛보지 않으면 후회할 것이다. ➡

정답

본문 정답

워크북 정답

본문 정답

01 동사술어문과 동사중첩

| 문법연습 | 18

1
1) 散散步　　　　2) 准备准备
3) 问问　　　　　4) 查了查
5) 试试　　　　　6) 洗洗 收拾收拾

2
1) 星期天我要见我的中国朋友。
   or 星期天我要跟/和我的中国朋友见面。
2) 他打算暑假和朋友一起去欧洲旅行。
3) 每天早上我都去公园跑跑步、做做操。
4) 去哪家公司工作，我得好好考虑考虑。
5) 高中毕业以后，我想去中国留学。
6) 有什么问题，你可以去请教老师。

| 작문연습 | 19

1 这两个词的用法有什么不同，你能给我讲讲吗?
2 周末我见见朋友，去健身房运动运动，过得很轻松。
3 今年春节我打算跟家人一起去海南岛旅游。
4 听说你感冒了，今天的活动我以为你不会来参加了。
5 这次你去中国，我想托你办一件事情，可以吗?
6 有很多年轻人打算大学毕业后自己开公司创业。
7 孩子也大了，有自己的想法，你应该理解他。
8 二十岁生日那天，爸爸送我一部最新款式的手机。

02 형용사술어문과 형용사중첩

| 문법연습 | 34

1
1) 固执 急躁　　　2) 脏 乱
3) 努力 快　　　　4) 热情
5) 安静 干净　　　6) 紧张 轻松

2
1) 这个地方风景美丽，吸引了很多游客。
2) 他老老实实地把事情的经过说了一遍。
3) 他穿着雪白的衬衫，样子帅极了。
4) 我第一次去上海，觉得上海的夜景很美。
5) 外边雨下得很大，你现在最好别出去。
6) 我看这件衣服的款式和颜色你穿很合适。

| 작문연습 | 35

1 我觉得杭州的风景很美丽。
2 她总是把房间收拾得干干净净的。
3 他每天早早儿地起床，去公园锻炼身体。
4 她不但长得很漂亮，而且性格也很温柔。
5 昨天我看了一场很精彩的足球比赛。
6 她头发长长的，皮肤白白的，样子很清纯。
7 他高高兴兴地告诉父母自己得了奖。
8 她不太会打扮，总是穿得土里土气的。

03 부사

| 문법연습 | 56

1
1) 刚　就　　　　　2) 还　再
3) 还　再　　　　　4) 才　就
5) 没　不　　　　　6) 又　再

2
1) 直到晚上十二点多，他才回到家。
2) 看完展览以后，我们又去附近转了转。
3) 你唱得太好了，再给我们唱一首吧。
4) 这本汉语口语教材一共有五百多个生词。
5) 我刚进门，就听见屋里电话铃响了。
6) 我的爱好很多，网球、游泳、滑冰等都喜欢。

| 작문연습 | 57

1 那部电影我上周看过，很有意思，还想再看一遍。
2 他上次跟女朋友约会迟到了，这次又迟到了。
3 她自己办了个旅行社，是一个很能干的姑娘。
4 他才二十岁就跟朋友一起办了一家风险公司。
5 我游泳学了一个月才会，可他学了一周就会了。
6 我刚到中国的时候，一句汉语都听不懂。
7 每天晚上睡得太晚，对皮肤不太好。
8 他感冒得很厉害，昨天没能去学校上课。

04 전치사

| 문법연습 | 80

1
1) 对
2) 从
3) 由
4) 从 朝/向
5) 对/对于
6) 在 上
7) 和/跟
8) 给
9) 至于
10) 在 下

2
1) 他夹了一块肉就往嘴里放。
2) 他完全不同意我的意见。
3) 他们都对这件事情很感兴趣。
4) 我进去的时候,他正躺在床上休息呢。
5) 我下课以后去打工,教中学生数学。
6) 这次我们一起讨论关于中国经济的发展情况。
7) 我今天上不了课,你替我从老师那儿把作业本拿回来吧。
8) 我家离学校不太远,走路只要十五分钟就可以了。

| 작문연습 | 81

1 火车站离这儿很远,我们打车去吧。
2 对于环境保护问题,我们大家都应该加以重视。
3 关于交通拥堵的问题,我们正在讨论研究。
4 我只是决定去旅游,至于去哪儿,还没想好。
5 我身上带的钱不够,想跟你借点儿钱,行吗?
6 往前走,到十字路口向左拐,就有一家药店。
7 我出差给他带了件礼物,麻烦你转交给他。
8 从国外进口的商品一般比国产的贵一点儿。
9 我想拜托你帮我打听一下儿留学的事情。
10 对每个考生来说,高考前不应该太紧张。
11 在新产品的开发上,公司投入了很多资金。
12 在警察的帮助下,迷路的孩子最后找到了自己的家。

05 조동사

| 문법연습 | 102

1
1) C 2) C 3) C 4) D
5) B 6) B 7) D 8) C
9) C 10) D

2
1) 我带的钱不够,不能买这件衣服。
2) 他手上的伤治好了,能干活了。
3) 人们得等很长时间才能坐上汽车。
4) 如果不想跟我们一起去,可以提出来。
5) 他不想去玩儿就算了,别勉强他。
6) 你想不想打工? 我可以给你介绍。

| 작문연습 | 103

1 那里是有名的旅游胜地,不事先预订房间,就会找不到住处。
2 我不会做中国菜,很想学,有空儿你教教我吧。
3 家里突然有了急事,今天的活动我不能参加了。
4 大家进了博物馆里面,就不能用相机拍照。
5 去各地旅行, 能(可以)了解那儿的风俗习惯。
6 汉字很难学,一个字要写很多遍才能记住。
7 售货员应该热情对待顾客,不应该对顾客发脾气。
8 明天我有要紧事,得去机场接一个公司的客户。

06 중국어의 动态 I

| 문법연습 | 124

1
1) 了
2) 来着
3) 了 来着
4) 了
5) 过
6) 过 了 了

2
1) 上个暑假我去日本旅行了一趟。
2) 今天我干了一天的活,觉得很累。
3) 我以前几乎每个周末都去图书馆学习。
4) 我还没考虑这个问题,过几天再说吧。
5) 他们一家打算明年搬到首尔去住。
6) 大学毕业以后,我们只见过一次面。
7) 他住院的时候,我去医院看过他几次。
8) 你们当中有谁去长白山看过天池?

| 작문연습 | 125

1 下了课，我去小卖部买了一点儿吃的。
2 上周五我陪父母去医院检查了一下身体。
3 大四那年，他因为求职面试，常常缺课。
4 我一直认为良好的生活习惯应该从小培养。
5 他已经吃了两碗饭了，可是还没吃饱。
6 他生病住院了，差不多两个星期没去上班了。
7 我曾经跟他商量过那件事。
8 虽然已经和他分手，可是从来没忘记过他。
9 我来过这儿好几次，可是路怎么走还是不太清楚。
10 那个博物馆规模很大，我去那儿看过几次展览。

07 중국어의 动态 II

| 문법연습 | 144

1
1) A　　　2) C　　　3) B　　　4) A
5) C　　　6) A

2
1) 昨天我去她宿舍的时候，她正看着书呢。
2) 他拉着我的手，一起走进了商店。
3) 一年一度的高考明天就要开始了。
4) 从前天开始到今天一直在下小雨。
5) 火车离开北京，开往上海呢。
6) 他正坐在桌子前吃着早饭看着报纸呢。
7) 我去的时候，他们两个人正吵着架呢。

| 작문연습 | 145

1 我给他打电话的时候，他正在健身房运动呢。
2 他没玩电脑游戏，在认真准备期末考试呢。
3 放寒假以后，他一直在咖啡馆打工赚钱。
4 明年这个时候，我可能正背着包周游世界呢。
5 他的手机存着很多旅行时拍的照片。
6 他一个人在阅览室里专心地看着书。
7 她的手指上戴着一枚漂亮的戒指。
8 她笑着向游客介绍各个景点的情况。
9 他学完三年的硕士课程，快要回国了。
10 他下星期二就要期中考试了，这两天忙着准备考试呢。

08 중국어의 보어 I

08-1 결과보어

| 문법연습 | 160

1
1) C　　　2) C　　　3) B　　　4) B
5) C　　　6) B

2
1) 这篇课文我背了好几遍了，我都记住了。
2) 一本教材没学完一半，学期就结束了。
3) 我累得要命，洗完澡，就上床睡觉了。
4) 她听到自己高考落榜的消息，心里非常难过。
5) 昨天晚上她丈夫喝酒喝到十二点才回家。
6) 他仔细听了听，里面一点儿声音也没有。
7) 现在经济不景气，大学毕业生很难找到工作。

| 작문연습 | 161

1 他摔破了我的眼镜，赔了我一副。
2 我收到了好几个朋友送我的生日礼物。
3 听说你明天回国，行李都收拾好了没有？
4 昨天我的同屋把我的数码相机借走了。
5 他是个夜猫子，每天看书看到凌晨一点才睡。
6 他叫了一辆出租车把病人送到了附近的医院。
7 别找了，那些不常穿的旧衣服我都扔掉了。
8 我去买火车票，可是没带身份证，结果没买成。

08-2 방향보어

| 문법연습 | 180

1
1) 出来　　　　2) 下来
3) 下去　　　　4) 起来
5) 过来　　　　6) 过去

2
1) 下课以后我要回宿舍去拿些东西。
2) 他一唱完歌，大家就鼓起掌来。
3) 别放弃，你应该继续坚持下去。
4) 他从包里拿出来一本杂志让我看。
5) 十几年没联系，她叫什么我都想不起来了。
6) 小明在外边喊："天气真不错，快出来玩吧。"

| 작문연습 | 181

1 这些钱都是我辛辛苦苦打工挣来的。
2 选什么专业我还没定下来。
3 会议都开半个小时了，他才走进会场来。
4 谈起足球来，他的话就没完没了。
5 我的行李太重，你能帮我把行李拿下来吗?
6 吃完晚饭，他就打开电视看起体育节目来。
7 他讲得很有趣，别打断他，让他继续讲下去。
8 他终于认出来那个女孩原来是自己的小学同学。

09 중국어의 보어 Ⅱ

09-1 정태보어
| 문법연습 | 194

1
1) ②   2) ①   3) ②   4) ④
5) ①   6) ②

2
1) 我奶奶每天起床起得很早。
2) 他把那个问题处理得很好。
3) 他听了以后，气得乱扔东西。
4) 他在中国住过几年，所以(说)汉语说得流利。
5) 雨下得越来越大了，我们待一会儿再走吧。
6) 看到妈妈病得那么重，她难过得都快哭了。

| 작문연습 | 195

1 站了一整天，累死了，真想躺下歇一会儿。
2 他游泳游得很快，在这次运动会上得了金牌。
3 我(打)高尔夫球打得不好，有空给我指导一下。
4 他生意很红火，常常忙得连吃饭的时间也没有。
5 这几天一直是三十几度高温，夜里热得睡不着觉。
6 他的护照丢了，急得要命，你也帮忙找找吧。
7 我们出发得晚了一点儿，不快走，会来不及。
8 老师，您汉语说得太快，我听不懂，能不能说得慢一点儿?

09-2 가능보어
| 문법연습 | 208

1
1) 想不起来   2) 搬得动
3) 放不进   4) 听不出来
5) 买不到 / 买不着   6) 去不了

2
1) 我喝了咖啡就睡不着觉。
2) 这是秘密，你可千万不能说出去啊。
3) 我决定不了那样做好不好。
4) 你喝了那么多酒，还吃得下饭吗?
5) 晚上天很黑，路上一个人也看不见。
6) 他翻来覆去讲了好几遍，我才听懂。

| 작문연습 | 209

1 这里卖的都是名牌，一般人买不起。
2 春节回老家的人太多，很多人买不到火车票。
3 你得了肠炎，这几天辣的东西吃不得。
4 这屋子很宽敞，一起来玩的五个人都住得下。
5 别急，现在去机场的话，肯定见得到她。
6 他说话的声音太小，我一句也听不清楚。
7 这条路太窄了，汽车开不进去。
8 最近生意很差，他整天愁得吃不下饭。

09-3 수량보어
| 문법연습 | 220

1
1) 顿   2) 次
3) 遍   4) 场
5) 趟   6) 场

2
1) 我昨天在他宿舍等了两个小时。
2) 那部电影很有意思，我看过两遍。
3) 我去他家找过他两次，他都不在。
4) 现在是梅雨季节，都下了一个星期雨了。
5) 我自己学网球只学了几天，还不能教你。
6) 为了学好英语，他每天听英语一个多小时广播。

| 작문연습 | 221

1. 这家餐厅我跟朋友来过好几次。
2. 这首韩国歌儿很好听，我都听好几遍了。
3. 他没有按时交作业，老师批评了他一顿。
4. 他们在大学谈了四年恋爱，最后分手了。
5. 他昨天开了一整天的会/他昨天开会开了一整天，非常疲惫。
6. 我学做中国菜只学了半个月，还不怎么会做。
7. 我在办公室等了他两个多小时，最后见到了他。
8. 我每天早上听三十分钟的中文广播。
   or 我每天早上听中文广播听三十分钟。

10 비교문

| 문법연습 | 236

1
1) 比 没有 / 没有 比　　2) 没有 比
3) 不如　　　　　　　　4) 不比
5) 跟 / 和 一样　　　　　6) 越来越

2
1) 我新交的男朋友比我大两岁。
2) 我比别人早来半个小时。
3) 和小说比起来，我更喜欢看历史书。
4) 你再好好儿看看，我不比他胖。
5) 我说英语说得比他流利一点儿。
6) 我觉得济州岛的风景比别的地方美得多 / 多了。

| 작문연습 | 237

1. 韩国人的生活习俗和中国人不同/不一样。
2. 他说汉语说得有中国人那么地道。
3. 韩国今年冬天比往年暖和一点儿。
4. 他饿得很，晚饭比平时多吃了一碗米饭。
5. 现在是上班高峰，开车去不如坐地铁去更方便。
6. 他学太极拳的时间比我长，可是打得没有/不如我好。
7. 通过几年的苦练，他打乒乓球打得比以前好多了。
8. 我的条件不比她差，为什么就不给我机会呢？

11 강조구문 '是~的' 구문

| 문법연습 | 250

1
1) 的　　　　　　　　　2) 了 的
3) 的 的 的　　　　　　4) 了

2
1) 我是在回家的路上碰到老朋友的。
2) 这照片照得真不错，是在哪儿照的?
3) 我不是跟男朋友一起去，是跟我表弟一起去的。
4) 明天开会的事儿是谁通知你的?
5) 韩中文化交流活动是上周举行的。
6) 我昨天去动物园了，在那儿看到了熊猫。

| 작문연습 | 251

1. 听说你们学校的中文系历史悠久，(是)什么时候创建的?
2. 你去调查一下公司的机密(是)怎么泄露出去的。
3. 护照(是)在哪儿找到的? 我刚才找了半天也没找到。
4. 我这次是坐高铁去上海的，路上只花了五个多小时。
5. 我知道事情的真相，那笔钱真的不是他偷的。
6. 他(是)上星期去北京进修汉语的,去了还不到一个星期。
7. 去年休假的时候，你(是)跟谁一起去欧洲旅行的?
8. 他得了肺癌，是每天抽烟抽的。

12 중국어의 특수구문 I

| 문법연습 | 266

1
1) 打扫干净　　　　　　2) 扔了
3) 递给　　　　　　　　4) 挂在墙上
5) 选为　　　　　　　　6) 偷了

2
1) 那个孩子被妈妈打哭了。
2) 我新买的手表叫他摔坏了。
3) 图书馆今天关门，借不了书。
4) 我很快习惯了这里的生活。
5) 我把在中国照的照片寄给我朋友了。
6) 这孩子不好好听课，下课后被老师批评了一顿。
7) 她非常漂亮，那些男孩子们都被她迷住了。

| 작문연습 | 267

1 昨天我逛商场的时候，把信用卡弄丢了。
2 每天出去的时候，别忘了把房门锁好。
3 给我吧，我帮你把大衣挂在衣架上。
4 他把看到的美景都用手机拍下来了。
5 这套房子我很满意，可不可以把它租给我?
6 去中国旅游之前，我得把韩币换成人民币。
7 一个人能把这些菜都吃完吗?
8 分手都好几年了，可是我还没有把他忘掉。
9 他身上带的钱都被(让/叫)人给抢走了。
10 他把班里的同学打伤了，最后被学校开除了。
11 半路上我进商店买了把伞，所以没被雨淋湿。
12 他很容易相信别人，这次差点儿又被人骗了。

13 중국어의 특수구문 Ⅱ

| 문법연습 | 286

1
1) A 2) D 3) A 4) A
5) B 6) C

2
1) 我下决心明年一定要去中国留学。
2) 我一个星期内就能让你学会电脑。
3) 我姐姐以前一个人去加拿大旅行过。
4) 前边走过来一个戴帽子的漂亮女孩。
5) 这件事办成这样，当然不能让我满意。
6) 昨天我们学校附近发生了一起事故。

| 작문연습 | 287

1 有时间的话，和我一起去机场接客人，怎么样?
2 我的工作能力还不够，没有资格当部门经理。
3 现在很多年轻人都喜欢用手机上网购物。
4 去年暑假我一个人骑自行车周游了韩国各地。
5 小李的腿摔坏了，医生让他在家好好儿养伤。
6 他是个高富帅，周围有不少女孩子想嫁给他。
7 他在单位一般不让别人随便发表自己的意见。
8 这家餐厅热情周到的服务使顾客感到很满意。
9 花瓶里插着几朵玫瑰花。
10 路边围着一些看热闹的人。
11 前边跑过来一群活泼可爱的小孩子。

12 大礼堂里坐满了听演讲的年轻人。

14 중국어의 복문

| 문법연습 | 306

1
1) 一~就 2) 只要~就 / 只有~才
3) 尽管~但是 4) 为了
5) 因为~所以 6) 不管 / 无论~都
7) 为了

2
1) 老师站着讲课。
2) 尽管吃了很多药，但是病也没见好。
3) 你先把手洗干净，然后再吃饭。
4) 看到他有些累了，我就起身告辞了。
5) 今天不是菜不好吃，而是我没有胃口。
6) 即使困难再多，我们也有办法解决。

| 작문연습 | 307

1 因为他热心地帮助我，所以我顺利通过了考试。
2 如果这次又失败了的话，那我就决定放弃。
3 无论做出什么决定，我都会尊重你的意见。
4 只要他为人好，有责任心，我就愿意跟他结婚。
5 我不但提高了汉语水平，而且对中国文化有了更深的了解。
6 这次志愿活动不是我不想参加，而是我还不够报名的条件。

워크북 정답

01 동사술어문과 동사중첩

| 문법연습 | 3

1
1) 告诉　　　　　2) 说
3) 认为　　　　　4) 以为
5) 理解　　　　　6) 了解

2
1) ③　　2) ③　　3) ④　　4) ②
5) ①　　6) ②　　7) ④

3
1) B　　2) A　　3) B　　4) B
5) B　　6) B

4
1) 你知道我们在哪儿集合吗?
2) 你告诉大家明天不用上课。
3) 今天见到您，我感到很高兴。
4) 大家安静一下，我们开始上课。
5) 你自己上网搜搜看吧。
6) 这件事儿你跟父母好好商量商量吧。

| 작문연습 | 5

1　今天我约了朋友一起吃晚饭。
2　你要的那些资料可以上网查一查。
3　你进办公室跟负责人好好儿谈谈吧。
4　我遇到了几个困难，你能帮我一下忙吗?
5　你好好考虑考虑我的建议，明天给我答复。
6　爸爸答应我毕业的时候送我一个手机。
7　老师看了看我的作业，指出了几个错误。
8　来我的办公室坐坐，我们研究研究下半年的计划。
9　有时间的话，给我们介绍介绍中国的饮食文化。
10　她想了想，没说别的就答应了我的要求。

02 형용사술어문과 형용사중첩

| 문법연습 | 6

1
1) 轻轻松松　　　　2) 冰凉冰凉
3) 漆黑漆黑　　　　4) 热热闹闹
5) 慌里慌张　　　　6) 血红血红

2
1) ④　　2) ②　　3) ④　　4) ①
5) ④　　6) ①　　7) ①

3
1) 北京的市民都对外国朋友很友好。
2) 我读了他写的信，激动地流下了眼泪。
3) 听到考上大学的消息，我心里高兴极了。
4) 别闹了，我在学习呢，你就让我安静安静吧。
5) 这个城市的道路都很宽，而且笔直笔直的。
6) 今天玩得开心极了，好久没有这么开心过了。

4
1) 那个个子高高的帅哥是她男朋友。
2) 他怕考试迟到，早早儿地就出发了。
3) 黑板上的字写得整整齐齐的。
4) 他非常轻松地解决了那个问题。
5) 那个女孩经常打扮得很时髦。
6) 我对这次日程的安排很满意。

| 작문연습 | 8

1　他今天穿了一身西装，看上去特别精神。
2　他很大方，平时经常请朋友吃饭。
3　那个房间干干净净的，一点灰尘也没有。
4　他很有能力，轻轻松松地就解决问题了。
5　我急急忙忙地出来，结果忘带钱包了。
6　来北京一个多月了，我对现在的生活感到很满意。
7　最近很多中国年轻人来韩国自助游。
8　周末不少人和家人一起下馆子吃饭。
9　这本小说真实地描写了都市人的生活。
10　他做了充分的准备，顺利通过了这次面试。

03 부사

| 문법연습 | 9

1
1) B　　2) C　　3) D　　4) C
5) B　　6) D　　7) A　　8) D
9) C　　10) C

2

1) ③ 2) ③ 3) ① 4) ②
5) ③ 6) ② 7) ④ 8) ②
9) ③ 10) ① 11) ② 12) ①

3

1) 他去中国留学已经一年多了。
2) 相信我一定不会让你失望的。
3) 我一出去，房间的门就关上了。
4) 从那以后他再也没缺过一次课。
5) 再过一个星期，我们又要开学了。
6) 他总是非常热情地跟人打招呼。

| 작문연습 | 11

1 今天早上起晚了，他上课又迟到了。
2 大学期间，他一直积极地参加社团活动。
3 你说得有点儿不清楚，请你再说清楚点儿。
4 这家麻辣烫真好吃，有机会我还想再来吃一次。
5 他穿上新买的休闲装后，看上去更加年轻帅气了。
6 你再好好考虑一下，这件事情你到底怎么处理才好?
7 我动作片儿、恐怖片都不爱看，只爱看爱情片儿。
8 我们学校这次一共招收了两千多名学生。
9 我不期待你得奖，只希望你能尽最大努力。
10 他这几天心情不太好，这次聚会就没有邀请他。

04 전치사

| 문법연습 | 12

1

1) A 2) B 3) B 4) B
5) B 6) C 7) B 8) B
9) A 10) A 11) D 12) A

2

1) ④ 2) ① 3) ① 4) ④
5) ③ 6) ③ 7) ② 8) ②
9) ② 10) ③

3

1) 现在人们对食品的营养越来越重视。
2) 今天我替张老师来给你们上汉语课。
3) 离我家不远的地方就有大型超市。
4) 很多大学生为自己找不到工作担忧。
5) 他最近登了一篇关于教育问题的文章。
6) 手机的使用给我们的生活带来很大的便利。

| 작문연습 | 14

1 她心地很善良，对周围的每一个人都很好。
2 大家都在超市购买东西，为过春节作准备。
3 这事我自己来解决，我不想给别人添太多的麻烦。
4 根据统计，来韩国留学的中国学生有十万人左右。
5 这次多亏你的帮助，在此向你表示衷心的感谢。
6 毕业后我们就分开了，关于他的近况，我也不太清楚。
7 除了蔬菜水果以外，我还买了一些生活用品。
8 通过不断的努力，他终于实现了自己的梦想。
9 经过艰苦的训练，这次足球比赛韩国队最终获胜了。
10 除了下雨天，他每天都坚持去公园跑步。

05 조동사

| 문법연습 | 15

1

1) 应该 2) 得
3) 可以 4) 能
5) 能 6) 会
7) 会 8) 愿意
9) 能 可以 10) 会 能

2

1) ④ 2) ④ 3) ③ 4) ①
5) ④ 6) ① 7) ① 8) ③
9) ① 10) ①

3
1) 别担心，他一定会回到你的身边。
2) 现在规定餐厅里面不可以抽烟。
3) 要取得好成绩，就得努力学习。
4) 说实话，你真的愿意跟他结婚吗?
5) 去国外旅行的时候，应该保管好自己的护照。
6) 别再埋怨了，要勇敢地面对现实。

작문연습 | 17

1 我明天早上有个会，不能去机场送你了。
2 从北京到上海坐高铁至少得坐五个多小时。
3 要保护环境，首先得提高大家的环保意识。
4 女孩子都想保持青春，谁都不愿意变老。
5 我腿上的伤已经好了，现在能骑自行车了。
6 以后如果有机会，我还想再去一趟上海。
7 这个孩子玩电脑上瘾，每天要玩两个小时才肯关。
8 我大学毕业后想从事中韩贸易方面的工作。
9 最近很多年轻人想一个人生活，不愿意结婚。
10 他在美国住了那么久，不会说英语，这怎么可能呢?

06 중국어의 动态 I

문법연습 | 18

1
1) ③ 2) ① 3) ③ 4) ③
5) ① 6) ①

2
1) B 我太累了
2) B 所以没去上课
3) C 我差不多每天都去公司面试
4) B 你什么时候去的
5) C 在那儿住了一年
6) D 他每天都要写一篇日记

3
1) D 2) C 3) A 4) A
5) C 6) D

4
1) 前几天我去商店买了一条牛仔裤。
2) 记得以前他瘦瘦的，可是现在胖了。
3) 你在首尔上大学的时候，谈过恋爱没有?
4) 快去睡觉，你都玩了三个小时游戏了。
5) 以前我来这个餐厅吃过一次，觉得味道不错。
6) 上个假期我和同学一起参加了一个志愿者活动。

작문연습 | 20

1 去年夏天他和家人一起去西安旅行了一趟。
2 我的计划是放了假就去快餐厅打工赚钱。
3 今天我上了一天课，觉得很累，想早点回家休息。
4 昨晚我跟朋友们去歌厅唱歌了，大家都玩得很开心。
5 她小时候胖过，不过现在苗条多了。
6 刚才你去哪儿来着? 你的同屋找了你好几次。
7 我本来不吃辣的，来韩国一年以后开始爱吃了。
8 前几天热过一阵子，台风过后天气又变凉快了。
9 以前不爱打乒乓球，上了一个月课以后开始喜欢打了。
10 你忙什么呢? 给你发了几条短信，你也不回我。

07 중국어의 动态 II

문법연습 | 21

1
1) 在   2) 着 呢
3) 正 着   4) 即将
5) 将   6) 着 着
7) 正在   8) 就要

2
1) ④ 2) ② 3) ① 4) ②
5) ① 6) ②

3
1) ③ 2) ③ 3) ④ 4) ①
5) ③

4
1) 现在韩中两国正保持着友好的关系。
2) 他将要去上海参加一个汽车展览会。
3) 听说他的女儿明年春天就要结婚了。
4) 夜深了，那个房间的灯还亮着。
5) 他紧紧地握着我的手，不让我离开。
6) 最近他一直在忙着处理公司里的事情。

| 작문연습 | 23

1 你不应该躺着看书，这样对眼睛不好。
2 我去他宿舍的时候，他正玩着电脑游戏呢。
3 外边正下着大雨呢，等雨小了再出发吧。
4 他的旅行包里装着一架照相机和几本杂志。
5 明天这个时候，我可能正坐在去北京的飞机上呢。
6 他边听音乐边骑自行车，骑着骑着就停了下来。
7 再过十分钟，比赛就要开始了，他心里觉得很紧张。
8 我走进办公室，看见他正坐着打电话，就没去打扰他。
9 下一届世界杯足球比赛将在巴西举办。
10 他将参加下个月在北京召开的国际学术大会。

08 중국어의 보어 I

08-1 결과보어

| 문법연습 | 24

1
1) ④   2) ③   3) ①   4) ③
5) ④   6) ③   7) ④

2
1) 完   2) 开
3) 倒   4) 掉
5) 破 / 碎   6) 到
7) 好

3
1) 我的房卡丢了，现在才找到。
2) 他不小心弄坏了我的照相机。
3) 昨天我没做完作业就睡了。
4) 他打球打累了，回家休息了。
5) 他们喝完酒又去KTV唱歌了。

6) 那条裙子我已经洗干净了。

4
1) 他终于找到了自己弄丢的手机。
2) 昨天他没带伞，衣服全淋湿了。
3) 他去晚了，没买着演唱会的票。
4) 他踢足球的时候不小心把脚踢伤了。
5) 我弄错了见面的时间，白跑了一趟。
6) 到现在我从来没有喝醉过酒。

| 작문연습 | 26

1 他骑自行车不小心摔伤了。
2 我找了半天也没找到车钥匙。
3 孩子已经睡着了，你别吵醒他。
4 我们这里不是餐厅，你打错电话了。
5 昨天夜里太热，我一夜都没睡好。
6 每次外卖都点炸酱面，我已经吃腻了。
7 我刚才看见他跑进教室里去了。
8 我在走路，听到背后有人大声地叫我。
9 房间打扫干净后，她带着小狗去公园散步。
10 吃完晚饭后，我们去附近的咖啡馆喝咖啡。

08-2 방향보어

| 문법연습 | 27

1
1) ③   2) ②   3) ③   4) ①
5) ②   6) ②   7) ④   8) ③

2
1) B   2) C   3) C   4) B
5) B   6) D

3
1) 过来   2) 下来
3) 起来   4) 起来
5) 下来   6) 下去
7) 过 来   8) 过来

4
1) 他生气了，一个人跑出屋去了。
2) 他们没说几句话，就吵起架来。
3) 我看见她跟一个男孩走进商场里去了。
   or 她看见我跟一个男孩走进商场里去了。
4) 他休息了一会儿，就又干起活儿来。

5) 经过调查，他终于看出来了其中的问题。
6) 她开始运动以后，一天天瘦了下去。
　 or 她开始运动以后，一天天瘦下去了。

| 작문연습 | 29

1　生活中的一些坏习惯应该改过来。
2　病这么拖下去的话，会越来越严重。
3　大家都知道钱赚起来难，花起来很容易。
4　休息了一会儿以后，大家又都干起活来了。
5　他在外面租了房子，搬出宿舍楼去了。
6　我一定要努力学习，把成绩提高上去。
7　老师拿着书走进教室来了，里面一下子安静了下来。
8　我们得团结起来，这样才能和他们竞争。
9　太阳太晒了，她从手提包里拿出太阳镜戴上了。
10　把那里的黑色皮鞋拿过来让我穿穿看。

09 중국어의 보어 Ⅱ

09-1 정태보어

| 문법연습 | 30

1
1) (擦)得很干净 / (擦)得干净极了　　2) 吃得很快
3) (考)得怎么样　　4) (过)得很幸福
5) 跳得很好　　6) (玩)得多开心

2
1) C　　2) B　　3) C　　4) D
5) C　　6) B

3
1) 老师开始点名了，你要快点儿来。
2) 他今天起床起得很晚，上班迟到了。
3) 进了公司，你一定要认真地工作。
4) 你房间打扫得不干净，再重新打扫一下。
5) 他开车开得很快，让他开慢点儿，他也不听。
6) 我这个学期学得不太认真，所以成绩退步了。

4
1) 开会的资料你准备得怎么样了?
2) 她吓得连话也说不出来。
3) 他在公司里工作得非常出色。
4) 我忙得要命，没时间陪你玩儿。

5) 这双皮鞋贵得很，但是挺好看的。
6) 他汉语说得跟中国人一样流利。

| 작문연습 | 32

1　他话说得太快，我没听清楚。
2　房间里的东西放得整整齐齐的。
3　暑假我跟朋友去旅行了，我们玩得很痛快。
4　我会游泳，但是游得不太快。
5　他学了八年的日语，说得非常流利。
6　他拿了冠军，激动得流出了眼泪。
7　和女朋友分手后，他心里难过得很。
8　上了年纪后，他每天睡得早，起得也早。
9　你期中考试考得不好，这次期末考试考得怎么样?
10　到晚上12点，我已经困得眼睛都睁不开了。

09-2 가능보어

| 문법연습 | 33

1
1) ②　　2) ②　　3) ④　　4) ④
5) ④　　6) ④　　7) ①　　8) ③
9) ④　　10) ②　　11) ①　　12) ②

2
1) 我听不懂老师讲的内容。
2) 他病了，明天不能来上课了。
3) 地铁里太挤了，我们进不去。
4) 我们宿舍停水，现在洗不了澡。
5) 我已经能走了，让我去上学吧。
6) 坐飞机回国的时候，水果和农产品都不能带。

3
1) 很遗憾这个问题我们解决不了。
2) 他进考场，紧张得说不出一句话来。
3) 我的手机丢了，可能找不到了。
4) 这么贵的衣服，我怎么买得起呢?
5) 我有事，今天的活动参加不了了。
6) 事情太多了，我一个人都快忙不过来了。

| 작문연습 | 35

1 这孩子吓得话都说不出来了。
2 我没带门卡，现在宿舍进不去。
3 那张画儿是真是假你看得出来吗?
4 按照现在的规定，喝酒以后不能开车。
5 因为没买到飞机票，我今天回不去了。
6 别担心，这座山不太高，我爬得上去。
7 在中国留学的那段时光我永远忘不了。
8 那张桌子很重，你们两个人搬得动吗?
9 我的笔记本电脑坏了，你看修得好吗?
10 你感冒这么厉害，明天的活动参加得了吗?

09-3 수량보어

| 문법연습 | 36

1
1) ①   2) ②   3) ④   4) ①
5) ②   6) ④   7) ③   8) ④
9) ④   10) ③

2
1) D   2) D   3) C   4) C
5) D   6) D   7) A   8) B
9) C   10) C

3
1) 他昨天玩儿了一个晚上的电脑游戏。
2) 他每天去游泳馆游一个小时的泳。
3) 那个地方我已经去过三次了。
4) 你应该亲自去调查一下这事件。
5) 我今天起晚了，可能会迟到半(个)小时。
6) 今天老师在课堂上表扬了他一番。

| 작문연습 | 38

1 上大学的时候，很多人都谈过恋爱。
2 我请过他两次，可他都有事没能来参加。
3 他来韩国一年多了，已经习惯吃泡菜了。
4 我以前上过一回当，所以这种电话一般不接。
5 他们相爱已经三年了，打算明年秋天结婚。
6 我在地铁车站等了他半个多小时，他也没来。
7 他病了两天，没去公司上班。
8 我睡了三十分钟的午觉，脑子清醒多了。

9 这个牌子的平板电脑比那个牌子的贵三十万元。
10 这双皮鞋的款式真漂亮，我可以穿一下吗?

10 비교문

| 문법연습 | 39

1
1) ④   2) ②   3) ③   4) ②
5) ③   6) ③   7) ④   8) ①
9) ②   10) ④   11) ④   12) ③

2
1) 我觉得这款手机的性能没有那款好。
2) 我滑雪不如他滑得那么好。
3) 我觉得最近中国的物价不比韩国便宜多少。
4) 因为急着赶回家，我比别人少看了半个小时电影。
5) 他们队这次比赛的结果跟上次完全一样。
6) 退休以后，老人的脾气比以前暴躁多了。
7) 北京到处在建新楼，这几年的变化越来越大。
8) 他的水平不比我高，为何他能参加我不能参加?
9) 说实话，就质量来说这种产品比那种好一点儿。
10) 我今天早上是八点半到学校的，比昨天晚来十分钟。

3
1) 今天我有安排，比平时早走了半小时。
2) 我们学校的留学生比他们学校多一些。
   or 他们学校的留学生比我们学校多一些。
3) 中国的人口比哪个国家都要多得多。
4) 我觉得你的想法没有小李那么实际。
5) 大学毕业以后去公司工作不如创业更有前途。
6) 在我们班里她汉语说得比谁都好。

| 작문연습 | 41

1 我穿的衣服的款式跟她的完全一样。
2 我上过网球班，网球打得比他好一点儿。
3 其实我的英语口语能力不比别人好多少。
4 在工作上，再没有人比他认真的了。
5 最近几年首尔的雾霾真的越来越严重了。
6 几年不见，那个孩子已经长得跟他父亲一样高了。
7 今年来韩国旅游的外国游客比去年同期增长了一倍。
8 现在想结婚的年轻人在减少，生育率也比以前更低了。

9 外资企业的工资比一般中小企业高得多。
10 那台空调的价格没有这台这么便宜。

11 강조구문 '是~的' 구문

| 문법연습 | 42

1
1) ①　　2) ①　　3) ③　　4) ①
5) ①　　6) ④

2
1) C　　2) A　　3) D　　4) B
5) D　　6) C　　7) C　　8) B
9) D　　10) B

3
1) A: 你什么时候到这儿的?　B: 我三十分钟前到的。
　 A: 你怎么来的?　B: 我坐地铁来的。
2) A: 张刚今天怎么没来参加聚会?
　 B: 他去机场接朋友了。
3) A: 你的平板电脑花了多少钱?
　 B: 我不知道，是我爸爸买的。
4) A: 你是跟谁一起去旅行的?
　 B: 我跟男朋友一起去旅行的。
5) A: 这个工艺品太漂亮了! 你在哪儿买的?
　 B: 不是买的，是朋友送的。

4
1) 这些面包都是刚刚烤好的。
2) 是小李帮我寄那封信的。
3) 我是一个人坐公交车来的。
4) 小红哭了，可能是想妈妈想的。
5) 我跟男朋友是在大学认识的。
6) 听说他的腿是被自行车撞伤的。

| 작문연습 | 44

1 这裙子很漂亮，是在网上买的吗?
2 这件事情是真的，是老师亲口告诉我的。
3 上星期我是和同事一起去香港出差的。
4 他的视力越来越差，都是看手机看的。
5 小李上个周末去中国了，他告诉你了吗?
6 他的肝不太好，都是喝酒喝的。
7 你见他一面吧，他是来向你道歉的。

8 这条漂亮的项链是谁给你买的?
9 他马上要去美国留学的消息是听谁说的?
10 他这次出差是去跟公司的中国客户谈生意。

12 중국어의 특수구문 I

| 문법연습 | 45

1
1) ③　　2) ②　　3) ①　　4) ③
5) ②　　6) ②

2
1) 他经常把自己的手机忘在教室里。
2) 我到现在还没去过西藏。
3) 他踢足球的时候把鞋踢破了。
4) 经理已经同意我们的意见了。
5) 我新买的那条裙子叫弟弟弄脏了。
6) 我的自行车刚才被小王借走了。

3
1) C　　2) C　　3) A　　4) C
5) B　　6) C　　7) C　　8) A
9) A　　10) C

4
1) 导游已经把游客带到餐厅用餐去了。
2) 我们每天必须把自己的宿舍打扫干净。
3) 我已经把你的电话号码存在我的手机里了。
4) 到现在他还没有把我要的书送来。
5) 现在的人每天都被各种各样的信息包围着。
6) 下次去旅游的时候，一定要把我的数码相机带上。

| 작문연습 | 47

1 你把那张画挂在客厅的墙壁上。
2 他的咖啡杯不小心被人碰倒了。
3 我提醒他别把明天的约会忘了。
4 受台风影响，路边的大树都被刮倒了。
5 孩子睡得很香，突然被电话铃声惊醒了。
6 你今天不把会议资料准备好就不能下班。
7 我们等了很长时间，服务员才把菜端上来。
8 现在我把这次旅游的注意事项说一说。
9 去年他被总部派到中国的分公司工作。
10 观众们都被电影感动了，看着看着都哭了。

13 중국어의 특수구문 II

| 문법연습 | 48

1
1) ①　　2) ①　　3) ③　　4) ①
5) ②　　6) ②

2
1) 沙发下面卧着一只小狗。
2) 昨天我朋友来宿舍看我了。
3) 我们没请他来参加这次活动。
4) 张老师让我赶快回家拿作业。
5) 我抬头一看，我妈妈在我眼前站着。
6) 对不起，我这么做，让你失望了。

3
1) B　　2) C　　3) A　　4) B
5) C　　6) B　　7) B　　8) B

4
1) 高考前老师的鼓励使他增强了信心。
2) 他下班刚回到家，就被朋友叫去喝酒了。
3) 大学毕业以后没有一个人知道关于他的消息。
4) 一年的留学生活使我对中国文化有了更深的了解。
5) 我有个朋友要结婚，我想买件礼物送给他。
6) 我遇到困难的时候，曾经请他们来帮过几次忙。

| 작문연습 | 50

1 我最近很忙，没时间陪你去外地旅游。
2 老师让每个同学谈谈参观后的感受。
3 公司专门派了一个人来配合我工作。
4 商店里走出来一对穿着情侣衫的年轻人。
5 他中了一等奖，今天晚上请我们吃大餐。
6 他房间的墙上挂着几张他喜欢的歌手的照片。
7 他把书包往桌上一扔就跑出去找朋友玩了。
8 我的钱包里少了一张信用卡，可能是丢了。
9 你是他的粉丝，到时候我请你去看他的演唱会。
10 他把钱递给司机就关上车门往公司跑去。

14 중국어의 복문

| 문법연습 | 51

1
1) ③　　2) ②　　3) ①　　4) ③
5) ③　　6) ③

2
1) 如果明天下雨的话，我们就不去爬山了。
2) 虽然我弟弟很聪明，学习成绩却并不好。
3) 你既然答应了帮人家，就要认认真真地去做。
4) 因为那儿风景很美，所以有很多人去那儿旅游。
5) 不管父母同意不同意，我都要和现在的男友结婚。
6) 我们先查一下信息，然后再决定旅游的路线吧。

3
1) D　　2) C　　3) B　　4) B
5) C　　6) D

4
1) 当他准备买相机的时候，却发现钱包不见了。
2) 无论做什么，人和人都需要有沟通。
3) 为了他，哪怕放弃自己的幸福，我也不在乎。
4) 老师对学生既要有责任心，还要有耐心。
　or 老师对学生既要有耐心，还要有责任心。
5) 除非你放弃选择，否则任何人都无法左右你。
6) 周末他不是玩手机就是玩电脑，从来不学习。

| 작문연습 | 53

1 无论你去哪儿，我都会陪伴在你身边。
2 他不但歌唱得好，而且钢琴也弹得很不错。
3 我很喜欢那个包，即使价格再贵，我也要买下来。
4 因为房价太高了，所以他不得不放弃了买房。
5 只要你亲自去做了，就能感受到体验的乐趣。
6 不管阻力有多大，我们都要完成这个项目。
7 你们先安顿下来，然后我们再商量相关的事情。
8 既然你家里有要紧的事，那今天你就提前下班吧。
9 我不喜欢他，哪怕他条件再好，我也不会嫁给他的。
10 虽然我们的生活比以前富裕，但是我们还是要注意节约。

좋아하는 중국 명언 (   )

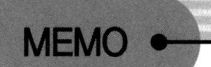

( ) 좋아하는 중국 명언

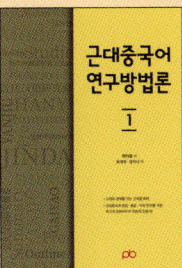

근대중국어 연구방법론: 제1권

蔣紹愚 저, 최재영·임미나 역

북경대와 청화대 중문과 교수를 역임한, 고대 중국어의 대가이며 중국 국가급 "뛰어난 공헌을 한 전문가"인 蔣紹愚 교수의 《近代漢語研究概要(修訂本)》(2017)의 번역서이다. 고대와 현대를 잇는, 만당오대 이후부터 청대 중기까지의 근대중국어를 다루었다.

톡톡 중국어 문법

모해연 저

중국어 교육 25년의 노하우를 집대성한 초중급 중국어문법 교재로 핵심 문법내용을 표현과 결합하여 간단한 서술표현, 의문표현, 시간표현, 수량표현, 강조표현, 비교표현과 특수구문 등으로 나눠 서술하였다.

출간도서

죽간에 반영된 노자의 언어

조은정 저
2019년 세종도서 학술부문 선정도서

최초의 『노자』는 우리가 읽어 왔던, 알고 있던 『노자』와는 다르다! 땅 속에서 발굴된, 대나무 죽간 위에 적힌 『노자』는 결코 난해하지 않다! 곽점본을 언어문자학적으로 재조명하고 후대의 변화 양상을 다루었다.

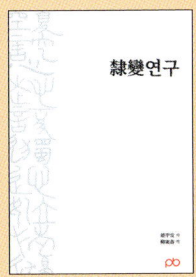

예변연구(隸變研究)

趙平安 저, 柳東春 역

청화대 趙平安 교수의 예변(隸變)에 대한 종합적인 연구서이다. 한자 역사상 가장 중요한 사건 중 하나인 예변은 '복잡한 동적 과정'이며 '다방향성이다'는 견해와 귀납해 낸 규율 등은 반드시 읽어봐야 할 중요한 개념과 발견이다.

(명작문형마스터하기) 이솝우화1

신사인방 편저

1일 1개씩 30일 완성! 이솝우화의 영어원문, 문형, 직역·의역, 단어·관용어, 삽화를 수록하였다.

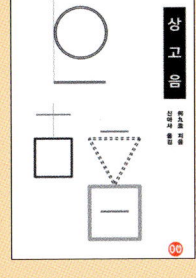

상고음(上古音)

何九盈 저, 신아사 역

고대중국어와 중국어역사음운론의 대가이며 북경대 중문과 교수를 역임한 何九盈 교수가 고대부터 현대까지 상고음에 대한 기존 연구 성과를 정리하고, 상고음 음운체계 및 어두자음군에 대한 자신의 견해를 소개하였다.

출간예정도서

근대중국어 연구방법론
　제2권: 蔣紹愚 저, 주성일·신아사 역
　제3권: 蔣紹愚 저, 강용중·소은희 역
우리말을 잘하게 해주는 한자 2,800(7제) 문영희·문준혜·박지영 저
중서문화비교 徐行言 저
진료실 컬러 박스(7제) 신예니 저

---

http://www.pbpress.kr

피비프레스 홈페이지를 방문하시면 각 도서의 상세한 서지정보와 구매 시 10%의 할인 혜택을 제공 받으실 수 있습니다. 또한 각 도서 내용과 관련된 질문을 남겨 주시면 해당 분야 전문가들의 답변도 전달해 드립니다.

SM중국어
문법과 작문

신승희 · 모해연 지음

워크북

pb

01 동사술어문과 동사중첩

| 문법 연습 |

1 괄호 안의 동사 중 알맞은 것을 골라 빈 칸을 채워 보세요.

1. 生活中有什么困难就 _____ 我吧。 (告诉、说)

2. 这么晚了，我再不回家，我妈又该 _____ 了。 (告诉，说)

3. 你 _____ 这件事应该怎么处理。 (认为、以为)

4. 我 _____ 你早就走了，怎么还在这儿。 (认为，以为)

5. 我真的不 _____ 为什么他会有这样的想法。 (理解，了解)

6. 我真的不 _____ 他脑子里有些什么想法。 (理解，了解)

2 밑줄 친 부분에 가장 알맞은 것을 골라 넣어 보세요.

1. 他打算 _____ 就去中国的大学读研究生。
   ① 毕业大学了　② 毕业了大学　③ 大学一毕业　④ 一毕业大学

2. 这次去西安，我们 _____ 了很多名胜古迹。
   ① 旅游　　　② 旅行　　　③ 游览　　　④ 观光

3. 去也不是，不去也不是，他心里 _____ 很为难。
   ① 感受　　　② 感动　　　③ 感觉　　　④ 感到

4. 事件的详细情况我不太 _____，还是让别人谈谈意见吧。
   ① 理解　　　② 了解　　　③ 掌握　　　④ 明白

5. 这段时间她很忙，正在 _____ 就业考试呢。
   ① 准备　　　② 准备一下　③ 准备准备　④ 准备一准备

6. 生意谈成了，今晚我们一起 _____，高兴高兴。
   ① 喝一下酒　② 喝杯酒　　③ 喝酒喝酒　④ 喝酒一下

7. 我走过去 _____ 她手里的东西，原来是一张照片。
   ① 瞧瞧了　　② 瞧一瞧　　③ 瞧一下　　④ 瞧了瞧

3 제시된 단어를 ABCD 중 가장 적당한 위치에 넣어 보세요.

1. A 我一直 B 他 C 对我没有 D 什么好感。 (以为)

2. 我尝 A 尝 B 这个菜 C ，觉得味道有点儿咸 D 。 (了)

3. A 越来越多的人 B 关注 C 环境 D 保护问题。 (开始)

4. A 我 B 应该 C 从小养成 D 良好的生活习惯。 (认为)

5. A 请你 B 他明天的会议时间 C 改到下午一点了 D 。 (通知)

6. A 我想 B 你出国旅行的时候 C 别 D 忘了带护照。 (提醒)

4 주어진 단어를 올바른 순서로 배열하여 문장을 완성해 보세요.

1. 在　集合　你　知道　我们　吗　哪儿

_____

2. 告诉　你　大家　明天　上课　不用

_____

3. 您　今天　我　见到　很　高兴　感到

_____

4. 安静　我们　上课　大家　一下　开始

_____

5. 你　自己　搜　上网　吧　看　搜

_____

6. 你　件　跟　父母　好好　这　商量　吧　商量　事儿

_____

| 작문 연습 |

★ 다음 문장을 중국어로 옮겨 보세요.

1 오늘 나는 친구와 함께 저녁을 먹기로 약속했다.
_____

2 네가 원하는 그 자료들은 인터넷에서 찾아볼 수 있다.
_____

3 네가 사무실에 들어가서 책임자와 잘 얘기 나눠보도록 해라.
_____

4 내가 몇몇 어려움을 만나면, 너는 나를 도와줄 수 있겠니?
_____

5 넌 내 건의를 잘 생각해보고 내일 나에게 답변해줘.
_____

6 아버지는 나에게 졸업할 때 핸드폰을 (선물해)주겠다고 약속하셨다.
_____

7 선생님께서 내 숙제를 좀 보시고 몇 가지 잘못을 지적하셨다.
_____

8 내 사무실에 와서 잠시 앉아서 우리 같이 하반기 계획을 검토해 보자.
_____

9 시간이 있으시면 중국의 음식문화를 우리들에게 좀 소개해 주세요.
_____

10 그녀는 생각을 좀 하다가 다른 것은 말하지 않고 바로 내 요청을 승낙했다.
_____

*정답은 318 페이지에서 확인할 수 있습니다.

02 형용사술어문과 형용사중첩

| 문법 연습 |

1 주어진 단어를 중첩형으로 바꿔 빈칸을 채워 보세요.

1. 忙碌了好几天，今晚咱们几个去歌厅 _____ 地玩儿一晚上。(轻松)
2. 天很冷，孩子的小手冻得 _____ 的。 (冰凉)
3. 今晚没有月亮，也没有路灯，路上 _____ 的。 (漆黑)
4. 中国人到除夕，家家户户放鞭炮，过得 _____ 的。 (热闹)
5. 那个小偷拿起包，_____ 地逃跑了。 (慌张)
6. 为了写完报告，他昨晚熬了一夜，眼睛 _____ 的。 (血红)

2 밑줄 친 부분에 가장 알맞은 것을 골라 넣어 보세요.

1. 他的年龄最 _____，我们都很尊敬他。
   ① 老　　　② 高　　　③ 多　　　④ 大

2. 我在电话里说得 _____，你怎么还是搞错了？
   ① 清楚　　② 清清楚楚　　③ 清楚清楚　　④ 很清清楚楚

3. 大年三十全家人坐在一起，_____ 吃年夜饭。
   ① 团圆　　② 团圆团圆　　③ 很团团圆圆　　④ 团团圆圆地

4. 这天真够热的，快打开空调，_____。
   ① 凉快凉快　② 凉快一凉快　③ 凉凉快快　④ 凉快

5. 她 _____ 坐在那儿，不知道在想些什么。
   ① 呆一呆　　② 很呆呆地　　③ 呆了呆　　④ 呆呆地

6. 看你整天 _____，都在忙些什么呢？
   ① 忙忙碌碌的　② 忙碌忙碌　③ 忙碌了忙碌　④ 非常忙碌忙碌

7. 他的穿着 _____ 的，一进来大家就开始笑话他。
   ① 土里土气　　② 小里小气　　③ 流里流气　　④ 牛里牛气

3 아래 문장 중 틀린 부분을 찾아 바르게 고쳐 보세요.

1. 北京的市民都很友好外国朋友。

2. 我读了他写的信，激动流下了眼泪。

3. 听到考上大学的消息，我心里真高高兴兴。

4. 别闹了，我在学习呢，你就让我安安静静吧。

5. 这个城市的道路都很宽，而且很笔直笔直的。

6. 今天玩得开开心心极了，好久没有这么开心过了。

4 주어진 단어를 올바른 순서로 배열하여 문장을 완성해 보세요.

1. 个子   帅哥   高   是   那个   高   男朋友   的   她

2. 早早儿   了   出发   他   怕   就   地   迟到   考试

3. 写   黑板   的   得   整整齐齐   上   字   的

4. 解决   他   轻松   了   那个   非常   问题   地

5. 那   女孩   打扮   时髦   得   很   个   经常

6. 对   我   日程   安排   的   满意   这次   很

| 작문 연습 |

★ 다음 문장을 중국어로 옮겨 보세요.

1 그는 오늘 양복을 입었는데, 보기에 특별히 활기차 보인다.
_____

2 그는 매우 시원시원하니 인색하지 않아서 평소에 늘 친구들에게 밥을 산다.
_____

3 그 방은 매우 깨끗하고, 먼지가 하나도 없다.
_____

4 그는 능력이 많아서 아주 가뿐하게 문제를 해결했다.
_____

5 나는 허둥지둥 나오다보니 결과적으로 지갑을 가져오는 것을 잊었다.
_____

6 북경에 온 지 한 달 남짓 되었는데, 나는 현재의 생활에 매우 만족한다.
_____

7 최근 많은 중국 젊은이들이 자유여행으로 한국에 온다.
_____

8 주말에 적지 않은 사람들이 가족들과 같이 외식을 한다.
_____

9 이 소설은 도시 사람들의 생활을 진솔하게 묘사하고 있다.
_____

10 그는 준비를 충분히 하여 이번 면접시험을 순조롭게 통과했다.
_____

*정답은 318 페이지에서 확인할 수 있습니다.

03 부사

| 문법 연습 |

1 제시된 단어를 ABCD 중 가장 적당한 위치에 넣어 보세요.

1. 他 A 从早上 B 工作 C 到深夜两点 D 才休息。 (一直)
2. 他 A 喜欢 B 上网, C 一上 D 就是一整天。 (常常)
3. A 谁 B 也不知道 C 他的真心 D 是什么? (到底)
4. 我 A 走进房间时, B 看他 C 坐在电脑前 D 工作呢。 (正)
5. A 假期 B 过了一大半了, C 马上又要 D 开学了。 (已经)
6. 我 A 不让他去 B, 可他 C 不听, 我 D 没有办法。 (也)
7. 他们 A 吵起来了, B 你 C 快过去 D 劝劝他们吧。 (又)
8. 黄山 A 很美, B 以后有机会 C 我一定 D 要来。 (还)
9. 他一人 A 在国外, B 父母没有一天 C 为他 D 担心的。 (不)
10. 他 A 病了, 已经 B 有半个月 C 来公司 D 上班了。 (没)

2 밑줄 친 부분에 가장 알맞은 것을 골라 넣어 보세요.

1. 昨天晚上我们几个人 _____ 喝了三瓶烧酒。
   ① 一起　　② 都　　③ 一共　　④ 总

2. 老师反复给我讲了三、四遍, 我 _____ 听懂。
   ① 就　　② 刚才　　③ 才　　④ 又

3. 这家餐厅的饭菜又好吃又便宜, 以后我 _____ 要来。
   ① 还　　② 再　　③ 又　　④ 也

4. 我 _____ 买了个新手机, 就被弟弟摔坏了。
   ① 刚才　　② 刚　　③ 应该　　④ 就要

5. 他们夫妻 _____ 不吵架, 也没有红过脸。
   ① 一直　　② 总是　　③ 从来　　④ 经常

6. 这次考试不及格, 你得 _____ 考一次。
   ① 又　　② 再　　③ 也　　④ 还

*정답은 318-319 페이지에서 확인할 수 있습니다.

7. 周末了，我 _____ 可以好好睡一觉了。
   ① 也　　　　② 还　　　　③ 再　　　　④ 又

8. 中国的大城市我差不多都走遍了，我还是 _____ 喜欢北京。
   ① 更加　　　② 最　　　　③ 很　　　　④ 非常

9. 我不劝还好，这一劝，她 _____ 伤心了。
   ① 非常　　　② 还　　　　③ 更　　　　④ 太

10. 我也不明白，_____ 是因为什么改变了他的态度？
    ① 到底　　　② 毕竟　　　③ 终于　　　④ 竟然

11. 大学期间，他工作很积极，_____ 担任学生会主席。
    ① 往往　　　② 一直　　　③ 常常　　　④ 通常

12. 他 _____ 都是说到做到，不会骗你的。
    ① 向来　　　② 总是　　　③ 往往　　　④ 经常

3 주어진 단어를 올바른 순서로 배열하여 문장을 완성해 보세요.

1. 留学　中国　他　已经　多　一年　去　了
   _____

2. 不　让　失望　我　相信　你　一定　的　会
   _____

3. 出去　门　我　一　就　了　关上　的　房间
   _____

4. 以后　再　缺　也　一次　没　过　课　从　他　那
   _____

5. 过　一个　再　星期　要　开学　了　又　我们
   _____

6. 他　跟　打　招呼　总是　人　地　热情　非常
   _____

| 작문 연습 |

★ 다음 문장을 중국어로 옮겨 보세요.

1 오늘 아침 늦게 일어나서, 그는 수업에 또 지각했다.
_____

2 대학 다닐 때 그는 줄곧 적극적으로 동아리활동에 참가했다.
_____

3 말하는 게 약간 분명하지 않으니 좀 분명하게 다시 말해주세요.
_____

4 이 집 마라탕은 정말 맛있어서 기회가 되면 난 또 다시 한 번 먹으러 오고 싶다.
_____

5 그가 새로 산 평상복을 입은 후에 보기에 더욱 더 젊고 멋있어졌다.
_____

6 너는 다시 좀 더 잘 고려해봐, 이 일을 도대체 어떻게 처리하는 게 좋은지?
_____

7 나는 액션, 공포영화등을 싫어하고 멜로영화만을 좋아한다.
_____

8 우리 학교에는 이 번에 모두 2천여 명의 학생을 모집했다.
_____

9 나는 네가 상을 타는 것을 바라지 않고, 단지 최선을 다하기를 바란다.
_____

10 그가 요 며칠 동안 기분이 좋지 않아서 이 번 모임에 그를 초대하지 않았다.
_____

*정답은 319 페이지에서 확인할 수 있습니다.

04 전치사

| 문법 연습 |

1 제시된 단어를 ABCD 중 가장 적당한 위치에 넣어 보세요.

1. A 我们高中毕业 B 以后 C 就再也 D 没有联系过。　　　　　　　　(从)
2. 他 A 舒服地躺 B 沙发上 C 看着电视 D。　　　　　　　　　　　　(在)
3. A 他的心情 B 很大程度上 C 受到 D 周围环境的影响。　　　　　　(在)
4. A 这次事件 B 孩子的心理 C 带来了 D 很大创伤。　　　　　　　　(给)
5. A 明天学校将 B 教育课程的改革 C 进行 D 讨论。　　　　　　　　(就)
6. 我 A 昨天在睡觉前收到了 B 他发 C 我的一条短信 D。　　　　　　(给)
7. A 我 B 自己不知道的一切 C 都 D 抱有浓厚的兴趣。　　　　　　　(对)
8. 他 A 从遥远的北京 B 我打 C 来了长途电话 D。　　　　　　　　　(给)
9. A 我面谈的 B 是 C 一位满头白发的老教授 D。　　　　　　　　　 (和)
10. A 学好理论知识 B ，C 我们 D 还要积极参加实践活动。　　　　 (除了)
11. A 这件事 B 我不能决定，C 应该 D 董事会讨论通过。　　　　　　(由)
12. A 学生 B 上课的时候 C 不应该 D 玩手机。　　　　　　　　　　　(在)

2 밑줄 친 부분에 가장 알맞은 것을 골라 넣어 보세요.

1. 这套房子是专门 _____ 你结婚准备的。
   ① 对　　　　② 向　　　　③ 跟　　　　④ 为

2. 这部电视剧是 _____ 韩中两国的电视台联合摄制的。
   ① 由　　　　② 让　　　　③ 被　　　　④ 为

3. _____ 世界各国企业来说，中国是一个充满诱惑力的市场。
   ① 对于　　　② 由于　　　③ 关于　　　④ 为了

4. _____ 人们生活水平的提高，越来越多的中国人出国旅游。
   ① 根据　　　② 为了　　　③ 按照　　　④ 随着

5. _____ 有关方面的调查，我国的出生率是世界最低的。
   ① 由于　　　② 对　　　③ 根据　　　④ 为了

6. 他在穿着 _____ 非常讲究，不是名牌的衣服不穿。
   ① 中　　　② 里　　　③ 上　　　④ 下

7. 他批评你都是为你好，并不是要 _____ 你过不去。
   ① 对　　　② 跟　　　③ 向　　　④ 给

8. 你要讲卫生，不要 _____ 地上吐痰。
   ① 为　　　② 往　　　③ 对　　　④ 给

9. 我觉得不能 _____ 第一印象去判断一个人的好坏。
   ① 由　　　② 凭　　　③ 用　　　④ 就

10. 都什么时候了，还不好好复习，我都 _____ 你着急。
    ① 为了　　　② 跟　　　③ 为　　　④ 向

3 주어진 단어를 올바른 순서로 배열하여 문장을 완성해 보세요.

1. 重视　现在　食品　营养　的　对　越来越　人们
   _____

2. 今天　汉语课　张老师　我　替　你们　上　来　给
   _____

3. 大型　我　不　家　远　有　的　离　超市　地方　就
   _____

4. 为　自己　找不到　担忧　很多　大学生　工作
   _____

5. 他　登　最近　关于　教育　问题　一篇　了　文章　的
   _____

6. 我们　手机　的　生活　带来　给　便利　使用　的　很大　的
   _____

| 작문 연습 |

★ 다음 문장을 중국어로 옮겨 보세요.

1 그녀는 마음씨가 착해서 주위의 모든 사람들에게 매우 잘 한다.
___

2 모두들 마트에서 물건을 구매하며 설을 쇠기 위하여 준비한다.
___

3 이 일은 나 스스로 해결해서 다른 사람에게 너무 많은 폐를 끼치고 싶지 않다.
___

4 통계에 근거하면, 한국에 유학 온 중국학생은 10만 명쯤 된다.
___

5 이번에 당신의 도움을 많이 받아서, 이에 당신에게 진심으로 감사를 드립니다.
___

6 졸업 후 우리가 헤어져서 그의 근황에 관하여 저도 잘 모르겠습니다.
___

7 야채 과일을 제외하고도 나는 약간의 생활용품을 샀다.
___

8 끊임없는 노력을 통해서 그의 꿈은 드디어 실현되었다.
___

9 힘든 훈련을 통해서 한국팀은 드디어 이번 축구시합에서 우승을 했다.
___

10 비오는 날을 제외하고 그는 매일 공원에 가서 달리기를 지속하고 있다.
___

*정답은 319 페이지에서 확인할 수 있습니다.

05 조동사

| 문법 연습 |

1 밑줄 친 부분에 가장 알맞은 조동사를 넣어 보세요.

1. 谁都不 _____ 干涉别人的私生活。

2. 医生说我的病比较严重，_____ 住几天医院。

3. 这次活动你想参加的话，也 _____ 报名参加。

4. 他腿上的伤已经好了，现在 _____ 走路了。

5. 今天下雨，刮大风，不 _____ 骑自行车。

6. 你放心，我不 _____ 对这件事介意的。

7. 听说暑假期间你参加了游泳班，现在 _____ 游了吗?

8. 环境不好，交通又不方便，谁 _____ 住在这样的地方?

9. 我最近手头紧，不 _____ 付给你全部的房租，先付一半，_____ 吗?

10. 他不但 ____ 用电脑了，而且还打得很快，一小时 ____ 打一千多字呢。

2 밑줄 친 부분에 가장 알맞은 것을 골라 넣어 보세요.

1. 在国外留学，你 _____ 常给父母打电话，不然他们会惦记的。
   ① 会   ② 能   ③ 可以   ④ 要

2. 我们应该提前出发，否则路上堵车就 _____ 赶不上飞机。
   ① 能   ② 要   ③ 可以   ④ 会

3. 我们两人性格合不来，我不 _____ 再和你交往了。
   ① 得   ② 要   ③ 想   ④ 可以

4. 我突然有了急事，晚上的聚会看样子不 _____ 参加了。
   ① 能   ② 可以   ③ 想   ④ 会

5. 作为夫妻，生活中两人 _____ 互相关心，互相体贴。
   ① 会   ② 愿意   ③ 能   ④ 应该

6. 他很大方，从来不 _____ 因为一点钱跟朋友计较。
   ① 会   ② 想   ③ 可以   ④ 要

7. 我真的遇到了麻烦， _____ 你能帮助我。
   ① 希望   ② 愿意   ③ 得   ④ 要

8. 让你和陌生人住一个房间，你 _____ 吗？
   ① 想   ② 要   ③ 愿意   ④ 希望

9. 你要是这样学下去，估计不到一年就 _____ 说一口地道的汉语。
   ① 能   ② 得   ③ 要   ④ 想

10. 有什么困难，你 _____ 说出来，我们大家帮你出出主意。
    ① 可以   ② 能   ③ 愿意   ④ 想要

3 주어진 단어를 올바른 순서로 배열하여 문장을 완성해 보세요.

1. 担心 他 会 一定 回到 别 你 的 身边
   _____

2. 规定 现在 餐厅 抽烟 可以 里面 不
   _____

3. 取得 成绩 就 努力 要 好 得 学习
   _____

4. 实话 说 跟 结婚 吗 你 愿意 他 真的
   _____

5. 旅行 国外 自己 的时候 保管 护照 应该 去 好 的
   _____

6. 再 了 要 勇敢 现实 别 埋怨 地 面对
   _____

| 작문 연습 |

★ 다음 문장을 중국어로 옮겨 보세요.

1 나는 내일 아침에 회의가 있어서 공항에 너를 배웅하러 갈 수 없게 되었다.
_____

2 베이징에서 상하이까지 고속철도를 타고 최소한 5시간 넘게 가야만 한다.
_____

3 환경을 보호하려면 우선 모두의 환경보호의식을 제고시켜야만 한다.
_____

4 여자들은 모두 젊음을 유지하고 싶어 하며 누구도 늙는 것을 원하지 않는다.
_____

5 나는 다리의 상처가 이미 나아서 지금은 자전거를 탈 수 있게 되었다.
_____

6 이후에 만약 기회가 있다면 나는 다시 한 번 더 상해에 다녀오고 싶다.
_____

7 이 아이는 컴퓨터 하는 것에 중독되어서 매일 두 시간을 하고 나서야 끄려고 한다.
_____

8 나는 대학을 졸업한 후에 중한무역 방면의 일에 종사하고 싶다.
_____

9 요새 많은 젊은 사람들은 혼자서 살고 싶어하고 결혼을 원하지 않는다.
_____

10 미국에서 오랫동안 살았는데 영어를 못 하다니 어찌 그럴 수가 있어?
_____

*정답은 320 페이지에서 확인할 수 있습니다.

06 중국어의 动态 I

| 문법 연습 |

1 밑줄 친 부분에 가장 알맞은 것을 골라 넣어 보세요.

1. 他明天不能去玩，因为 _____ 。
   ① 他没到了火车票　　　　　　② 他没买到火车票了
   ③ 他没买到火车票　　　　　　④ 他没买火车票到了

2. 我在北京留学时 _____ 。
   ① 曾经去那家美容院做过头发　② 曾经去那家美容院做头发过
   ③ 经常去过那家美容院做头发　④ 经常去那家美容院做过头发

3. 你上哪儿去了? _____ 都没人接。
   ① 给你打电话了三次　　　　　② 打了电话三次给你
   ③ 给你打了三次电话　　　　　④ 打了电话给你三次

4. 他大学毕业以后 _____ 。
   ① 在那家贸易公司打工过　　　② 在过那家贸易公司打工过
   ③ 在那家贸易公司打过工　　　④ 在过那家贸易公司打工

5. 他从心里感谢所有 _____ 。
   ① 帮过他忙的人　　　　　　　② 帮忙过他的人
   ③ 帮他忙过的人　　　　　　　④ 人帮忙过他的

6. 我从高中一年级开始 _____ ，到现在已经学了五年了。
   ① 一直坚持学汉语　　　　　　② 一直坚持学过汉语
   ③ 一直坚持学了汉语　　　　　④ 一直坚持学了汉语了

2 ABCD 중 틀린 부분을 찾아 바르게 고쳐 보세요.

1. A 昨天我逛了一天街，B 我很累了，C 回到家，D 就躺在床上睡觉了。

2. A 今天我有点不舒服，B 所以不去上课，C 老师讲了什么内容，D 你能不能告诉我?

3. A 大学四年级了，B 为了找工作，C 我差不多每天都去公司面试了，D 累得很。

4. A 听说你以前去过上海，B 你什么时候去了，C 对上海印象怎么样? D 是不是还想再去?

5) A 去年我不在首尔，B 公司派我去北京工作，C 在那儿住一年，D 还去很多地方旅行了。

6) A 写日记是他的习惯，B 不管有多忙，C 也不管人在什么地方，D 他每天都要写了一篇日记。

3 제시된 단어를 ABCD 중 가장 적당한 위치에 넣어 보세요.

1. 以前不会 A，现在我会 B 说 C 一点儿汉语 D。　　　　　　（了）
2. 昨天我一个人去 A 百货商店 B 买 C 几件衣服 D。　　　　（了）
3. 明天下 A 课 B，我打算 C 和他一起去看电影 D。　　　　　（了）
4. 他洗 A 澡 B 以后就躺 C 在沙发上开始看 D 电视。　　　　（过）
5. 我从来没跟 A 他一起来 B 这家咖啡馆喝 C 咖啡 D。　　　（过）
6. 毕业 A 以后我已经有 B 十年没跟 C 大学同学联系 D。　　（了）

4 주어진 단어를 올바른 순서로 배열하여 문장을 완성해 보세요.

1. 前几天　买　一条　牛仔裤　商店　去　了　我

   _____

2. 以前　他　可是　现在　了　胖　瘦瘦的　记得

   _____

3. 的　时候　你　过　谈　没有　恋爱　上大学　首尔　在

   _____

4. 都　玩　三个　游戏　了　去　睡觉　你　了　快　小时

   _____

5. 这个　吃　餐厅　过　味道　不错　以前　我　来　一次　觉得

   _____

6. 假期　活动　参加　上个　我　一个　和　一起　了　同学　志愿者

   _____

| 작문 연습 |

★ 다음 문장을 중국어로 옮겨 보세요.

1 작년 여름 그는 가족들과 함께 서안으로 여행을 다녀왔다.

_____

2 나의 계획은 방학을 하면 패스트푸드점에서 아르바이트로 돈을 버는 것이다.

_____

3 오늘 나는 하루 종일 수업을 했더니 매우 피곤해서 좀 일찍 집에 가서 쉬고 싶다.

_____

4 어제 밤에 나는 친구들과 노래방에 가서 노래를 불렀는데 모두들 매우 즐겁게 놀았다.

_____

5 그녀는 어렸을 때 뚱뚱했었는데 지금은 많이 날씬해졌다.

_____

6 방금 너 어디에 갔니? 너의 룸메이트가 너를 여러 번 찾으러 왔었어.

_____

7 나는 본래 매운 것을 먹지 않았는데, 한국에 온 지 일 년 후에 즐기며 먹게 되었다.

_____

8 며칠 전에 한바탕 더운 적이 있었는데, 태풍이 지나간 후 날씨가 또 서늘해졌다.

_____

9 예전에는 탁구 치는 것을 싫어했는데 한 달 레슨을 받은 후에 좋아지기 시작했다.

_____

10 너 뭐하느라 바쁘니? 너에게 문자 메시지를 꽤 여러 개 보냈는데 답도 하지 않고.

_____

07 중국어의 动态 Ⅱ

| 문법 연습 |

1 제시된 단어 중 가장 알맞은 것을 선택하여 빈칸을 채워 보세요.

> 正　正在　就要　在　呢　将　即将　着

1. 整个假期她一直都 _____ 打工赚钱。
2. 他一个人坐在灯下专心地看 _____ 书 _____。
3. 早上七点，我 _____ 睡 _____ 觉，电话铃声把我惊醒了。
4. 韩国总统下周 _____ 去中国进行访问。
5. 不努力学习，你 _____ 一事无成。
6. 他握 _____ 我的手，深情地看 _____ 我。
7. 你看，他们 _____ 打羽毛球，打得多好啊！
8. 我的姐姐下星期 _____ 结婚了，我得给她准备一件礼物。

2 밑줄 친 부분에 가장 알맞은 것을 골라 넣어 보세요.

1. 他的钱包里 _____。
   ① 一直夹一张女朋友的照片着　② 一直一张女朋友的照片夹着
   ③ 一直夹着了一张女朋友的照片　④ 一直夹着一张女朋友的照片

2. 我爸爸 _____。
   ① 在着厨房里帮妈妈洗碗　② 在厨房里帮妈妈洗碗呢
   ③ 在厨房里帮妈妈洗着碗呢　④ 在着厨房里帮妈妈洗碗

3. 他平时最喜欢 _____。
   ① 听着音乐看书　② 听音乐着看书
   ③ 听音乐看着书　④ 听着音乐看着书

4. 今天是新生入学的日子，_____。
   ① 在学校门口很多车停着　② 学校门口停着很多车
   ③ 很多车停着学校门口　④ 很多车学校门口停着

5. 他今天出去的时候，_____。
   ① 没带着雨伞　② 没带雨伞着
   ③ 没带着了雨伞　④ 没雨伞带着

6. 我看见他的时候，_____。
   ① 他正在着食堂吃饭呢　② 他正在食堂吃着饭呢
   ③ 他正在食堂吃饭着呢　④ 他吃着饭正在食堂呢

3 밑줄 친 부분에 가장 알맞은 것을 골라 넣어 보세요.

1. 人活 _____ 总该有自己的追求吧。
   ① 了　　　② 过　　　③ 着　　　④ 的

2. 妈妈每天不辞辛苦地带 _____ 我去学舞蹈。
   ① 过　　　② 的　　　③ 着　　　④ 了

3. 他进房间才看见有很多朋友都在等 _____ 他呢。
   ① 了　　　② 过　　　③ 一下　　　④ 着

4. 下星期 _____ 期末考试了，大家都在紧张地复习着。
   ① 就要　　② 将　　　③ 要　　　④ 快要

5. 这段时间他一直 _____ 忙着制作一个电视节目。
   ① 正在　　② 正　　　③ 在　　　④ 就

4 주어진 단어를 올바른 순서로 배열하여 문장을 완성해 보세요.

1. 保持　友好　韩中　正　着　两国　现在　关系　的

_____

2. 将要　上海　去　汽车　他　参加　展览会　一个

_____

3. 就要　他　女儿　明年　结婚　春天　了　听说　的

_____

4. 深　了　个　那　灯　房间　着　亮　还　夜　的

_____

5. 握　他　紧紧　我　手　不　我　离开　让　着　地　的

_____

6. 一直　在　忙　处理　的　事情　他　最近　着　里　公司

_____

| 작문 연습 |

★ 다음 문장을 중국어로 옮겨 보세요.

1 너는 누워서 책을 봐서는 안된다. 이렇게 하면 눈에 좋지 않다.
_____

2 내가 그의 기숙사에 갔을 때 그는 컴퓨터게임을 하고 있었다.
_____

3 밖에 지금 큰비가 오고 있으니 비가 약해지면 다시 출발하자.
_____

4 그의 여행가방에는 사진기 한 대와 잡지 몇 권이 들어 있다.
_____

5 내일 이맘때 나는 아마도 베이징 가는 비행기에 타고 있을 거야.
_____

6 그는 음악을 들으면서 자전거를 타면서 가다가가다가 멈춰섰다.
_____

7 다시 10분이 지나면 시합이 곧 시작될 예정이어서 그의 마음은 매우 긴장된다.
_____

8 나는 사무실에 들어가 그가 앉아서 전화하는 것을 보고는 그를 가서 방해하지 않았다.
_____

9 다음에 세계월드컵축구대회는 브라질에서 개최될 예정이다.
_____

10 그는 다음 달에 북경에서 열리는 국제학술대회에 참가하려고 한다.
_____

*정답은 321 페이지에서 확인할 수 있습니다.

08-1 중국어의 보어 I

| 문법 연습 |

1 밑줄 친 부분에 가장 알맞은 것을 골라 넣어 보세요.

1. 这句话译 _____ 中文怎么说?
   ① 上　　　② 过　　　③ 到　　　④ 成

2. 你不是说电脑坏了吗, 修 _____ ?
   ① 很好　　② 不好　　③ 好了没有　　④ 得好了没有

3. 这套西装你们没给我洗 _____ , 你们得给我重洗。
   ① 干净　　② 干净了　　③ 很干净　　④ 得干净

4. 说实话, 你是不是真的爱 _____ 那个女孩了?
   ① 着　　　② 下　　　③ 上　　　④ 得

5. 不到一个月, 他就把自己的工资都花 _____ 了。
   ① 着　　　② 到　　　③ 好　　　④ 光

6. 你放心吧, 我在国外会照顾 _____ 自己的。
   ① 完　　　② 到　　　③ 好　　　④ 成

7. 费了好大劲儿, 我才买 _____ 一张奥运会比赛的门票。
   ① 好　　　② 上　　　③ 成　　　④ 到

2 밑줄 친 부분을 가장 알맞은 결과보어로 채워 보세요.

1. 你先睡吧, 我看 _____ 电视再睡。

2. 屋里太闷, 打 _____ 窗户通通空气吧。

3. 刚下了雪, 路滑得很, 她一出门就摔 _____ 了。

4. 和男朋友分手后, 她把以前拍的照片都烧 _____ 了。

5. 小心拿着, 别把玻璃杯摔 _____ 了。

6. 得 _____ 一个机会很不容易, 你应该好好珍惜。

7. 出门的时候, 把钱放 _____ 了, 小心别弄丢了。

3 아래 문장 중 틀린 부분을 찾아 바르게 고쳐 보세요.

1. 我的房卡丢了，现在才找了。

2. 他不小心坏了我的照相机。

3. 昨天我不做完作业就睡了。

4. 他打球累了，回家休息了。

5. 他们喝酒完又去KTV唱歌了。

6. 那条裙子我已经干净地洗了。

4 주어진 단어를 올바른 순서로 배열하여 문장을 완성해 보세요.

1. 他　找　终于　了　手机　自己　弄丢　的　到

2. 衣服　他　全　淋湿　没　伞　了　带　昨天

3. 演唱会　他　去晚　没　了　的　买着　票

4. 不小心　踢　的时候　足球　他　脚　踢伤　了　把

5. 弄错　时间　白　了　跑　了　我　一趟　见面　的

6. 现在　我　从来　过　到　喝　没有　酒　醉

＊정답은 321 페이지에서 확인할 수 있습니다.

| 작문 연습 |

★ 다음 문장을 중국어로 옮겨 보세요.

1 그는 자전거를 타다가 실수로 넘어져서 다쳤다.
_____

2 내가 한참 동안 찾았는데도 차 열쇠를 찾지 못했다.
_____

3 아이가 이미 잠들었으니 넌 시끄럽게 해서 그를 깨우지 마라.
_____

4 우리 여기는 식당이 아닌데요, 전화를 잘못 거셨네요.
_____

5 어제 밤에 너무 더워서 난 밤새도록 잠을 잘 자지 못했다.
_____

6 매번 배달음식으로 자장면을 시켰더니 난 이제 너무 먹어서 질렸다.
_____

7 나는 방금 그가 뛰어서 교실안으로 들어가는 것을 보았다.
_____

8 내가 길을 가는데 등 뒤에서 누군가가 큰 소리로 나를 부르는 것을 들었다.
_____

9 방을 깨끗이 청소한 후 그녀는 개를 데리고 공원에 가서 산책한다.
_____

10 저녁을 다 먹은 후 우리는 근처에 있는 커피숍에 가서 커피를 마셨다.
_____

*정답은 321 페이지에서 확인할 수 있습니다.

08-2 중국어의 보어 I

| 문법 연습 |

1 밑줄 친 부분에 가장 알맞은 것을 골라 넣어 보세요.

1. 老师希望我们大家努力把汉语水平提高 _____ 。
   ① 起来　　　② 过来　　　③ 上去　　　④ 出来

2. 他一工作 _____ ，就什么都忘了。
   ① 过来　　　② 起来　　　③ 下来　　　④ 上来

3. 快把你的成绩单拿 _____ 让我看看。
   ① 起来　　　② 下来　　　③ 出来　　　④ 出去

4. 网上购物就是通过因特网把东西买 _____ 。
   ① 回来　　　② 过去　　　③ 过来　　　④ 进去

5. 我突然想 _____ 自己的包落在出租车上了。
   ① 出来　　　② 起来　　　③ 上去　　　④ 下去

6. 她要是 _____ ，一个晚上也不够。
   ① 聊天起来　② 聊起天来　③ 起来聊天　④ 聊天下来

7. 医生抢救了半天，他终于醒 _____ 了。
   ① 起来　　　② 出来　　　③ 上来　　　④ 过来

8. 拜托你，千万不要把这事儿说 _____ 。
   ① 下去　　　② 过去　　　③ 出去　　　④ 回去

2 제시된 단어를 ABCD 중 가장 적당한 위치에 넣어 보세요.

1. 刚进 A 房间 B ，我 C 就发现他脸色很难看 D 。　　　（来）
2. 没想到 A 这孩子做 B 起 C 来 D 很细心。　　　（事）
3. 他让我坐下 A ，B 随后给我递 C 一杯咖啡 D 。　　　（过来）
4. 妈妈从 A 韩国给我寄 B 了 C 一个包裹 D 。　　　（来）
5. 她转过 A 身 B ，C 偷偷地擦了一下眼泪 D 。　　　（去）
6. 他听到楼下 A 有人叫他，就 B 赶快跑下 C 楼 D 。　　　（去）

*정답은 321 페이지에서 확인할 수 있습니다.

3 밑줄 친 부분에 가장 알맞은 방향보어로 채워 보세요.

1. 前边朝我们走 _____ 的那个帅哥你认识吗？

2. 妈妈在楼下叫我："你的电话，快 _____ 接电话。"

3. 她说着说着就哭了 _____ 。

4. 算 _____ ，我们都认识十多年了。

5. 我把你的手机号码记 _____ 了，以后跟你联系。

6. 你已经够胖的了，不能再这么吃 _____ 了。

7. 他转 _____ 头 _____ ，对我笑了笑。

8. 这么多的活儿，我一个人忙不 _____ ，你帮帮我吧。

4 주어진 단어를 올바른 순서로 배열하여 문장을 완성해 보세요.

1. 一个人   跑   他   生气   了   出   屋   了   去

   _____

2. 他们   几句   就   吵   起   架   没   说   来   话

   _____

3. 我   她   跟   男孩   商场   走   里   去   了   进   看见   一个

   _____

4. 休息   他   就   了   一会儿   起   又   干   来   活儿

   _____

5. 终于   他   看   其中   问题   了   出来   的   调查   经过

   _____

6. 运动   一天天   她   瘦   以后   开始   了   下去

   _____

| 작문 연습 |

★ 다음 문장을 중국어로 옮겨 보세요.

1 생활 중의 나쁜 습관들은 마땅히 고쳐야 한다.
___

2 병이 이렇게 질질 끌려가다 보면 갈수록 심각해질 것이다.
___

3 돈은 벌기는 어려워도 쓰기는 매우 쉽다는 것을 모두가 다 안다.
___

4 잠시 휴식한 후에 모두가 또 일하기 시작했다.
___

5 그는 외부에 집을 빌려서 기숙사 건물에서 이사 나왔다.
___

6 나는 반드시 열심히 공부해서 성적을 높이 끌어올려야 한다.
___

7 선생님께서 책을 들고 교실로 들어오시니 안은 순식간에 조용해졌다.
___

8 우리는 단결해야 하고, 이렇게 해야만 그들과 경쟁할 수 있다.
___

9 햇빛이 너무 강해서 그녀는 핸드백에서 선글라스를 꺼내서 꼈다.
___

10 거기에 있는 검정색 구두를 좀 가지고 와서 내가 한번 신어보게 해줘.
___

*정답은 322 페이지에서 확인할 수 있습니다.

09-1 중국어의 보어 Ⅱ

| 문법 연습 |

1 밑줄 친 부분을 가장 알맞은 정태보어로 채워 보세요.

1. 她把地板擦 _____ 。

2. 他吃饭 _____ ，没用五分钟就吃完了。

3. 听说这次高考很难，你考 _____ ？

4. 结婚以后，他们两口子相亲相爱，过 _____ 。

5. 你想学跳舞吗？跟他学吧，他跳舞 _____ 。

6. 孩子们正在屋子里玩。 你看，他们玩_____ 啊！

2 제시된 단어를 ABCD 중 가장 적당한 위치에 넣어 보세요.

1. 在联欢会上 A 同学们唱歌 B 唱 C 都 D 很精彩。　　　　　(得)

2. 这个问题你 A 解释得 B 清楚 C，你 D 再解释一下。　　　(不)

3. 我妈妈 A 中国菜 B 做 C 很好吃，到时 D 请你尝尝。　　　(得)

4. A 站了一整天，真的 B 是 C 累得 D 。　　　　　　　　　(很)

5. 那个 A 房间 B 脏 C 了，你快起来 D 收拾一下。　　　　　(死)

6. 香港的夜景 A 美 B，给我留下了 C 深刻 D 的印象。　　　(极了)

3 아래 문장 중 틀린 부분을 찾아 바르게 고쳐 보세요.

1. 老师开始点名了，你要来得很快。

2. 他今天起床得很晚，上班迟到了。

3. 进了公司，你一定要工作得非常认真。

4. 你打扫房间得不干净，再重新打扫一下。

5. 他开车得很快，让他开慢点儿，他也不听。

6. 我这个学期学了不太认真，所以成绩退步了。

4 주어진 단어를 올바른 순서로 배열하여 문장을 완성해 보세요.

1. 准备　怎么样　你　开会　资料　了　的　得
   _____

2. 得　不　她　说　出来　吓　连　也　了　话
   _____

3. 工作　非常　公司　他　在　得　出色　里
   _____

4. 玩儿　要命　我　忙　没　陪　得　时间　你
   _____

5. 皮鞋　得　贵　这双　很　但是　挺　的　好看
   _____

6. 汉语　中国人　他　说　得　跟　流利　一样
   _____

| 작문 연습 |

★ 다음 문장을 중국어로 옮겨 보세요.

1 그가 말이 너무 빨라서 나는 분명하게 듣지 못했다.
_____

2 방안의 물건은 매우 가지런하게 놓여 있다.
_____

3 여름 방학 나는 친구와 여행을 갔는데 우리는 매우 즐겁게 놀았다.
_____

4 나는 수영을 할 줄 알지만 헤엄치는 것이 그다지 빠르지 않다.
_____

5 그는 8년간 일어를 배워서 매우 유창하게 말한다.
_____

6 그는 우승을 하고 감격해서 눈물을 흘렸다.
_____

7 여자친구와 헤어진 후에 그는 마음이 매우 괴롭다.
_____

8 나이가 든 이후 그는 매일 일찍 자고 또 일찍 일어난다.
_____

9 중간시험을 잘 못 봤다고 했는데 이번 기말 시험은 잘 봤니?
_____

10 밤 12시가 되자 나는 벌써 졸려서 눈도 뜰 수 없게 되었다.
_____

09-2 중국어의 보어 Ⅱ

| 문법 연습 |

1 밑줄 친 부분에 가장 알맞은 것을 골라 넣어 보세요.

1. 作业太多，今天晚上11点之前我 _____ 。
   ① 写得完　　　② 写不完　　　③ 不写完　　　④ 写得不完

2. 这个问题太难了，我想了半天也 _____ 。
   ① 回答得来　　② 回答不上来　③ 不回答上来　④ 回答上来

3. 这么多酒，我们两个人怎么 _____ 呢?
   ① 喝不了　　　② 喝不完　　　③ 喝完不了　　④ 喝得完

4. 你们现在才动身，七点以前肯定 _____ 。
   ① 不回来　　　② 没回来　　　③ 回得不来　　④ 回不来

5. 汉语语法很难，不努力学习就 _____ 。
   ① 不掌握　　　② 掌不握　　　③ 不能不掌握　④ 掌握不了

6. 他身上的那些坏毛病一直 _____ ，你说该怎么办呢?
   ① 改不过去　　② 改不出来　　③ 改不下来　　④ 改不过来

7. 你一个人去那么远的地方，让父母怎么 _____ ?
   ① 放得下心　　② 放不得心　　③ 放心不下　　④ 放不下心

8. 对不起，你说得太快，我 _____ ，能再说一遍吗?
   ① 不听见　　　② 不听懂　　　③ 听不懂　　　④ 听不见

9. 我把钥匙忘在办公室了，_____ 家门了。
   ① 不能进去　　② 没进去　　　③ 进得不去　　④ 进不去

10. 这么多人，我一下子怎么 _____ 他们的名字呢?
    ① 记得下　　　② 记得住　　　③ 记得完　　　④ 记得好

11. 你再跟他说也没有用，他哪 _____ 你的话?
    ① 听得进去　　② 听得见　　　③ 听得懂　　　④ 听得清楚

12. 师傅，你看看，这台笔记本电脑还 _____ ?
    ① 修得好不好　　　　　　　　② 修得好修不好
    ③ 修好了没有　　　　　　　　④ 不修得好吗

*정답은 322 페이지에서 확인할 수 있습니다.

2 아래 문장 중 틀린 부분을 찾아 바르게 고쳐 보세요.

1. 我把老师讲的内容听不懂。

2. 他病了，明天来不了上课了。

3. 地铁里太挤了，我们不能进去。

4. 我们宿舍停水，现在洗澡不了。

5. 我已经走得了了，让我去上学吧。

6. 坐飞机回国的时候，水果和农产品都带不了。

3 주어진 단어를 올바른 순서로 배열하여 문장을 완성해 보세요.

1. 问题　我们　解决　很　遗憾　这个　了　不
_____

2. 考场　紧张　不　说　出　来　话　他　一句　进　得
_____

3. 手机　丢　可能　到　了　我　了　的　不　找
_____

4. 衣服　怎么　买　呢　这么　的　贵　我　起　得
_____

5. 今天　参加　了　不　的　有　我　事　活动　了
_____

6. 太　事情　我　过来　了　多　一个人　都　忙　不　快
_____

| 작문 연습 |

★ 다음 문장을 중국어로 옮겨 보세요.

1 이 아이는 놀라서 말도 할 수 없었다.
_____

2 난 출입카드(카드키)를 가지고 있지 않아서 지금 기숙사에 들어갈 수 없다.
_____

3 그 그림이 진짜인지 가짜인지 너는 알아볼 수 있니?
_____

4 현재의 규정에 따르면 술을 마신 후에는 운전할 수 없다.
_____

5 비행기표를 사지 못했기 때문에 나는 오늘 돌아갈 수 없게 되었다.
_____

6 걱정하지 마, 이 산은 그다지 높지 않아서 나는 기어 올라갈 수 있어.
_____

7 중국에서 유학한 그 시절은 난 영원히 잊을 수 없다.
_____

8 그 탁자는 매우 무거운데 너희 두 사람이 옮길 수 있겠니?
_____

9 내 노트북이 고장이 났는데 당신이 보시기에 잘 고칠 수 있을까요?
_____

10 당신 감기가 이렇게 심한데 내일 있는 행사에 참가할 수 있겠어요?
_____

*정답은 323 페이지에서 확인할 수 있습니다.

09-3 중국어의 보어 Ⅱ

| 문법 연습 |

1 밑줄 친 부분에 가장 알맞은 것을 골라 넣어 보세요.

1. 我们 _____ ，一直很幸福。
   ① 结婚十年了　② 十年结婚了　③ 结了十年婚　④ 十年结了婚

2. 他 _____ 。
   ① 生病了两个星期　　　　② 病了两个星期
   ③ 生了病两个星期　　　　④ 两个星期生病了

3. 我 _____ 夏令营，觉得挺有意思的。
   ① 一次参加了　② 参加一次过　③ 参加一次了　④ 参加过一次

4. 一个星期 _____ ，太不像话了。
   ① 挨了老师四次批评　　　② 挨了四次老师批评
   ③ 四次批评挨了老师　　　④ 挨了批评四次老师

5. 我昨天 _____ 。
   ① 看了电视两个多小时　　② 看了两个多小时电视
   ③ 看电视了两个多小时　　④ 看两个多小时电视

6. 他 _____ ，汉语说得比较流利。
   ① 已经来四年多中国了　　② 已经四年多来中国了
   ③ 来中国四年已经多了　　④ 已经来中国四年多了

7. 我 _____ ，和他一起吃了一顿饭。
   ① 曾一次去北京找过他　　② 去北京找过他曾一次
   ③ 曾去北京找过他一次　　④ 曾去过北京找他一次

8. 妈妈嘱咐他 _____ ，他还是忘了。
   ① 好几下　　② 好几场　　③ 好几顿　　④ 好几遍

9. 我有会议，不能去接他，_____ ，怎么样？。
   ① 接他一下你帮我去机场　② 你帮一下我去机场接他
   ③ 你帮我去一下机场接他　④ 你帮我去机场接他一下

10. 我说怎么好长时间没看到呢，_____ 。
    ① 原来他回了国两个月　　② 他原来回了两个月国
    ③ 原来他都回国两个月了　④ 他原来都回国了两个月了

2 제시된 단어를 ABCD 중 가장 적당한 위치에 넣어 보세요.

1. 这次 A 我打算 B 在北京 C 逗留 D 。 (一个星期)
2. 你能帮 A 我 B 去 C 银行办 D 手续吗? (一下)
3. 他 A 今天 B 在操场打了一天 C 篮球 D 。 (的)
4. 我 A 见过 B 他 C ，对他的印象 D 不深。 (两次)
5. A 我新买的手机 B 已经 C 丢了 D 。 (两天了)
6. 你怎么 A 才来，他 B 一直在办公室 C 等了你 D 。 (一下午)
7. 我 A 没见 B 他了 C ，他是不是 D 出差了? (好久)
8. 我 A 做了 B 梦 C ， D 梦见我和他一起周游世界。 (一晚上)
9. A 这部电影 B 我看了 C 还没看够 D ，还想再看。 (四遍)
10. 为了 A 提高学生的体质，学校每年 B 举办 C 运动会 D 。 (一次)

3 주어진 단어를 올바른 순서로 배열하여 문장을 완성해 보세요.

1. 他　了　玩儿　电脑　昨天　游戏　一个　的　晚上
   _____

2. 他　每天　去　泳　一个　游　小时　的　游泳馆
   _____

3. 我　去　了　过　已经　次　地方　个　三　那
   _____

4. 你　亲自　一下　应该　调查　去　这　事件
   _____

5. 半(个)　可能　小时　迟到　会　起　了　今天　我　晚
   _____

6. 今天　课堂　老师　在　一　番　上　表扬　了　他
   _____

| 작문 연습 |

★ 다음 문장을 중국어로 옮겨 보세요.

1 대학 다닐 때 많은 사람들은 모두 연애를 해 본 적이 있다.

2 내가 그를 두 번 초청했으나 그는 모두 일이 있어서 참가하러 올 수 없었다.

3 그는 한국에 온지 일 년이 좀 넘어서서 이미 김치를 먹는 것에 익숙해졌다.

4 나는 전에 한 차례 속은 적이 있어서 이런 종류의 전화는 일반적으로 받지 않는다.

5 그들은 서로 사랑한지 이미 삼 년이 되었는데, 내년 가을 결혼할 계획이다.

6 나는 지하철역에서 그를 삼십 분 넘게 기다렸는데도 그는 오지 않았다.

7 그는 이틀 동안 아파서 회사에 출근하지 않았다.

8 나는 30분 동안 낮잠을 잤더니 머리가 많이 맑아졌다.

9 이 상표의 아이패드는 저 상표보다 30만원이 더 비싸다.

10 이 구두의 디자인이 참 예쁜데, 제가 한번 신어 봐도 될까요?

*정답은 323 페이지에서 확인할 수 있습니다.

10 비교문

| 문법 연습 |

1 밑줄 친 부분에 가장 알맞은 것을 골라 넣어 보세요.

1. 这个菜比那个菜 _____ 。
   ① 有点儿辣　　② 比较辣　　③ 很辣　　④ 辣一点儿

2. 他今天心情很好，吃饭时比平时 _____ 。
   ① 多两杯酒喝了　　　　② 多喝了两杯酒
   ③ 喝了多两杯酒　　　　④ 两杯酒多喝了

3. 我比弟弟 _____ 。
   ① 一年早上了大学　　　② 早上一年大学了
   ③ 早上了一年大学　　　④ 一年大学早上了

4. 市场的东西 _____ 。
   ① 比百货商店的便宜多少　　② 不比百货商店的便宜多少
   ③ 比百货商店的不太便宜　　④ 不比百货商店的太便宜

5. 我打网球 _____ 。
   ① 不如她打得那么不好　　② 不如她那么打得好
   ③ 不如他打得那么好　　　④ 不如他那么打得不好

6. 说实话，论交际能力，我可 _____ 你。
   ① 没有　　② 不比　　③ 不如　　④ 一样

7. 这么脏的房间就是比别的 _____ 便宜，我也不想住。
   ① 很　　② 太　　③ 挺　　④ 再

8. 你的家乡冬天的雪景 _____ 北京这么美吧？
   ① 没有　　② 没像　　③ 不比　　④ 不跟

9. 北京的交通拥堵问题比以前 _____ 严重了。
   ① 非常　　② 更加　　③ 相当　　④ 十分

10. 在社会交往方面，他比我 _____ 。
    ① 很有能力　　② 有很多能力　　③ 有点儿能力　　④ 有能力得多

11. 走这条路 _____ 走那条路差不多一样，都需要一个小时左右。
    ① 比　　② 对　　③ 像　　④ 跟

12. 今年又是一个酷暑，比去年可 _____ 。
    ① 热很多　　② 热极了　　③ 热多了　　④ 热多很多

*정답은 323 페이지에서 확인할 수 있습니다.

2 아래 문장 중 틀린 부분을 찾아 바르게 고쳐 보세요.

1. 我觉得这款手机的性能没有那款差。
2. 我滑雪不如他滑得那么不好。
3. 我觉得最近中国的物价不比韩国便宜一些。
4. 因为急着赶回家，我比别人看少了半个小时电影。
5. 他们队这次比赛的结果跟上次很一样。
6. 退休以后，老人的脾气比以前非常暴躁了。
7. 北京到处在建新楼，这几年的变化越来越很大。
8. 他的水平比我不高，为何他能参加我不能参加?
9. 说实话，就质量来说这种产品比那种有点儿好。
10. 我今天早上是八点半到学校的，比昨天来得晚十分钟。

3 주어진 단어를 올바른 순서로 배열하여 문장을 완성해 보세요.

1. 今天　安排　我　平时　有　走　半小时　比　了　早
   _____

2. 留学生　他们　我们　学校　比　学校　一些　多　的
   _____

3. 中国　的　比　个　哪　都　多　要　人口　得多　国家
   _____

4. 你　想法　没有　小李　觉得　我　实际　的　那么
   _____

5. 创业　大学　去公司　不如　以后　更有　毕业　前途　工作
   _____

6. 班　我们　她　汉语　得　说　都　好　比　谁　里　在
   _____

| 작문 연습 |

★ 다음 문장을 중국어로 옮겨 보세요.

1 내가 입은 옷의 디자인과 그녀의 것이 완전히 같다.
   _____

2 내가 테니스 강좌를 수강한 적이 있어서, 테니스는 그보다 조금 잘 친다.
   _____

3 실은 나의 영어구어능력이 다른 사람보다 얼마 좋지 않다.
   _____

4 일하는데 있어서 그보다 성실한 사람은 더 이상 없다.
   _____

5 최근 몇 년 서울의 미세먼지는 정말로 갈수록 심각해지고 있다.
   _____

6 몇 년 못 봤더니 그 아이는 이미 그의 아버지만큼 키가 자랐다.
   _____

7 올해 한국으로 여행 오는 외국여행객이 작년 같은 기간에 비해 한 배 증가했다.
   _____

8 현재 결혼하고 싶어 하는 젊은이가 줄어들고 있고, 출산율도 이전에 비해서 더욱 낮아졌다.
   _____

9 외국자본 기업의 임금이 일반 중소기업보다 훨씬 높다.
   _____

10 그 에어컨의 가격은 이 에어컨만큼 이렇게 싸지 않다.
   _____

*정답은 323-324 페이지에서 확인할 수 있습니다.

11 강조구문 '是~的' 구문

| 문법 연습 |

1 밑줄 친 부분에 가장 알맞은 것을 골라 넣어 보세요.

1. 所有的菜 _____ 做的。
   ① 都是我一个人　　　　　　② 是都我一个人
   ③ 一个人都是我　　　　　　④ 是我都一个人

2. 是警察帮他 _____ 。
   ① 找到的孩子　② 找到孩子的　③ 孩子找到的　④ 找孩子到的

3. 他这么胖 _____ 。
   ① 都是吃肉的　　　　　　② 都吃肉的
   ③ 都是吃肉吃的　　　　　④ 吃肉是吃的

4. 我 _____ 。
   ① 是在电影院门口遇见他的　　② 是在电影院门口遇见的他
   ③ 是遇见他在电影院门口的　　④ 遇见他是在电影院门口的

5. 我的中国朋友 _____ 。
   ① 不是上个星期来首尔的　　② 上个星期不是来首尔的
   ③ 上个星期来首尔的不是　　④ 不是上个星期来首尔

6. 他的视力严重下降，_____ 。
   ① 是玩电脑游戏了　　　　② 是玩电脑游戏的
   ③ 都是玩电脑游戏的　　　④ 都是玩电脑游戏玩的

2 제시된 단어를 ABCD 중 가장 적당한 위치에 넣어 보세요.

1. A 他的病 B 都 C 喝酒 D 喝的。　　　　　　　　　　　　(是)

2. A 警察 B 让我 C 在这里 D 停车的。　　　　　　　　　　(是)

3. A 我 B 是2017年 C 高中毕业的，D 是2016年毕业的。　　(不)

4. A 他一直哭，B 想父母 C 想的 D。　　　　　　　　　　　(是)

5. A 我是在工作中 B 慢慢了解 C 他 D。　　　　　　　　　 (的)

6. A 这些房子 B 都 C 让地震 D 给震坏的。　　　　　　　　(是)

7. A 昨天晚上 B 我 C 坐地铁 D 回的家。　　　　　　　　　　　　（是）

8. A 韩国总统 B 昨天 C 去中国 D 访问的。　　　　　　　　　　　（是）

9. A 你 B 告诉 C 我这件事到底 D 谁负责的。　　　　　　　　　　（是）

10. A 那么多的文物 B 怎么 C 被 D 发现的?　　　　　　　　　　　（是）

3 아래 제시된 대화에서 틀린 부분을 찾아 바르게 고쳐 보세요.

1. A：你什么时候到这儿了?　　　　B：我三十分钟前到了。
   A：你怎么来了?　　　　　　　　B：我坐地铁来了。
2. A：张刚今天怎么没来参加聚会?　　B：他是去机场接朋友的。
3. A：你的平板电脑花了多少钱?　　　B：我不知道，我爸爸买了。
4. A：你是跟谁一起去旅行了?　　　　B：我跟男朋友一起去旅行了。
5. A：这个工艺品太漂亮了! 你在哪儿买了?　B：不是买了，是朋友送了。

4 주어진 단어를 올바른 순서로 배열하여 문장을 완성해 보세요.

1. 这　面包　刚刚　是　些　的　好　烤　都

   _____

2. 小李　是　信　帮　我　寄　的　那　封

   _____

3. 是　我　公交车　来　坐　的　一个人

   _____

4. 可能　小红　了　想　的　是　哭　妈妈　想

   _____

5. 大学　我　男朋友　在　是　跟　的　认识

   _____

6. 听说　他　的　被　撞　的　腿　是　自行车　伤

   _____

| 작문 연습 |

★ 다음 문장을 중국어로 옮겨 보세요.

1 이 치마는 매우 예쁜데 인터넷에서 구매했나요?
_____

2 이 일은 진짜예요, 선생님께서 본인 입으로 나에게 알려주셨어요.
_____

3 지난 주에 나는 동료와 함께 홍콩에 출장 갔습니다.
_____

4 그의 시력이 갈수록 나빠지는 것은 모두 핸드폰을 보기 때문이다.
_____

5 小李는 지난 주말 중국에 갔는데 그가 너에게 알려주었니?
_____

6 그의 간은 그다지 좋지 않은데, 모두 술을 마셨기 때문이다.
_____

7 네가 그를 한 번 만나줘라, 그는 네게 사과하러 왔다.
_____

8 이 예쁜 목걸이는 누가 당신에게 사 주었나요?
_____

9 그가 곧 미국으로 유학 가려고 한다는 소식은 누구한테 들었나요?
_____

10 그는 이번 출장이 회사의 중국 바이어와 비즈니스 상담하러 간 것이다.
_____

12 중국어의 특수구문 I

| 문법 연습 |

1 밑줄 친 부분에 가장 알맞은 것을 골라 넣어 보세요.

1. 我把 _____ 发给了朋友。
   ① 有一些照片　② 有一张照片　③ 那几张照片　④ 一张照片

2. 警察把整个房间仔细地 _____ 。
   ① 搜查一遍　　② 搜查了一遍　③ 搜查一遍了　④ 一遍搜查了

3. 他很不情愿地 _____ 。
   ① 把钱从口袋里掏了出来　　　② 掏出来把钱从口袋里
   ③ 把钱掏出来口袋里　　　　　④ 把口袋里掏出钱来

4. 我本来挺明白的，你这么一说，反而 _____ 我弄糊涂了。
   ① 被　　　　　② 给　　　　　③ 把　　　　　④ 使

5. 我回来之前，_____ 。
   ① 你都把老师布置的作业做了　② 你把老师布置的作业都做了
   ③ 你把都老师布置的作业做了　④ 你都做了老师布置的作业

6. 做菜时，她的手 _____ 。
   ① 不小心被刀破了　　　　② 不小心被刀拉破了
   ③ 被刀不小心破了　　　　④ 被到拉不小心破了

2 아래 문장 중 틀린 부분을 찾아 바르게 고쳐 보세요.

1. 他经常忘自己的手机在教室里。

2. 我到现在还没把西藏去过。

3. 他踢足球的时候把鞋破了。

4. 经理已经把我们的意见同意了。

5. 我新买的那条裙子叫弟弟脏了。

6. 我的自行车被小王刚才借走了。

*정답은 324 페이지에서 확인할 수 있습니다.

3 제시된 단어를 ABCD 중 가장 적당한 위치에 넣어 보세요.

1. 他 A 考试不及格，B 叫妈妈 C 骂了 D 一顿。 (给)
2. 他的想法 A 从来 B 没 C 大家 D 接受过。 (被)
3. 我 A 家里 B 都 C 翻遍了，也没 D 找到身份证。 (把)
4. 公司 A 派人 B 到机场 C 他 D 接了回来。 (把)
5. 我 A 把他 B 人打的事 C 告诉了 D 其他同学。 (被)
6. A 房间的门 B 不知 C 谁轻轻地 D 推开了。 (被)
7. A 请你 B 替我 C 这封信 D 转交给老师。 (把)
8. 他昨天 A 把 B 老师布置的作业 C 做完就 D 回家了。 (没)
9. 我们 A 在一个月内 B 把这次事故的原因 C 调查 D 清楚。 (必须)
10. 课堂上 A 不 B 认真听讲的话，C 被老师 D 批评。 (会)

4 주어진 단어를 올바른 순서로 배열하여 문장을 완성해 보세요.

1. 导游　用餐　带到　去　了　已经　游客　把　餐厅
   _____

2. 必须　我们　自己　打扫　的　宿舍　把　干净　每天
   _____

3. 已经　在　把　你　电话号码　手机　存　里　了　我的
   _____

4. 到现在　把　没有　我　的　他　送来　书　还要
   _____

5. 被　每天　各种各样　包围　都　的　着　信息　现在的人
   _____

6. 去旅游　一定　把　数码相机　下次　要　我的　带上　的时候
   _____

작문 연습

★ 다음 문장을 중국어로 옮겨 보세요.

1 너는 그 그림을 거실 벽에 걸어라.
___

2 그의 커피잔이 부주의로 다른 사람에게 부딪쳐 엎어졌다.
___

3 나는 그에게 내일 약속을 잊지 말라고 일깨워주었다.
___

4 태풍의 영향을 받아 길가의 큰 나무가 모두 바람에 넘어졌다.
___

5 아이가 달콤하게 자고 있었는데, 갑자기 전화벨 소리에 놀라 깨어났다.
___

6 너는 오늘 회의 자료를 잘 준비해 놓지 않으면 퇴근할 수 없다.
___

7 우리들이 오랜 시간 기다려서야 종업원이 비로소 요리를 가져왔다.
___

8 이제 제가 이번 여행의 주의사항을 좀 말해보겠습니다.
___

9 작년에 그는 본사에 의해서 중국의 지사에 파견되어 일하고 있다.
___

10 관중들은 모두 영화에 감동되어 보다가 보다가 모두 울었다.
___

13 중국어의 특수구문 II

| 문법 연습 |

1 밑줄 친 부분에 가장 알맞은 것을 골라 넣어 보세요.

1. 我的朋友 _____ 。
   ① 昨天请我在中国餐厅吃了一顿饭
   ② 请我昨天在中国餐厅吃了一顿饭
   ③ 请我在中国餐厅昨天吃了一顿饭
   ④ 请我在中国餐厅吃了一顿饭昨天

2. 公司让我 _____ 。
   ① 给中国代表团当翻译　　② 当翻译给中国代表团
   ③ 翻译给中国代表团　　　④ 翻译当给中国代表团

3. 别休息了，我们 _____ 。
   ① 有要做很多工作　　　　② 要有做很多工作
   ③ 有很多工作要做　　　　④ 有要很多工作做

4. 这本书 _____ 我想起了自己的童年生活。
   ① 让　　　　② 被　　　　③ 把　　　　④ 给

5. 我的朋友明天到上海，我 _____ 。
   ① 去机场要接他　　　　　② 要去机场接他
   ③ 要机场去接他　　　　　④ 要接他去机场

6. 我们走着路，前边突然 _____ 。
   ① 那辆黑色的轿车开过来　② 开过来一辆黑色的轿车
   ③ 开了那辆黑色的轿车过来④ 开过来那辆黑色的轿车

2 아래 문장 중 틀린 부분을 찾아 바르게 고쳐 보세요.

1. 在沙发下面卧着一只小狗。

2. 昨天我朋友来了宿舍看我。

3. 我们请他没来参加这次活动。

4. 张老师使我赶快回家拿作业。

5. 我抬头一看，眼前站着我妈妈。

6. 对不起，我这么做，对你失望了。

*정답은 325 페이지에서 확인할 수 있습니다.

3 제시된 단어를 ABCD 중 가장 적당한 위치에 넣어 보세요.

1. A 大家的帮助 B 他 C 重新 D 振作起来。 (使)
2. A 你别走，B 我 C 一些情况 D 想问问你。 (有)
3. 这次旅行 A 我 B 了解了 C 很多中国人的风俗习惯 D。 (让)
4. 老师 A 最后决定 B 这本书 C 作教材 D。 (选)
5. A 生日那天 B 他 C 了很多朋友 D 来家里作客。 (请)
6. A 你 B 权利 C 提出你 D 自己的意见。 (有)
7. A 家里 B 那么多钱 C 供孩子 D 上大学。 (没有)
8. A 我 B 她别 C 把这件事 D 放在心上。 (叫)

4 주어진 단어를 올바른 순서로 배열하여 문장을 완성해 보세요.

1. 鼓励　的　使　信心　他　老师　增强　了　高考前

2. 被　下班　刚　他　朋友　叫去　了　回到　喝酒　家　就

3. 大学　以后　毕业　没有　知道　关于　他　消息　的　一个人

4. 我　使　一年　留学生活　的　对　了解中国文化　的　了　有　更深

5. 有　要　朋友　我　个　结婚　买　礼物　想　我　件　他　送给

6. 曾经　遇到　困难　他们　请　我　帮忙　几次　过　来　的　时候

| 작문 연습 |

★ 다음 문장을 중국어로 옮겨 보세요.

1 나는 요즘 매우 바빠서 너를 데리고 외지로 여행 갈 시간이 없다.

2 선생님은 모든 학우들로 하여금 참관 후의 감상을 말해보도록 하셨다.

3 회사에서 전문적으로 한 명을 파견해서 나와 협력하여 일하도록 했다.

4 상점 안에서 한 쌍의 커플티를 입고 있는 젊은이들이 걸어 나온다.

5 그는 일등상에 당첨되어 오늘 밤 우리들에게 거하게 한 턱 내려고 한다.

6 그의 방의 벽에는 그가 좋아하는 가수의 사진 몇 장이 걸려 있다.

7 그는 책가방을 책상 위에 놓자마자 뛰어나가 친구를 찾아 놀았다.

8 내 돈지갑에 신용카드 한 장이 모자란데 아마도 잃어버린 것 같다.

9 너는 그의 팬이니 때가 되면 너에게 그의 콘서트를 보러 가자고 청할게.

10 그는 돈을 운전사에게 건네주고 곧장 차 문을 닫고 회사로 달려갔다.

14 중국어의 복문

| 문법 연습 |

1 밑줄 친 부분에 가장 알맞은 것을 골라 넣어 보세요.

1. 吃了好几副中药，他的病 _____ 没好 _____ 更厉害了。
    ① 不但……而且……   ② 不但……还……
    ③ 不但……反而……   ④ 不但……也……

2. 听写 _____ 可以促使学生复习，_____ 能了解出学生的识字情况。
    ① 先……再……   ② 既……也……
    ③ 一…… 就……   ④ 越……越…

3. 他是个非常能干的人，_____ 他想办的事情，_____ 没有办不到的。
    ① 只要……就……   ② 只有……才……
    ③ 既然……就……   ④ 即使……也……

4. 他 _____ 已经知道自己错了，你 _____ 别再提这件事了，免得他面子上过不去。
    ① 因为…… 所以……   ② 只要…… 就……
    ③ 既然……就……   ④ 只有……才……

5. 我们相识很久，____ 发生什么事情，____ 不会影响我们两人的感情。
    ① 即使……都……   ② 尽管……都……
    ③ 无论……都……   ④ 除了……都……

6. 周末 _____ 一个人闷在家里，还 _____ 找几个朋友开车出去兜兜风、散散心。
    ① 宁可……也不……   ② 哪怕……都……
    ③ 与其……不如……   ④ 即使……也…

2 아래 문장 중 틀린 부분을 찾아 바르게 고쳐 보세요.

1. 如果明天下雨的话，就我们不去爬山了。
2. 虽然我弟弟很聪明，却学习成绩并不好。
3. 你既然答应了帮人家，要认认真真地去做。
4. 因为那儿风景很美，于是有很多人去那儿旅游。
5. 不管父母不同意，我都要和现在的男友结婚。
6. 先我们查一下信息，然后再决定旅游的路线吧。

*정답은 325 페이지에서 확인할 수 있습니다.

3 제시된 단어를 ABCD 중 가장 적당한 위치에 넣어 보세요.

1. 这件休闲装 A 不但质量 B 好，C 价格 D 便宜。 (还)

2. 虽然我们的老师 A 对学生 B 很严格，C 我们 D 都很喜欢他。 (但是)

3. 如果遇到什么困难，A 你 B 来找我吧，C 我 D 一定尽力帮你。 (就)

4. A 他 B 发邮件问了一下大家的意见 C，D 然后才去安排日程。 (先)

5. A 妈妈下班回到家，B 她 C 进门，手机 D 铃声就响了起来。 (刚)

6. 只有 A 下苦工夫 B 去钻研，C 你 D 能在学术上取得成果。 (才)

4 주어진 단어를 올바른 순서로 배열하여 문장을 완성해 보세요.

1. 准备　相机　却　钱包　了　不见　他　买　时候　当　的　发现

2. 什么　无论　都　有　人　需要　人　沟通　做　和

3. 哪怕　自己　也　我　放弃　幸福　不　的　在乎　他　为了

4. 老师　对　有　责任心　既　还　学生　要　耐心　有　要

5. 否则　任何　都　左右　除非　你　选择　自己　放弃　人　无法

6. 周末　玩　他　不是　玩　手机　不　就是　从来　学习　电脑

| 작문 연습 |

★ 다음 문장을 중국어로 옮겨 보세요.

1 네가 어디로 가든지 관계없이 나는 너의 곁에서 함께 할 것이다.
_____

2 그는 노래를 잘 할 뿐만 아니라 피아노도 매우 잘 친다.
_____

3 나는 그 가방이 너무 좋아서 설령 가격이 더 비싸다할지라도 사려고 한다.
_____

4 집값이 너무 높기 때문에 그는 부득이 집 사는 것을 포기하지 않을 수 없었다.
_____

5 네가 직접 가서 하기만 하면 체험의 즐거움을 느낄 수 있다.
_____

6 방해가 얼마나 큰지에 관계없이 우리들은 모두 이 프로젝트를 완성하려고 한다.
_____

7 너희들이 먼저 안정적으로 자리를 잡고 그 다음에 우리 다시 관련된 일을 상의합시다.
_____

8 기왕 너네 집에 중요한 일이 있으니 오늘은 일찍 퇴근해라.
_____

9 나는 그를 좋아하지 않아서 설령 그의 조건이 아무리 좋다고 해도 나는 그에게 시집가지 않을 것이다.
_____

10 비록 우리들의 생활이 이전보다 부유하지만, 그러나 우리는 여전히 절약하는데 주의를 기울여야 한다.
_____

MEMO

좋아하는 중국 명언 (   )

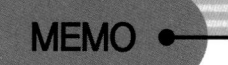

( ) 좋아하는 중국 명언

'S'신샘과 'M'모샘의
중국어 문법과 작문 강의를
'S'ummary하고 'M'aster하자!

....

(1) 현대 중국어의 핵심 문법을 쉬우면서도 상세하게 설명하여 체계적이고 자기주도적으로 학습할 수 있다.
(2) 초·중급 수준의 학습자는 물론 고급 수준의 학습자, 중국어 교사, 중국어 교육 전문가도 활용할 수 있다.
(3) 문법·작문 연습과 워크북 등 다양한 유형의 연습문제 풀이, 반복 훈련, 자가 진단을 통해 HSK도 대비할 수 있다.
(4) 한국인 학습자들이 범하기 쉬운 오류와 그 해결책을 제시하여 정확하고 현장감 넘치는 중국어를 구사할 수 있다.

★ 기초 탄탄! 실력 쑥쑥!
★ 핵심 콕콕! 문제 술술!
★ 실전 튼튼! 표현 생생!

초·중급에서 기초 다지고 고급으로 실력 향상
핵심 문법 숙지, 연습문제·워크북 풀이로 HSK 완벽 대비
주의·참고·TIP 정리로 정확하고 맛깔나는 현지 중국어 구사

신승희

華中師範大學 문학박사(現代漢語語法전공)
(前)EBS FM RADIO 중급 중국어 진행 및 교재 집필
(前)한국교육과정평가원 고등학교 중국어 I 검정심의회
　　연구위원
(現)이화여자대학교 외국어교육특수대학원 국제중국어
　　교육학과 교수
『ESSENCE 중국어문법과 작문』, 『Focus 중국어문법과
작문』, 『EBS FM RADIO 중급중국어』, 『중국어 교육의
이론과 실제』, 국정, 인정고등학교 중국어 교과서 등
40여 권의 저서가 있다.

모해연

연세대학교 문학박사(現代漢語語法전공)
(現)이화여자대학교 중어중문학과 교수
(現)국립국어원 공공용어 번역표준화위원회 자문위원
『ESSENCE 중국어 문법과 작문』, 『Focus 중국어문법과
작문』, 『중국어문법@EASY.FUN.COME』, 『칸칸 중국어
문법』, 『중국어뱅크 THE중국어』, 검인정 중고등학교
중국어 교과서 등 10여 권의 저서가 있다.